HISTÓRIAS NÃO (OU MAL) CONTADAS

• PRIMEIRA GUERRA MUNDIAL, 1914-1918 •

RODRIGO TRESPACH

HISTÓRIAS NÃO (OU MAL) CONTADAS

• PRIMEIRA GUERRA MUNDIAL, 1914-1918 •

Harper Collins

Rio de Janeiro, 2018

Diretora editorial	*Raquel Cozer*
Gerente editorial	*Renata Sturm*
Assistente editorial	*Marina Castro*
Copidesque	*Opus Editorial*
Revisão	*Mariana Oliveira, Luana Balthazar*
Capa	*Rafael Brum*
Projeto gráfico de miolo	*Rafael Nobre*
Diagramação	*Katia Regina Silva*
Aberturas de capítulo	*Mauricio Planel Rossiello*

CIP-BRASIL. CATALOGAÇÃO NA FONTE
SINDICATO NACIONAL DOS EDITORES DE LIVROS, RJ

T782h

Trespach, Rodrigo

Histórias não (ou mal) contadas : primeira guerra mundial, 1914-1918 / Rodrigo Trespach. - 1. ed. - Rio de Janeiro : Harper Collins, 2018.

240 p. : il.

Inclui bibliografia
ISBN 9788595083981

1. Guerra mundial, 1914-1918. I. Título.

18-51701 CDD: 940.3
CDU: 94(100)"1914-1918"

Vanessa Mafra Xavier Salgado - Bibliotecária - CRB-7/6644

HarperCollins Brasil é uma marca licenciada à Casa dos Livros Editora LTDA.
Todos os direitos reservados à Casa dos Livros Editora LTDA.
Rua da Quitanda, 86, sala 218 — Centro
Rio de Janeiro, RJ — CEP 20091-005
Tel.: (21) 3175-1030
www.harpercollins.com.br

Para meu pai, Ildo,
e à memória do meu sogro,
Norberto.

"O maior inimigo do conhecimento não é a ignorância,
é a ilusão do conhecimento."
Stephen Hawking

"Em uma guerra, a primeira vítima é a verdade."
Ésquilo

"As guerras dos povos serão mais terríveis que as dos reis."
Winston Churchill

SUMÁRIO

APRESENTAÇÃO E AGRADECIMENTOS

Embora as pesquisas e a bibliografia a respeito da Primeira Guerra Mundial sejam quase tão extensas quanto as dedicadas à Segunda Guerra, histórias e personagens da chamada "Grande Guerra" de 1914-1918 são bem menos conhecidas do público. Não obstante estarem intrinsecamente interligadas — em verdade, o período entre uma e outra, pouco mais de vinte anos, não passou de uma trégua mal disfarçada de paz —, o senso comum vê Hitler, nazismo e Holocausto como algo independente da história anterior à Segunda Guerra. Mas ultranacionalismo, extermínio e o próprio Hitler já estavam presentes na Grande Guerra — e, a partir daqui, a chamaremos assim, como era conhecida na época. As sementes da catástrofe maior já eram regadas desde muito tempo. Antes de Hitler se tornar alguém com capacidade de liderança e decisão, outros personagens lançaram-se a aventuras funestas, sonhos imperialistas e ideias pseudocientíficas. O ódio aos judeus não nasceu com o nazismo; extermínios em massa eram praticados muito tempo antes que Auschwitz fosse construído. O mal não nasceu com a Segunda Guerra; ele já estava bem vivo na época da Grande Guerra. Aproximadamente 1,5 milhão de armênios foram assassinados pelos turco-otomanos em uma campanha de limpeza étnica.

Diferente da consagrada imagem popular de que o conflito se reduziu a uma guerra de trincheiras, todo o armamento com poder de destruição adotado em 1939-1945 já era usado em 1914-1918, quando aviões, metralhadoras e tanques eram chamados de "invenções do diabo". Em paralelo, junto com as armas modernas, parte considerável da tecnologia utilizada em uma era anterior acompanhou os deslocamentos dos exércitos. Muitos animais tiveram o mesmo destino de milhões de soldados — cavalos, pombos e cães também morreram aos milhares em combate.

As teorias de superioridade racial e a ideia de esterilizar os "inaptos" também já estavam presentes no primeiro conflito de proporções mundiais e eram defendidas em universidades norte-americanas e inglesas, assim como por políticos como Winston Churchill – o mais ferrenho opositor do nazismo. Outra imagem muito difundida popularmente é que a guerra tenha sido travada somente por europeus. Embora não sejam lembrados – propositalmente ou não –, 1,5 milhão de indianos e mais de meio milhão de africanos negros estiveram nos campos de batalha do Velho Mundo, servindo como súditos do Reino Unido e da França – apenas para mencionar alguns. A guerra também se estendeu para a África, então considerada o quintal da Europa, onde alemães, italianos, franceses e britânicos se digladiavam por cada pedaço do continente.

E o Brasil? Se há quem imagine que a história do nosso país na Segunda Guerra é quase desconhecida do público, o que se dirá da participação no conflito de 1914-1918? Mas os brasileiros estiveram na Europa e não apenas a passeio. Lutaram na aviação e em batalhões Aliados, prestaram serviço médico, marcaram presença.

A história não pode – nem deve – ser vista como um grande teatro, onde os atores só aparecem ao público no palco. Assim como os artistas, que têm vida antes e depois das apresentações, a história é viva e contínua, não começa nem termina em um único ato. Parece uma obviedade, mas, na maioria das vezes, costumamos nos esquecer disso. É consenso entre os historiadores que a Grande Guerra resultou da mais complexa série de acontecimentos do século XX; a Segunda Guerra foi apenas uma consequência dela.

Assim como nos três livros anteriores da série, *Histórias não (ou mal) contadas: Primeira Guerra Mundial, 1914-1918* não pretende ser um manual para "saber tudo sobre" o conflito. Não segui a ordem cronológica dos acontecimentos, não me limitei apenas aos anos de 1914 a 1918, não me ative a campanhas militares ou procurei traçar biografias lineares dos principais nomes envolvidos. O que tentei fazer, uma vez mais, foi dar visibilidade a histórias que deveriam ser mais bem contadas em salas de aula. Os professores prestariam um grande serviço à humanidade.

Além de toda a equipe, preciso agradecer e mencionar os nomes de algumas pessoas na HarperCollins. Thalita Ramalho cuidou de meu primeiro livro na casa, obrigado. Marina Castro tem trabalhado comigo desde o segundo volume da série, sempre com paciência, dedicação e carinho. Sou-lhe muito grato por tudo. Renata Sturm dispensa comentários, eu não teria chegado ao quarto livro sem ela.

Agradeço ainda aos amigos que de alguma forma colaboraram ao longo da pesquisa: Adriana, Delalves, Jerri, Paulo, Fabiano e tantos outros. Tiago Rufino é sempre um colaborador; mantemos uma amizade de mais de duas décadas e ainda há muitos projetos por fazer. Obrigado a meu pai, Ildo, por todo apoio dado. Ele tem feito um esforço enorme para ler, mas não desistiu, porque ler vale a pena. Agradecimentos também a meu sogro. Boa parte deste livro foi escrito enquanto Norberto lutava pela vida. Aprendi muito com ele, que nunca deixou de acreditar e apostar no melhor de cada um de nós. Por último e não menos importante agradeço à minha esposa e aos meus filhos, pela paciência e amor infinito.

RODRIGO TRESPACH

Osório, 6 de junho de 2018.

L'EXPOSITION
DE
PARIS 1900

1. UMA ÉPOCA (NÃO TÃO) BELA

Às vésperas da Grande Guerra, o mundo vivia a Belle Époque, um período de florescimento e exuberância artística, cultural e intelectual poucas vezes visto na história da humanidade até então; uma época de popularização de avanços tecnológicos e científicos, mas também de efervescência política, ultranacionalismo, guerras, batalhas ideológicas e teorias pseudocientíficas perigosamente disseminadas entre líderes políticos e nos meios universitários.

Para um dos maiores nomes da literatura desse tempo, o escritor austríaco Stefan Zweig, o período imediatamente anterior à Primeira Guerra Mundial – chamada até o evento catastrófico seguinte, duas décadas mais tarde, de "a Grande Guerra" – "foi a época áurea da esperança". Era "o mundo da segurança".[1]

No alvorecer do século XX, por toda a Europa, a realeza, a nobreza, os grandes proprietários de terra e os industriais gastavam seu tempo com bailes, festas, jantares e concertos. Desde 1870, as grandes potências do continente não se digladiavam em uma guerra direta no solo do Velho Mundo. Prosperidade, elegância e luxo eram palavras da moda. Os palácios e mansões eram decorados com pinturas raras, enfeites caros, ricos estofados e tapetes de pele. Enormes quantidades de dinheiro eram gastas com viagens transatlânticas, cruzeiros pelo Mediterrâneo, automóveis, joias e roupas. Os nobres e os muito ricos passavam férias em Monte Carlo, Biarritz, Cannes ou em balneários pelo interior europeu, quando não em safáris pela África. Para ser justo, também gastavam fortunas como mecenas, patrocinando e colaborando com a criação de bibliotecas, museus e fundações artísticas ou científicas.

A pequena burguesia e as classes não abastadas se voltavam ao lazer, à valorização da juventude e da mulher. "Com a redução da jornada de trabalho, o proletariado ascendia para pelo menos participar das pequenas alegrias e dos pequenos confortos da vida", observou Zweig. Em média, os salários haviam aumentado em quase 50% entre 1890 e 1912. A Alemanha fora a pioneira na promoção do Estado de bem-estar social, adotando nos anos 1880 iniciativas como seguro-desemprego, pensões e aposentadorias para idosos.[2] As pessoas se tornaram mais belas e saudáveis graças à melhor alimentação — mais acessível e barata —, aos avanços na medicina, às melhorias nas condições de higiene e a uma nova febre, que era a prática de esportes. A segunda Olimpíada da Era Moderna realizada em Paris, em 1900, reuniu mais de 1,2 mil atletas de 24 países em dezenove modalidades esportivas.

As artes estavam atraindo as pessoas comuns, uma junção de novas tecnologias com a descoberta do mercado de massa. Na Alemanha, o número de teatros havia triplicado na década de 1910 em relação à de 1870: havia passado de duzentos a seiscentos. Em Paris, a capital europeia da moda, da arte e do prazer, meio milhão de pessoas frequentavam teatros, óperas ou cafés que realizavam apresentações artísticas. Na pintura, para satisfazer um público com menos recursos, mas ávido por cultura, teve início a reprodução em massa de telas dos grandes mestres do passado. Na virada do século também despontaram novas tendências, com os movimentos de vanguarda: o expressionismo do norueguês Edvard Munch, pintor de *O grito;* o fauvismo de Henri Matisse; o impressionismo do pintor francês Paul Cézanne; o cubismo de Georges Braque e Pablo Picasso, espanhol estabelecido em Paris; e o abstracionismo de Wassily Kandinsky, pintor russo radicado na Alemanha. Já em plena Grande Guerra, surgiu o dadaísmo, criado por intelectuais pacifistas franceses e alemães — o termo, batizado pelos escritores Hugo Ball e Tristan Tzara, tem origem na palavra francesa *dada*, que significa "cavalo de pau". Do dadaísmo surgiram pintores como Salvador Dalí e Marc Chagall.

Uma época em transformação exigia novos estilos também nas construções. Arquitetos e designers criaram nos anos 1890 um estilo sensual, de linhas orgânicas e fluidas, com motivos poéticos inspirados na natureza. O Hotel Tassel, em Bruxelas, projetado pelo arquiteto Victor Horta e construído em 1893, deu início ao que o designer belga Henry van de Velde chamou de *art nouveau*. Logo o estilo se espalhou pela Europa e tanto as novas edificações como o mobiliário, os vitrais, as maçanetas e luminárias, além de joias e acessórios, tinham a marca da "arte nova".

SURTO DE PROGRESSO

Para o historiador britânico Eric Hobsbawm, no entanto, o maior avanço intelectual entre os anos 1870 e 1914 "foi o desenvolvimento maciço da instrução e do autodidatismo populares e o aumento do público leitor".[3] Na Áustria-Hungria, 80% da população do império sabia ler e escrever. A Alemanha tinha 77 mil estudantes universitários em 1913 – em uma população de 65 milhões de habitantes. A maioria era de homens; só a partir de 1900 é que o país permitiu o ingresso de mulheres. Em 1908, a primeira professora universitária passou a dar aulas, o que foi uma revolução. Em países como Rússia, Suíça e Estados Unidos, mulheres já eram aceitas como estudantes desde 1860.

O principal meio de informação da época era o jornal. As principais empresas jornalísticas da Europa vendiam em média entre 800 mil e 900 mil exemplares por dia. O *Daily Mail*, lançado em 1896 na Grã-Bretanha por Alfred Harmsworth, foi o primeiro jornal a atingir a marca de 1 milhão de exemplares. Harmsworth criou também o *Daily Mirror*, o primeiro diário totalmente ilustrado. No fim do século, no entanto, o jornal ganhou um forte concorrente: o sistema telegráfico sem fio, que oportunizaria o surgimento do rádio. Embora o padre gaúcho Landell de Moura tenha transmitido a voz humana por meio de ondas eletromagnéticas já em 1893 – do colégio das Irmãs de São José (hoje Colégio Santana), em São Paulo, até a avenida Paulista –, a invenção acabou sendo atribuída ao italiano Guglielmo Marconi. A falta de apoio do governo brasileiro pesou e as transmissões pelo Canal da Mancha realizadas por Marconi em 1899 lhe deram todos os louros – e um Prêmio Nobel.

A fotografia, invenção do início dos anos 1820, tornou-se comum na segunda metade do século XIX, popularizando-se principalmente por meio da companhia norte-americana Kodak, fundada por George Eastman em 1888. Em 1884, Eastman havia patenteado o filme em rolo, sucessor das chapas de cobre, vidro e papel – que, sensibilizadas com nitrato de prata, possibilitavam a gravação de imagens –, tornando a câmera fotográfica portátil e de fácil manuseio. Em 1900, a Kodak lançou a câmera Brownie – não mais do que uma caixa de papelão de cor preta com uma pequena lente e um rolo (ou filme) de 120 milímetros. Simples, prática e barata, custando apenas um dólar, a Brownie se tornou um sucesso de vendas; no primeiro ano, mais de 150 mil unidades foram comercializadas.

A evolução das técnicas de gravação de imagens proporcionou o aparecimento de outro invento da *Belle Époque*: o cinema. O laboratório de pesquisa de Thomas Edison já havia desenvolvido o "cinetoscópio", um aparelho de projetar imagens fotográficas em filmes (fotogramas) com tal rapidez que criava a ideia de movimento, mas foram os irmãos franceses Auguste Marie e Louis Jean Lumière que aperfeiçoaram o mecanismo criando o que chamaram de "cinematógrafo". Em meados dos anos 1890, filmes curtos eram exibidos em "salas de exibição" em Paris, Berlim, Bruxelas e Londres. Em todo o mundo, entusiastas capturavam imagens de representações teatrais ou documentavam a vida cotidiana. Em 1901, os antropólogos Baldwin Spencer e Francis James Gillen gravaram imagens dos aborígenes no inóspito deserto australiano. Como as câmeras ainda não captavam sons, eles gravaram as canções dos nativos com um fonógrafo. O aparelho fora inventado por Thomas Edison em 1877 e permitia a gravação e reprodução de sons por meio de cilindros de cera. Do fonógrafo de Edison nasceu o gramofone, criação do alemão Emile Berliner, aparelho que reproduzia gravações por meio de um disco plano em um prato giratório. Em 1892, Berliner conseguiu produzir cópias de uma gravação a partir de uma matriz, o que popularizou as gravações musicais e possibilitou às pessoas ter o som de uma orquestra dentro de casa. Na virada do século, o cinema era utilizado como meio de informação e propaganda. Antes do início das sessões ou em seus intervalos eram exibidas notícias, como eventos esportivos, novas invenções ou comunicados e novidades políticas – tal como faria a televisão décadas mais tarde. Nas duas primeiras décadas do século XX, os Estados Unidos suplantaram a Europa na produção cinematográfica. Os norte-americanos produziam filmes voltados a um público menos exigente que o europeu, não obstante seus diretores fossem majoritariamente imigrantes do Velho Mundo, quase todos judeus. Nessa época, nasceram em uma colina de Los Angeles, na costa oeste norte-americana, a Universal Filmes (do alemão Carl Laemmle), a Metro-Goldwyn-Mayer (do judeu-russo Louis Mayer), a Fox Filmes (do judeu-austro-húngaro William Fox) e a Warner Brothers (organização de quatro irmãos judeus que emigraram da Polônia). Em 1914, o público norte-americano de cinema chegava a 50 milhões e se multiplicaria no período após a Grande Guerra, quando o cinema deixou de ser mudo e se consolidou a gigantesca indústria cinematográfica de Hollywood.

Em paralelo ao desenvolvimento de novos meios de comunicação e entretenimento, os transportes também passavam por mudanças. Nos anos 1880, carros e bondes elétricos começaram lentamente a substituir a tração animal e o vapor nas grandes cidades. Embora as "carruagens sem cavalo", como os automóveis eram chamados então, tivessem se originado muito tempo antes, foi com a patente requerida pelo alemão Karl Benz, em 1886, que o primeiro *Motorwagen* ("carruagem a motor") nasceu. O automóvel de Benz tinha apenas três rodas e se movia com a força de um motor de combustão interna; mal passava dos dez quilômetros horários. No final do século, porém, os avanços tecnológicos haviam tornado os novos automóveis mais sofisticados e rápidos. Às vésperas da Grande Guerra, em 1913, o engenheiro estadunidense Henry Ford criou a linha de montagem, o que permitiu a produção em larga escala de seu Ford T. Dois anos depois, havia 2,5 milhões de carros circulando nos Estados Unidos; pouco antes da década de 1930 seriam mais de 27 milhões. O transporte marítimo também se modernizava, e nascia um novo meio de locomoção, o aéreo, ambos importantes durante a guerra, como veremos depois.

Todas as novidades tecnológicas e artísticas estavam representadas nos salões da Exposição Universal de 1900, realizada em Paris. Com a presença de mais de quarenta países, o evento era o "símbolo de harmonia e paz" para toda a humanidade – ideia alegoricamente representada em uma das atrações, o Château d'Eau, em frente ao Palácio da Eletricidade, onde, em meio a chafarizes e cascatas, luzes coloridas iluminavam um conjunto escultural que representava a "Humanidade" sendo conduzida pelo "Progresso" em direção ao "Futuro", derrubando "Rotina" e "Ódio".

A Exposição Universal de Paris, em 1900, abriu o século XX como símbolo de "harmonia e paz" para toda a humanidade.

REPRODUÇÃO/LIBRARY OF CONGRESS

A ciência também vivia uma era de avanços e descobertas. Em 1895, o alemão Wilhelm Röntgen descobriu os raios X e realizou a primeira radiografia humana: a da própria mão. Pela descoberta, Röntgen ganharia o Prêmio Nobel da Física em 1901. No mesmo ano, Karl Landsteiner identificou os tipos sanguíneos, denominados por ele de A, B e O (o AB foi identificado no ano seguinte, em 1902). Com base no trabalho de Landsteiner foi possível realizar a primeira transfusão de sangue, em 1907 (ainda com o doador presente; somente em 1914, com a descoberta do citrato, utilizado na conservação do sangue, é que a presença do doador passou a ser desnecessária). O fim do século XIX viu nascer também a psicoterapia, com trabalhos dos médicos austríacos Josef Breuer e Sigmund Freud. O estudo do inconsciente humano era algo totalmente novo para a ciência. Quando Freud publicou *A interpretação dos sonhos*, em 1900, em torno de seus estudos surgiu o movimento psicanalítico, com a reunião de nomes como Carl Gustav Jung e Sándor Ferenczi. Às vésperas da Grande Guerra, Freud já era conhecido como o "pai da psicanálise".

Em 1900, o físico alemão Max Planck desenvolveu sua teoria "quântica" — a energia não era transmitida por ondas contínuas, como se imaginava, mas em pequenos "pacotes", que Planck denominou de "quanta". A teoria quântica passou quase despercebida até 1905, quando Albert Einstein publicou a Teoria da Relatividade e a famosa fórmula $E = mc^2$ (a primeira parte da teoria, chamada de Teoria da Relatividade Especial, ou Restrita, foi publicada em 1905; a outra parte, a Teoria da Relatividade Geral, seria publicada dez anos mais tarde, em meio à Grande Guerra). Einstein tinha apenas 26 anos, trabalhava em um escritório de patentes na Suíça, não tinha mestrado nem doutorado. Era um desconhecido não vinculado às universidades ou instituições de pesquisa, mas a publicação de seus artigos naquele ano revolucionaria o modo como o homem via o mundo. Curiosamente, na época, a Teoria da Relatividade foi rejeitada tanto pela esquerda quanto pela direita — a primeira por considerá-la incompatível com a ideia de ciência; a segunda por taxá-la de coisa de judeu. A despeito disso, Einstein se tornaria o nome mais conhecido da ciência do século XX. Mas suas ideias não foram as únicas a sofrerem com o descrédito. Em 1912, o meteorologista alemão Alfred Wegener formulou a Teoria da Deriva Continental, sugerindo a existência original de apenas um único continente, a Pangeia. A ideia partira de uma observação aparentemente simples: a costa leste da América do Sul se encaixa perfeitamente na costa oeste da África. Três anos mais tarde, Wegener publicou *A origem dos continentes e oceanos*, mas permaneceu totalmente desacreditado até os anos 1960, quando se comprovou o movimento das placas tectônicas. Enquanto Wegener imaginava a origem dos continentes, Robert Peary e Frederick Cook disputavam quem chegava primeiro ao Polo Norte, quase ao mesmo tempo em que Robert Scott e Roald Amundsen competiam no Polo Sul. Cook, em 1908, e Amundsen, em 1912, saíram-se vencedores.

QUANDO A CIÊNCIA FALHA

No campo filosófico-religioso, doutrinas como a pregada pela Sociedade Teosófica, fundada pela mística russa Helena Petrovna Blavatsky, em 1875, se espalhavam no meio intelectual e militar. A esposa do general Helmuth von Moltke, chefe do Estado-Maior alemão entre 1906 e 1916, era adepta da teosofia. Em 1907, o casal se tornou discípulo do guru Rudolf Steiner (líder da Sociedade Teosófica na Alemanha e mais tarde criador da antroposofia). Embora a doutrina de "Madame Blavatsky" ou "HPB", como ela preferia ser chamada, fosse uma miscelânea de elementos que envolviam religião oriental, esoterismo e ocultismo, importantes personalidades estiveram de algum modo envolvidas com a teosofia. Entre elas o escritor Lyman Frank Baum (autor de *O Mágico de Oz*), Jawaharlal Nehru (primeiro-ministro indiano pós-independência), o pintor Wassily Kandinsky e o inventor Thomas Edison. O espiritismo, organizado na França por Allan Kardec no final dos anos 1850, também tinha muitos simpatizantes na aristocracia. Nikolai Nikoláievitch, chefe do Estado-Maior russo, era frequentador das sessões espíritas e das mesas

girantes, assim como o célebre criador do detetive Sherlock Holmes, Arthur Conan Doyle. Uma das obras menos conhecidas de Doyle é *História do espiritismo*, de 1920. Nos Estados Unidos, Mary Baker Eddy liderava o movimento religioso da Ciência Cristã, uma mistura de teologia, filosofia e, pretensamente, de uma "arte de curar" com base científica.

O culto à ciência era uma febre, mas a "ciência" ainda estava longe de caminhar com a ética. Nem sempre as pesquisas científicas eram isentas de preconceitos ou charlatanismos. "Voltados para o autoconhecimento e o culto da arte e dos valores do liberalismo, os cientistas da *Belle Époque*", escreveu a historiadora francesa Elisabeth Roudinesco, "confiavam cegamente na ciência".[4] "Eles acreditavam na razão como os católicos na Virgem Maria", observou o escritor francês Romain Rolland. Foi nesse meio, um território ainda mal definido e delimitado, que surgiram teorias que marcariam profundamente o século XX: as ideias sobre as origens da "raça" humana.

Embora o conceito de raça não fosse uma novidade, foi o livro do conde francês Arthur de Gobineau, *Ensaio sobre a desigualdade das raças humanas*, publicado entre 1853 e 1855, que deu início a um processo que culminaria com o Holocausto. Gobineau afirmava que a humanidade se dividia entre brancos, negros e amarelos, mas só os brancos — a raça dos arianos, indo-europeus — haviam desenvolvido os grandes impérios (o termo ariano vem do sânscrito *arya*, "nobre"). A miscigenação entre as raças causaria degeneração e Gobineau acreditava que os germanos que habitavam a Europa Ocidental eram os únicos que haviam mantido uma linhagem pura, portanto era imprescindível para o bem da civilização que eles se mantivessem livres de influências de outras raças. A separação da espécie humana por raças ganhou força com a publicação, em 1859, do livro de Charles Darwin, *A origem das espécies*. Os adeptos da teoria gobineauniana interpretaram que a evolução das espécies animais proposta por Darwin — a "seleção natural" e a "sobrevivência do mais apto" — se aplicava também ao homem. (Mais tarde o "darwinismo social" faria ainda uma relação entre pobreza e inaptidão.) Em 1883, o primo de Darwin, Francis Galton, publicou *Investigações sobre a faculdade humana e seu desenvolvimento*, em que descrevia a necessidade de se aplicar uma "seleção artificial" à sociedade humana. Nascia o que ele denominou de "eugenia", do prefixo grego *eu* ("bom") com *gênese* ("de boa estirpe, hereditariamente dotado de qualidades nobres"), um processo pelo qual se deveria adotar uma reprodução dirigida para o melhoramento da espécie humana.[5]

Em paralelo às teorias de Gobineau e Galton, pesquisas sobre as origens e a hereditariedade humanas continuavam sendo realizadas. Por outro caminho, em 1865, o padre tcheco Gregor Mendel havia apresentado um trabalho sobre hereditariedade tendo como base seu estudo com as ervilhas à Sociedade de Ciência Natural, em Brno, hoje na República Tcheca. Embora tenha passado despercebida na época, a pesquisa com o legume revolucionaria a ciência da biologia. No final do século, o trabalho de Mendel seria recuperado e daria origem ao que conhecemos hoje por genética — termo criado em 1905 pelo biólogo inglês William Bateson a partir da palavra grega *génos*, "gerar". Até pelo menos a década de 1910, no entanto, ainda não estava claro o que era ciência e o que não passavam de teorias pseudocientíficas — e isso ainda perduraria por mais algumas décadas.

As ideias de superioridade racial nascidas na França e na Inglaterra se ajustavam aos interesses do imperialismo europeu e se tornaram populares entre políticos, intelectuais e artistas. Em *A máquina do tempo*, de 1895, o escritor inglês H. G. Wells também imaginara uma "raça" de seres humanos e uma "sociedade mais apta" criadas pela seleção de características desejáveis, tal como proposto por Galton. Outro escritor inglês, Houston Stewart Chamberlain, sustentou a teoria de "raça ariana" elaborada por Gobineau em *As fundações do século XIX*, de 1899. Chamberlain defendeu a ideia de que os arianos puros ainda subsistiam na Alemanha e nos países nórdicos; em 1908 ele se casou com a filha do compositor alemão Richard Wagner, outro expoente do racismo, do antissemitismo e do ultranacionalismo. O mesmo Wagner que era idolatrado por Hitler.

Em 1912, Londres recebeu a Primeira Conferência Internacional sobre eugenia (conferências posteriores ocorreriam em Nova York, em 1921 e 1932). Entre os patrocinadores e entusiastas presentes estavam o Primeiro Lorde do Almirantado, Winston Churchill; o inventor do telefone, Alexander Graham Bell; e Charles Eliot, presidente da Universidade de Harvard. Churchill já havia manifestado interesse pelas ideias racistas que moviam a eugenia em um romance, *Savrola*, publicado em 1899. O livro alcançou mais de 10 mil cópias vendidas nos primeiros anos do século XX. Em 1915, em meio à Grande Guerra, foram impressos 25 mil exemplares.

O político britânico Winston Churchill (1874-1965) participou da Primeira Conferência Internacional sobre eugenia, realizada em Londres, 1912. O Primeiro Lorde do Almirantado já havia manifestado interesse pelas ideias racistas que moviam a eugenia em um romance escrito no final do século XIX.

REPRODUÇÃO/LIBRARY OF CONGRESS

Como Galton havia morrido no ano anterior, o filho de Charles Darwin, Leonard, presidiu a conferência. Entre as palestras importantes do evento, destacou-se a de Bleecker van Wagenen, presidente da Associação dos Criadores Americanos e pupilo do zoólogo Charles Davenport, o pai do movimento eugenista estadunidense, autor da bíblia do grupo, *Hereditariedade em relação à eugenia*, e diretor do Departamento de Registro de Eugenia. Van Wagenen falou sobre os esforços operacionais que estavam sendo feitos para eliminar "linhagens defectivas" nos Estados Unidos, onde já havia centros planejados para manter cativos os "inaptos" e comitês para realizar a esterilização de homens e mulheres cuja genética era considerada indesejável: criminosos, deficientes visuais, epiléticos, surdos-mudos, pessoas com nanismo, esquizofrenia e portadores de deficiência óssea, entre outros. O próprio presidente do país, Theodore Roosevelt, era um adepto das teorias eugenistas e crente na superioridade da "raça ariana". "Os criminosos devem ser esterilizados, e aqueles mentalmente retardados devem ser impedidos de deixar descendência. A ênfase deve ser dada à procriação de pessoas adequadas", escreveu ele.[6] Nos anos 1920, a eugenia se tornaria uma mania nacional e a obra de Davenport serviria de manual de estudo em diversas universidades do país. Além de colônias prisionais para imbecis e idiotas, nos Estados Unidos havia concursos para escolha de "bebês perfeitos" e exames de compatibilidade genética para casais — uma década mais tarde, o nazismo seguiria a mesma política. Em 1927, a Suprema Corte dos Estados Unidos decidiu esterilizar Carrie Buck, de apenas 21 anos de idade, que já estava vivendo em uma "colônia" para pessoas com debilidade mental — foi o primeiro caso de operação sob a Lei de Esterilização.[7]

O cientista alemão Alfred Ploetz, defensor da "higiene racial", fez outra importante palestra na conferência londrina. Nos anos 1920, as publicações de Ploetz ganhariam um leitor que levaria as ideias eugênicas ao extremo: Adolf Hitler. Mas antes do surgimento do nazismo, tais ideias eram divulgadas na Alemanha e aceitas tanto pelo meio científico quanto pelo militar. Em 1913, o general alemão Friedrich von Bernhardi publicou *A Alemanha e a próxima guerra*, em que defendia a sobrevivência do mais apto por meio de guerras contra Estados rivais e mediante conquista de raças e povos inferiores. Era uma ideia presente no país desde a fundação da Sociedade Alemã de Higiene Racial, em 1905, ampliada mais tarde, em 1911, quando eugenistas alinhados com arianistas criaram dentro da entidade um "Círculo Nórdico". Enquanto os nazistas baseavam sua política nas ideias eugênicas, os comunistas desprezavam os debates sobre genética e consideravam a ideia de gene uma invenção dos geneticistas para apoiar uma ciência da "burguesia podre e moribunda". Mais tarde, durante os anos 1930, Trofim Lysenko, diretor do Instituto de Genética da União Soviética, proibiria qualquer menção à genética mendeliana ou à evolução darwinista; qualquer cientista que pensasse diferente e defendesse "ideias burguesas" era enviado para os campos de trabalhos forçados.

PACIFISTAS *VERSUS* BELICISTAS

"A guerra é a única forma de depurar o mundo", afirmou o escritor futurista Filippo Tommaso Marinetti, que depois da Primeira Guerra ingressaria nas fileiras do Partido Nacional Fascista de Benito Mussolini. "Assim como as tempestades saneiam o ar e derrubam árvores decrépitas e pútridas, enquanto o robusto e sólido carvalho se mantém ereto em meio à mais poderosa tormenta, assim é a guerra, um teste para o valor político, físico e espiritual de um povo e de um Estado", declarou o delegado alemão Karl von Stengel na Conferência de Haia. Tal pensamento não era uma ideia considerada absurda para a época; até mesmo Freud acreditava que a guerra tivesse um "efeito libertador", afastando "os piores miasmas".[8]

A ideia de que a guerra pudesse "purificar" ou "libertar" a Europa, no entanto, não era compartilhada por todos. Pouco antes de morrer, em 1891, o experiente marechal Helmuth von Moltke, o Velho, que conduzira o Exército do kaiser nas guerras da unificação da Alemanha nos anos 1860 e 1870, escreveu: "O que temos agora são guerras entre povos, e qualquer governante prudente deve evitar uma guerra dessa natureza, com suas consequências incalculáveis".[9] "Oito a dez milhões de soldados destruirão uns aos outros e, ao fazê-lo, deixarão a Europa mais nua que qualquer praga de gafanhotos", advertiu Friedrich Engels em 1887. "A fome e a penúria, a escassez e as doenças, brutalizarão o exército e a massa da população", escreveu o coautor do *Manifesto comunista*, amigo e colaborador de Karl Marx.[10] A pacifista Bertha von Suttner, por experiência própria, também escreveu a respeito. Nascida em Praga, então parte do Império Habsburgo, ela vivenciara os horrores das guerras Austro-Prussiana, em 1866, e Russo-Turca, em 1877, e passara desde então a dedicar seu tempo à campanha antibelicista, em favor do desarmamento e de soluções pacíficas para desentendimentos políticos. Em 1889, ela escreveu um romance intitulado *Abaixo as armas!* e, em seguida, fundou uma sociedade de "Amigos da Paz". Também era ativa no Comitê de Amizade Anglo-Germânica. Excelente propagandista, redigiu cartas e petições a poderosos do mundo inteiro e, além de conhecer e manter contato com o presidente norte-americano Teddy Roosevelt, convenceu Albert I, príncipe de Mônaco, e o industrial estadunidense Andrew Carnegie a apoiarem seu trabalho — o empresário, nascido na Escócia, criou a Fundação Carnegie pela Paz Internacional. Como ex-secretária e amiga de Alfred Nobel, o magnata dos explosivos e inventor da dinamite, Bertha convenceu o químico sueco a expiar a desgraça que ele causara instituindo o Prêmio Nobel para promover a paz internacional e o avanço científico em prol do bem-estar da humanidade. Von Suttner foi a primeira mulher a receber o Prêmio Nobel da Paz, em 1905, e quis o destino que ela morresse uma semana antes do assassinato do arquiduque e pouco mais de um mês antes da eclosão da Grande Guerra.

O banqueiro Ivan Bloch, nascido em uma família judaica de Varsóvia e convertido ao calvinismo, também atacou a guerra com previsões apocalípticas. Em 1898, ele publicou *A guerra do futuro e suas consequências*, obra com seis volumes que trazia uma série de argumentos contrários à guerra nos tempos modernos. A paridade tecnológica, argumentou ele, levaria um conflito bélico entre países europeus a um beco sem saída cujo fim seria a carnificina, uma catástrofe que destruiria "todas as instituições políticas existentes". "No futuro não haverá guerras, pois será algo impossível, agora que está claro que a guerra significa suicídio", escreveu.[11] Em 1909, o político e escritor inglês Norman Angell anteviu o desastre financeiro que adviria de uma guerra na Europa, ideia exposta em seu livro

A grande ilusão. O escritor Karl von Lang, por sua vez, afirmou, já às vésperas da Grande Guerra, no início de 1914, que algo pairava no ar. O austríaco temia que, "da noite para o dia, uma tremenda comoção venha a acontecer".

A pacifista Bertha von Suttner (1843-1914), primeira mulher a receber o Prêmio Nobel da Paz, em 1905.
REPRODUÇÃO/LIBRARY OF CONGRESS

Tanto na Inglaterra quanto nos Estados Unidos o pacifismo tinha a liderança dos *quakers* e era um movimento consideravelmente mais articulado. Em 1891, eles organizaram em Berna, na Suíça, o Bureau pela Paz Internacional. Na França os pacifistas eram menos religiosos (na verdade, fortemente anticlericais) e mais numerosos. Às vésperas da Grande Guerra havia 300 mil pessoas engajadas em torno dessa ideia. No centenário da Revolução Francesa, em 1889, membros de parlamentos de diferentes países fundaram a União Interparlamentar, cujo objetivo era trabalhar pela paz. Em 1912, a organização contava com mais de 3,6 mil membros de 21 nações. Na Alemanha, o país mais militarizado da Europa, o movimento pacifista nunca atingiu mais do que 10 mil membros.

As preocupações com a juventude e uma suposta decadência moral serviram de desculpa para a campanha nacionalista e a militarização da sociedade. Na Inglaterra, surgiram organizações como a *Lads Drill Association* (Associação para o Ensino de Moços), a *Boys and Church Lads Brigade* (Brigada de Meninos e Moços da Igreja) e, a mais popular de todas, a Associação de Escoteiros, criada em 1908 por Robert Baden-Powell, oficial da cavalaria na Guerra dos Bôeres, na África do Sul. A ideia de Baden-Powell era transformar molengões e desajustados em adolescentes patriotas e dinâmicos. Em dois anos ele tinha reunido 100 mil membros e criado outra agremiação, a Associação das Bandeirantes, cuja finalidade era preparar as meninas para se tornarem úteis em caso de uma invasão francesa à Grã-Bretanha. Na Alemanha, a ideia do escotismo também foi liderada por oficiais militares que haviam atuado na África — em repressão aos herero e nama na Namíbia. O *Pfadfinder*, o escotismo alemão, no entanto, dava ênfase ao espírito germânico de lealdade ao kaiser e ao Reich. Em 1911, o general Colmar von der Goltz, renomado teórico militar, criou com anuência do kaiser a *Jungdeutschland-Bund*, a "Liga da Juventude Alemã", que em pouco tempo contava com 750 mil membros.

GUERRAS ANTES DA GRANDE GUERRA

"Nosso idealismo comum, nosso otimismo baseado no progresso fizeram-nos ignorar e desprezar o perigo geral", observou Stefan Zweig. A visão do jovem intelectual e de seu círculo, de que o mundo vivia uma época de progresso e razão, "um clima de alegre despreocupação", era ilusória. A Europa flertava com uma guerra de grandes proporções havia tempo, e nos anos 1910 o continente se dirigia rapidamente para um caminho sem volta, que levaria a uma era de destruição. A "fé crédula em que a razão à última hora poderia impedir a loucura foi, ao mesmo tempo, nossa loucura", afirmou Zweig. "Nunca amei a nossa velha terra mais do que nesses últimos anos que precederam a Primeira Guerra Mundial, nunca esperei mais pela unificação da Europa, nunca acreditei mais em seu futuro do que nesse tempo em que julgávamos vislumbrar uma nova aurora. Mas na realidade já era o clarão do incêndio mundial que se aproximava", escreveu ele.[12]

A amplamente disseminada ideia de que a Europa vivia um período sem guerras desde a Era Napoleônica, encerrada com o Congresso de Viena em 1815, não podia ser mais irreal. Além da Guerra Franco-Prussiana, último conflito significativo do século XIX ocorrido entre potências europeias — que matou 184 mil pessoas em um período relativamente curto, entre os anos de 1870 e 1871 —, mais de duzentos pequenos conflitos armados foram travados nesse período. A Guerra da Crimeia (1853-1856), o primeiro grande conflito da era industrial e o primeiro a ter cobertura da imprensa em tempo real, envolveu russos, ingleses, franceses e turcos e causou a morte de 400 mil pessoas; a Guerra Russo-Turca (1877-1878) opôs os dois grandes impérios euro-asiáticos; e Itália e Alemanha se envolveram em uma série de guerras de unificação nos anos 1850 e 1860. A onda de violência atingiu outros cantos do mundo. Na América, aconteceram dois grandes conflitos: a Guerra Civil Americana (1861-1865) e a Guerra do Paraguai (1864-1870), com centenas de milhares de mortos. Na África do Sul, desde 1880 a Grã-Bretanha travava uma luta contra colonos de origem holandesa; em 1902, quando os bôeres foram derrotados, os ingleses enviaram para campos de concentração 28 mil pessoas, a maioria mulheres e crianças. Na Ásia, Japão e China se enfrentaram na Guerra Sino-Japonesa, em 1894-1895. Um pouco mais tarde, um exército europeu combinado, aliado aos Estados Unidos e ao Japão, esmagava os boxers, um movimento popular antiocidental e anticristão na China, ocorrido entre 1899 e 1900. A onda de saques e atrocidades resultou em milhares de mortos. Uma década mais tarde, a China deixaria de ser um império para se transformar em uma república e palco de sangrentas revoluções que se arrastariam até o final dos anos 1950.

A Conferência de Paz realizada nos Países Baixos em 1899 teve pouca praticidade. Mal o novo século se abriu, a Rússia se envolveu em um conflito com o Japão, em 1904-1905. Em 1911, França e Alemanha quase entraram em guerra na chamada "crise de Agadir". O envio de tropas francesas para sufocar uma revolta popular contra o sultão marroquino fez com que a Alemanha despachasse um navio para o porto africano. Os alemães queriam evitar que a França ocupasse o Marrocos. Nesse mesmo ano, sem declaração de guerra, a Itália invadiu os portos de Trípoli, Bengasi, Derna e Tobruk, conseguindo o controle da Cirenaica, na costa norte africana, e expulsando os turco-otomanos da Líbia. Somente o deserto permaneceu sob domínio senussi. Os italianos, no entanto, continuaram tentando adentrar e ocupar o território líbio; obtiveram êxito em 1931. Ao saber da invasão italiana na África, o kaiser alemão Guilherme II declarou profeticamente: "O começo de uma guerra mundial, com todas as suas consequências".[13] De fato, 1911 poderia ser apontado como o ano de início da Grande Guerra. "A série de guerras que assolou os Bálcãs começou na África", resumiu o historiador Christopher Clark.[14]

Com a invasão italiana, uma coalizão europeia composta por Sérvia, Bulgária, Montenegro e Grécia atacou o decrépito Império Otomano em várias frentes. Teve início a Primeira Guerra dos Bálcãs (outubro de 1912 a maio de 1913). Derrotados, os turcos foram expulsos da Albânia, da Macedônia e da Trácia, e o conflito seguinte, a Segunda Guerra dos Bálcãs (junho-julho de 1913), foi apenas uma disputa pelos despojos restantes entre os próprios vencedores. A Europa estava sentada em um barril de pólvora. O orçamento de defesa alemão saltou de 88 milhões de libras em 1911 para 118 milhões em 1913. No mesmo período, a Rússia elevou seu orçamento de 74 milhões de libras para 111 milhões. Os gastos militares do Exército britânico eram mais modestos, mas saltaram de 32 milhões de libras em 1887 para 77 milhões em 1913. A Marinha Real, que gastava 11 milhões de libras, passou a gastar 44 milhões. Nada que se comparasse aos gastos navais dos alemães, ansiosos em derrotar a mais poderosa marinha do mundo: de 90 milhões de marcos em 1890 para 400 milhões às vésperas da guerra. A corrida armamentista podia ser vista também no número de pessoas empregadas na indústria bélica. Em meados dos anos 1870, a alemã Krupp empregava 16 mil pessoas em suas fábricas; três décadas depois eram 45 mil, e em 1912 já chegava a 70 mil pessoas.[15]

Com base em ideias racistas e novas tecnologias, exploradas pelo ultranacionalismo, a Europa aguardava por Sarajevo.

2. OS TRÊS PRIMOS

Os três monarcas mais importantes da Europa eram ligados por laços de parentesco, primos cujos países — Alemanha, Rússia e Grã-Bretanha — eram rivais nos campos político e econômico. O kaiser, o tsar e o rei inglês tinham muitos gostos em comum, como a caça e o amor por uniformes, mas sua personalidade e seus poderes eram distintos e ajudaram a moldar o destino de suas nações e do mundo. Guilherme II era um egocêntrico irrequieto; Nicolau II, teimoso e indeciso; e Jorge V, diligente, porém, uma figura decorativa.

Em 24 de maio de 1913, as principais cabeças coroadas da Europa se reuniram na capital alemã para celebrar o casamento da única filha do kaiser Guilherme II, da casa dinástica dos Hohenzollern. Como ocorria sempre, o matrimônio de Vitória Luísa com o duque Brunswick, filho do duque de Cumberland e herdeiro do reino de Hannover, ia além de um caso de amor — na verdade, casos de amor eram raros entre a realeza. O casamento encerrava as desavenças que tiveram início em 1866, quando a Prússia anexou Hannover, território da casa real à qual pertenciam os reis ingleses desde 1714. Foi um "esplêndido sucesso", escreveu um observador. O sábado primaveril em Berlim serviu também para solidificar ainda mais a intrincada rede de laços de parentesco das principais monarquias do Velho Mundo.

Como neto mais velho da rainha Vitória, o pai da noiva era primo-irmão do rei Jorge V do Reino Unido, assim como era primo da tsarina Alexandra Fiódorovna e do tsar Nicolau II da Rússia, em segundo e terceiro graus. O rei inglês, também parente próximo do tsar russo, foi inclusive o fundador da dinastia Windsor, uma casa real com ascendência alemã, já que a rainha Vitória fora casada com Alberto de Saxe-Coburgo-Gotha. (Por razões óbvias, em 1917, em meio à Grande Guerra, Jorge alterou o nome da dinastia, de Saxe-Coburgo-Gotha para Windsor.) Ao longo dos séculos, os Románov haviam escolhido suas imperatrizes entre a nobreza alemã, e não obstante as rivalidades políticas, e além das ligações por casamentos ajustados, a dinastia prussiana dos Hohenzollern e os tsares russos desenvolveram autêntica amizade, como entre o kaiser Guilherme I (avô de Guilherme II) e o tsar Alexandre II (pai de Nicolau). Para o imperador alemão, além do matrimônio da filha, o ano de 1913 também era especial porque ele celebrava os 25 anos de seu reinado como kaiser e rei da Prússia, e o centésimo aniversário da vitória prussiana sobre Napoleão em Leipzig, na Batalha das Nações. Na Rússia, Nicolau festejava os trezentos anos da dinastia Románov. O tempo das celebrações, porém, havia acabado. O encontro em maio foi a última vez que os três primos – e líderes políticos – estiveram juntos. Dentro de cinco anos, dois deles seriam depostos (um seria assassinado), e apenas o inglês manteria a coroa.

A família da rainha Vitória (1819-1901), reunida na Alemanha, em 1894. A rainha inglesa aparece ao centro da fotografia, com seu habitual vestido negro; à esquerda está seu neto mais velho, Guilherme II (1859-1941), imperador da Alemanha; logo atrás dele está o então tsarévich russo Nicolau (1868-1918), e à direita deste a futura tsarina, Alexandra (1872-1918); à esquerda, mais ao alto, aparece o filho da rainha e futuro rei inglês Eduardo VII (1841-1910).

GETTY IMAGES

O INQUIETO WILLY

Às vésperas da Grande Guerra, a Alemanha — uma criação de Otto von Bismarck, chanceler do avô de Guilherme II e responsável pela unificação dos Estados alemães — era a nação mais poderosa do mundo. Embora tivessem se passado apenas quatro décadas desde a fundação do Reich alemão, em 1871, e o país não desfrutasse dos imensos impérios coloniais de Grã-Bretanha e França, a Alemanha despontava no cenário europeu e mundial. Bem-sucedida em diversos setores, era líder na produção industrial, farmacêutica e tecnológica, desenvolvia e ponteava pesquisas científicas em quase todas as áreas, era a pátria das mentes mais brilhantes da época, tinha uma economia sólida e um programa de bem-estar social que fora pioneiro no mundo. Não à toa, o kaiser acreditava que a Alemanha era a verdadeira responsável pelo progresso e pela liberdade do mundo, em oposição à França, uma "nação decadente", e à Rússia, "uma nação semibárbara". Os alemães só se sentiam inferiores em relação aos ingleses; Guilherme era anglófilo e por um período relativamente longo tentou aproximar seu país do de sua avó. Mais tarde, já no exílio, Guilherme continuou apreciando tudo o que era inglês; lia os jornais britânicos, tomava chá inglês e sempre que possível mantinha contato com amigos ingleses. Mas, na verdade, antes da Grande Guerra os alemães só tinham como rivais à altura os Estados Unidos: desde o início do século XX a estrela do grande Império Britânico começara a eclipsar.

Guilherme, ou "Willy", como era chamado, nasceu Friedrich Wilhelm Viktor Albert Hohenzollern em 27 de janeiro de 1859, em Berlim, então capital do Reino da Prússia, um poderoso Estado de língua alemã na Europa Central cujo regente era seu avô desde 1858. O nascimento do herdeiro prussiano (mais tarde alemão) foi problemático. Sua mãe, Vitória, primogênita da rainha da Grã-Bretanha, tinha apenas 18 anos e o bebê estava em posição invertida. O obstetra chamado às pressas para o parto conseguiu salvar mãe e filho, mas o braço esquerdo do menino foi danificado, tornando-se atrofiado — historiadores especulam se os primeiros minutos sem oxigenação tenham perturbado também o cérebro do futuro imperador, possível explicação para sua instabilidade emocional e hiperatividade.[16] De qualquer forma, a rainha britânica descreveu o neto alemão como uma "bela criança gorda, com uma linda e macia pele branca". O braço, no entanto, seria sempre um transtorno para Guilherme, sendo mantido sempre junto à espada ou à cintura do monarca de modo a ocultar a atrofia. Precisava de ajuda para vestir-se e cortar a comida. A fim de praticar seu esporte favorito, a caça, o kaiser atirava apoiado nos ombros de um criado. Embora com limitações, era um bom caçador, fazendo questão de manter registrado tudo o que abatia. Em 1897, ele totalizava 33.967 animais, entre auroques, alces, garças, cormorões, faisões e uma infinidade de outros bichos silvestres.

Superprotegido e mimado por uma mãe dominadora, Guilherme era descontrolado emocionalmente e sempre acometido de explosões de mau humor quando contrariado; era invejoso e arrogante, acreditando exageradamente ser o senhor de tudo e de todos. Bismarck o comparou a um balão: "Se você não segurar as cordas, ninguém sabe onde ele vai parar". Era ainda muito indolente e errático, distraindo-se com facilidade. A historiadora canadense Margaret MacMillan disparou: "Guilherme era preguiçoso e incapaz de se concentrar em alguma coisa por muito tempo".[17] "Nada aprendia direito e acabava achando que sabia tudo", afirmou Bismarck.[18] De fato, os estudos nunca foram seu forte. Quando se formou em Cassel, ficou em décimo lugar em uma turma de apenas dezesseis alunos. Já como imperador, tinha como hábito escrever comentários concisos e pouco educados em relatórios e documentos. "Droga" e "bobagem" apareciam com frequência, e até mesmo "pura masturbação". Chamava os diplomatas de "porcos" e os deputados de "idiotas" ou "cachorros", e constantemente fazia piadas de mau gosto ou brincadeiras humilhantes, como dar palmadas no traseiro de seu chefe de Estado-Maior em reuniões militares com representações estrangeiras. Nada que também não fosse hábito de muitos de seus assessores. Diplomatas prussianos frequentemente se referiam à rainha Vitória como a "avó beberrona" do kaiser, ou então como "mascate".

Para o historiador Max Hastings, Guilherme tinha "um forte desejo de sucesso marcial" e o "gosto por panóplias e espetáculos".[19] De fato, Guilherme tinha verdadeira paixão por uniformes e fazia questão de se exibir publicamente; às vezes, parecia mais uma espalhafatosa alegoria do que um líder político. Entre 1888 e 1904 fez 37 modificações em seus uniformes. O amor pelos trajes militares na Alemanha, um país de forte tradição militar, principalmente na Prússia, não era apenas um gosto pessoal do kaiser. Era comum que os filhos de prussianos importantes usassem uniforme militar desde os seis anos de idade, e até mulheres da nobreza exibiam e posavam em roupas com corte ao estilo utilizado pelo Exército. Também era costume que, em visitas oficiais — como no casamento de maio de 1913 —, os líderes das grandes potências exibissem publicamente sua relação de amizade vestindo-se um com o uniforme do outro. Mas o kaiser adorava se pavonear. Tinha apreço especial pela *red coat*, a casaca vermelha britânica, e pelo kilt dos regimentos escoceses. Em 1894, após muito implorar à avó, Guilherme recebeu da rainha Vitória a patente de coronel comandante do 1º Regimento dos Dragões Reais. Foi a primeira vez que um monarca estrangeiro entrou para o Exército britânico. Seis anos depois, ele foi feito almirante honorário da Marinha Real — com direito ao uniforme branco e dourado. "É mesmo de me dar vertigem", escreveu ele ao embaixador inglês. Além dos trajes, Guilherme fazia questão de manter a boa aparência física em suas constantes aparições públicas, quando se permitia e adorava ser fotografado. O defeito no braço era suprido com o porte atlético, cabelo bem penteado e o bigode em forma de "w", com as pontas cuidadosamente voltadas para cima e fixadas com pomada, realçando seus olhos grandes e castanhos. Os bigodes eram a moda da época e haviam substituído as costeletas que marcaram a geração de seu pai e avô.

O casamento, em 1881, com a princesa Augusta Vitória von Schleswig-Holstein-Sonderburg-Augustenburg, conhecida por "Dona", deu a Guilherme sete filhos (o herdeiro do trono, Wilhelm, cinco meninos e Vitória Luísa) e freara as farras dos tempos de universidade. Extremamente apegada à fé luterana e submissa ao marido, Augusta Vitória aceitava todos os devaneios de Guilherme, incluindo usar vestidos por ele desenhados — não obstante ser xenófoba, principalmente quanto aos ingleses adorados pelo kaiser. Em 1922, já viúvo, ele se casaria uma segunda vez, com a princesa Hermine von Schönaich-Carolath. Mas sua vida sexual foi muito além dos matrimônios oficiais, mantendo mais de uma amante ao mesmo tempo em lugares distintos. Sua masculinidade, no entanto, foi contestada em 1907, quando se viu envolvido no "Caso Eulenburg", em que o jornalista judeu Maximilian Harden acusou publicamente o príncipe Philipp zu Eulenburg-Hertefeld e o general Kuno von Moltke, assessor do imperador e comandante militar de Berlim, de manterem relações homossexuais — o que na Alemanha era expressamente proibido por força de lei. Como eram pessoas próximas de Guilherme, o próprio kaiser foi acusado de dar apoio ao "Círculo de Liebenberg", o grupo de homossexuais que frequentava o castelo do príncipe Eulenburg. O exibicionismo e a obsessão por trajes e uniformes fizeram com que Guilherme fosse tido por muitos como um homossexual reprimido, embora desde a adolescência mostrasse interesse por meninas e enviasse frequentes cartas à mãe, descrevendo sonhos eróticos em que ela o acariciava. O "que faremos na realidade quando estivermos sozinhos em nossos quartos, sem testemunhas", escreveu certa vez ele à genitora.[20]

Em junho de 1888, depois de apenas três meses de reinado, o pai de Guilherme, Frederico III, morreu. Quando assumiu o trono, o novo kaiser abreviou o calendário de despachos criado e seguido à risca por seu avô. Ele passou mais da metade de seu governo longe de Berlim ou de Potsdam. Seu primo e rei inglês, Jorge V, o chamava de "Guilherme, o Inquieto"; seus ministros e assessores, de "Guilherme, o Súbito". Sua atitude irrequieta escondia certa dose de insegurança. Guilherme mudava constantemente de ideia e posição. "É insuportável. Hoje uma coisa, amanhã outra e dias depois outra coisa completamente diferente", observou um ministro.[21] Dado que estava sempre visitando seus inúmeros palácios, pavilhões de caça de amigos ou em cruzeiros, seus ministros precisavam se deslocar até onde ele estava a fim de tratar de assuntos políticos. Muitos só viam o imperador uma ou duas vezes por ano — na última década de seu reinado, desenvolveu o gosto por arqueologia, o que o levou a passar as primaveras escavando em Corfu, uma ilha grega no mar Jônico, situada na costa da Albânia.

Guilherme era o homem mais rico de Berlim e um dos cinco mais abastados da Alemanha. Sua fortuna pessoal era avaliada em 140 milhões de marcos, com rendimentos superiores a 22 milhões de marcos — em comparação com outras duas grandes cortes europeias, o rei inglês Eduardo VII, pai de Jorge V, recebia o equivalente a 11,6 milhões; o imperador austro-húngaro, pouco mais de 19 milhões de marcos. Oficialmente, o kaiser possuía 53 castelos (apenas em Potsdam eram treze), numerosos edifícios e uma área explorada de mais de 119 mil hectares que lhe rendia uma receita líquida anual de cerca de 3,4 milhões de marcos.[22]

A Alemanha imperial não era um Estado absolutista como a Rússia, tampouco uma democracia como os Estados Unidos ou a França; era, na definição de um historiador, uma "autocracia militarizada", regulada em parte por um parlamento, o Reichstag, controlado pelo Partido Social Democrata. Não obstante a influência militar na direção do país, o movimento socialista alemão era o maior do mundo e profundamente hostil ao militarismo. Embora parecesse o país da disciplina e da organização, de modo geral não havia coordenação entre os Estados-Maiores do Exército e da Marinha, nem entre o kaiser e o chanceler. Militares, políticos e a monarquia agiam de forma independente. Um conselho que incluísse todas as altas autoridades foi pensado em 1904, mas nunca posto em prática. Logo depois da guerra, Theobald Bethmann-Hollweg, chanceler entre 1909 e 1917, afirmou que "durante todo o meu mandato, nunca houve um conselho de guerra que permitisse aos políticos intervir contrariando os militares".[23] A mentalidade militar alemã, herança da Prússia de Frederico II, o Grande, simplesmente não tolerava a interferência de políticos civis em assuntos das Forças Armadas – e com o avançar da guerra, em 1916 uma ditadura militar colocou todas as decisões do país nas mãos dos generais Hindenburg e Ludendorff.

Com a corrida armamentista, desde a década de 1890 as principais potências europeias mantinham planos secretos de guerra. O projeto da Alemanha ficou conhecido como "Plano Schlieffen", porque foi delineado pelo general Alfred von Schlieffen, chefe do Estado-Maior do Exército entre 1891 e 1906. Em linhas gerais, o plano de Schlieffen (ampliado e alterado em muitos detalhes ao longo dos anos seguintes pelo general Helmuth von Moltke) tinha sérias implicações. Primeiro, porque os militares alemães desprezavam qualquer autoridade civil e se valiam de sua organização interna e desejo pela guerra para derrotar opiniões contrárias a um conflito armado. A indecisão que cercava os políticos prejudicava a manutenção de um canal diplomático com potências estrangeiras, o que poderia evitar uma declaração de guerra. Segundo, porque se baseava na necessidade de tomar a decisão pela guerra antes de qualquer outro país; se era para haver uma guerra, que fosse logo, antes do crescimento da Rússia e que a Alemanha ficasse para trás e fosse surpreendida. Por isso, o plano previa uma invasão não só à França inimiga, mas também a países neutros (Bélgica e Luxemburgo), o que desencadeava uma série de problemas diplomáticos com diversas nações europeias. Também estimava uma campanha de poucas semanas (como fora a de 1870), o que permitiria se voltar para o outro inimigo, a Rússia, e então derrotá-lo enquanto ainda se preparasse para a guerra. Tanto a Alemanha quanto a Rússia nutriam a crença de que os dois impérios inevitavelmente travariam uma luta entre eslavismo e germanismo pela conquista da Europa — ideia que persistiria até a Segunda Guerra Mundial. Um ultraconfiante kaiser jocosamente batizou o Plano Schlieffen de "almoço em Paris, jantar em São Petersburgo".

Quando a crise se instaurou em julho de 1914 e o tsar Nicolau II deu início à mobilização de tropas, a Alemanha seguiu as diretrizes de Schlieffen-Moltke. Mas a estratégia germânica fracassou, o Exército alemão não derrotou a França com a rapidez prevista e se viu obrigado a travar uma guerra em duas frentes, tudo o que Bismarck sempre evitara com articulação diplomática. Uma guerra estática, de trincheiras, arruinou a economia alemã e despedaçou a política que mantivera o Reich unido até então. Nos dois anos finais da Grande Guerra, o país procurou de alguma forma encontrar uma "paz honrosa". Em novembro de 1918, depois que o Exército constatou ser incapaz de derrotar seus inimigos, os militares jogaram a responsabilidade (e a vergonha) de um armistício no colo dos políticos. Uma série de greves e manifestações paralisaram o país e derrubaram governos municipais e estaduais, um motim de marinheiros em Kiel exigiu a renúncia do kaiser, posição que se alastrou pela Alemanha. Na manhã de 9 de novembro, o general Wilhelm Groener, ligado aos sociais-democratas, declarou a Guilherme: "O Exército não apoia mais Vossa Majestade". O kaiser abdicou e partiu para a Holanda, onde passou seus últimos 23 anos cercado por quase cinquenta pessoas, das quais 26 eram criados — para seu novo lar foram enviados mais de setenta vagões de trens abarrotados de móveis, artefatos e até um automóvel e um iate. A Alemanha assinou o armistício em 11 de novembro e, em meio a uma revolução, tornou-se uma república.

O Tratado de Versalhes atribuiu toda a culpa pela deflagração da guerra à Alemanha e ao kaiser, mas tanto o rei Jorge quanto o tsar Nicolau pensavam diferente. Historiadores modernos também. "No frigir dos ovos, Guilherme não quisera a guerra, mas não foi capaz de impedi-la", observou a biógrafa Miranda Carter. Para Margaret MacMillan, o kaiser "não desejava uma guerra europeia e na crise de 1914, tanto quanto nas anteriores, inclinava-se pela preservação da paz". Embora "ele quase sempre se mostrasse cauteloso, dava a impressão de que seu governo era agressivo e militarista, o que normalmente não era", afirmou David Stevenson.[24] A falta de habilidade política e o desejo pessoal por glória levaram Guilherme a tomar decisões equivocadas, enredar a Alemanha e arrastar a Europa para uma guerra sem precedentes. Ele morreu aos 81 anos, em um solar do século XVII, em Doorn, na Holanda ocupada pelos nazistas, em 4 de junho de 1941.

O INSEGURO NICKY

O "tsar de todas as Rússias" era o oposto de seu parente alemão. Ao contrário do falante e exibicionista Guilherme, Nicolau II era tímido e desconfiado, mais modesto e extremamente teimoso. Raramente perdia a paciência, falava com calma e evitava confrontos; "exasperadamente polido", afirmou o ministro das Finanças Serguei Witte. Para Max Hastings, no entanto, o imperador russo era "um homem sensível, mais racional do que o kaiser, se não mais inteligente".[25] Mas tinha pouca imaginação e ainda menos habilidade política do que Guilherme. Em verdade, Nicolau se considerava acima da política, a ponto de desconsiderá-la. Acreditava, como o pai e seus ancestrais, na união mística entre o trono e os camponeses. Apesar da boa educação – além do russo, falava fluentemente alemão, francês e inglês –, Nicolau fora criado em uma bolha de privilégios, isolado do povo e imaginando ser alguém divino, amado por seus súditos. Para o biógrafo da dinastia Románov, Simon Sebag Montefiore, ele era apenas "medianamente inteligente", com a capacidade limitada pelo provincianismo de sua educação e expectativas.

Nicolau II, ou "Nicky", nasceu Nikolai Alexándrovitch Románov, em São Petersburgo, a 6 de maio de 1868, segundo o calendário juliano, seguido pelos russos; 18 de maio pelo calendário ocidental. Era o filho mais velho do tsar Alexandre III e da tsarina Maria Fiódorovna, uma princesa dinamarquesa que o tratou como criança por mais tempo do que o normal. "Era um homem de horizontes estreitos e visão tacanha, e durante anos mal cruzou as paredes dos jardins imperiais", relatou a condessa Isabel Naríchkina.[26] Não é de estranhar que tenha perdido a virgindade aos 25 anos, com uma bailarina polonesa, Matilda Kchessínskaia, às vésperas do casamento. A noiva e futura tsarina, Alexandra Fiódorovna, nascida Alexandra de Hessen-Darmstadt, conhecida como "Alix" ou "Sunny", impressionara Nicolau desde o primeiro encontro, quando ele tinha dezesseis anos e ela, doze. O casamento ocorreu em novembro de 1894, pouco depois de Nicolau ter se tornado tsar com a morte precoce do pai.

Na Páscoa seguinte, Alexandra recebeu de presente do esposo um "ovo Fabergé", costume que Nicolau herdara de Alexandre III. Todo ano o tsar encomendava ao joalheiro de origem germano-báltico Peter-Carl Fabergé ovos de Páscoa ricamente confeccionados em ouro, prata e esmalte. Em seu interior sempre havia um presente-surpresa, geralmente fabricado com diamantes e pedras preciosas. A joia era dada anualmente à tsarina, e Fabergé produziu cinquenta delas ao longo dos reinados do pai e do filho. Alexandra era uma luterana convicta, mas precisou se converter à fé ortodoxa para o casamento. Embora fosse consciente de sua posição e dedicada a trabalhos voluntários e sociais, era extremamente tímida e emotiva, tinha "devoção obsessiva" e "pudor de beata", a ponto de só aceitar em seu círculo mulheres de reputação ilibada, o que, em se tratando da nobreza, nem sempre era possível. Invariavelmente tinha problemas com questões assim, ferindo o orgulho de famílias tradicionais e que prestavam apoio à autocracia. Considerada "fria" e impopular, foi sempre tratada com desprezo geral. Quando a Grande Guerra teve início, sua ascendência germânica também causou transtornos para Nicolau.

A origem alemã, no entanto, não era o único nem seu mais grave problema. Embora vivesse um casamento feliz, Alexandra trazia no sangue o gene da hemofilia — herança de sua avó inglesa, a rainha

Vitória. Só manifestada em homens, a doença atingiria o único herdeiro varão de Nicolau, Alexei Nikoláievich, nascido em 1904, depois de quatro meninas (Olga, Tatiana, Maria e Anastássia). A enfermidade do tsarévich era uma séria ameaça à dinastia que governava a Rússia desde 1613, e Nicolau a enfrentou fechando-se em um restrito círculo familiar, apegando-se à rotina e às suas paixões: a esposa neurótica e possessiva, os filhos, as caçadas e os uniformes.

O tsar apreciava passar as férias de verão com a família às margens do Mar Negro, no iate imperial ou nos jardins de Tsárskoie Seló, a cerca de trinta quilômetros de São Petersburgo. Longe de tudo e de todos levava uma vida relativamente simples. Como observou uma historiadora, ele tinha "mais o perfil de nobre rural ou de prefeito de cidade pequena".[27] Adorava caçar e mesmo no auge no inverno passava até seis horas por dia envolvido com o *hobby*. Em 1893, registrou 667 animais abatidos para 1.596 tiros disparados. Como o kaiser, também era apaixonado por uniformes. Nicolau possuía trajes de todos os regimentos do império e colecionava patentes honoríficas de regimentos estrangeiros. Tinha até trajes de camponeses russos, das mais variadas regiões do país. Ocupava-se constantemente da reconfiguração dos uniformes do Exército e de seus cortesãos, cuidava de detalhes nos capacetes, dos botões, dos cinturões e das plumas. O conde Robert zu Zedlitz-Trützschler observou que o tsar era um homem "obcecado com a questão das roupas e da aparência".

Dedicado à família e aos próprios gostos, ao contrário de seu pai Nicolau tinha pouca ação política, o que era inaceitável em uma autocracia como a Rússia, um império multiétnico composto por mais de cem nacionalidades e 146 línguas que ocupava um sexto do globo terrestre. "Comandar, agir e decidir não interessavam a ele", escreveu o historiador francês Marc Ferro.[28] Extremamente teimoso, "para ele não existe visão geral, ampla, resultante de troca de ideias e argumentos, de debates", observou um antigo tutor. Para evitar discussões, "dominava no mais alto grau" a "arte de concordar com o interlocutor de maneira a fazê-lo acreditar que ficara muito impressionado e perfeitamente convencido de que o ouvia; um tipo de lisonja extremamente delicado", observou o barão Roman Románovitch Rosen.

Dos três primos, Nicolau foi o mais novo a assumir o trono, tinha apenas 26 anos quando foi coroado tsar, em 1894. O que explica, em parte, sua imaturidade e despreparo. O pai, conhecido por "Sacha" ou "Colosso", devido ao avantajado porte físico e aos quase dois metros de altura, tinha apenas 49 anos quando faleceu de uma doença renal. Ninguém imaginava, muito menos Nicolau, que um "perfeito brutamontes", gozando de boa saúde, fosse morrer tão cedo. Assumir a responsabilidade de dirigir um grande império caiu como bomba no colo do jovem Nick. E desde o início de seu reinado as coisas nunca correram bem para ele. Na cerimônia de coroação, em 1896, enquanto era vestido com o manto imperial, a corrente de Santo André, o padroeiro da Rússia, quebrou-se; sinal, segundo alguns, de mau agouro. A festa para o povo, em Khodina, reuniu 700 mil pessoas, muito mais que as 400 mil esperadas, o que provocou distúrbios e mais de 3 mil mortos.

O tsar ficava horrorizado com o comportamento do arquiduque austríaco Francisco Ferdinando, principalmente quanto a "questões raciais", mas ele próprio era preconceituoso e antissemita. Nicolau chamava os japoneses, que ele considerava inferiores, de "macaquinhos de rabo curto", e os ingleses de "*Yids*", judeus. Também comungava da crença popular da existência de uma conspiração judaica internacional para dominar o mundo — e a revolução de 1917, liderada por muitos homens de origem judaica, deu-lhe ainda mais motivos para acreditar nessa história. "Fui tomado por ódio aos judeus que crucificaram Cristo", anotou após ler a peça *O rei da Judeia*.[29] Seu antissemitismo se mostrou ainda mais claro quando estimulou e permitiu que uma onda de violência contra súditos judeus causasse a morte de milhares de pessoas durante seu governo. Motivo pelo qual foi chamado de "tsar dos pogroms".

Não obstante isso, dos três imperadores aparentados Nicolau foi o único que tentou impedir a corrida armamentista e propôs algo efetivo em prol da paz, fosse por idealismo, fosse por mera necessidade: a Rússia tinha problemas para alcançar tecnologias desenvolvidas por Grã-Bretanha e Alemanha, assim como sua produção industrial. Em janeiro de 1898, ele convidou representantes de diversos países para uma conferência que se realizaria em Haia, nos Países Baixos, no ano seguinte. O objetivo era preservar a paz e limitar os armamentos, "um gesto de boa vontade para receber o novo século". Para Nicolau, as "terríveis máquinas de destruição" eram um "grave problema" a ser resolvido. O movimento pacifista mundial saudou a ideia com entusiasmo.

Entre maio e julho de 1899, a reunião proposta pelo tsar reuniu representantes de 26 países (vinte europeus, quatro asiáticos e dois do continente americano; o Brasil declinara do convite e não participou). A pacifista Bertha von Suttner também esteve presente. A proposta russa previa congelamento de efetivos militares, limite para produção de algumas armas modernas e a criação de normas de conduta de guerra. Das grandes potências, Inglaterra, Áustria-Hungria e Alemanha não estavam interessadas em desarmamento. O kaiser permitiu que uma delegação alemã fosse enviada, "vou em frente com essa comédia", disse ele, "mas manterei minha adaga à mão durante a valsa". "É a maior insensatez, a maior tolice que já ouvi", afirmou o rei inglês Eduardo VII. A França era a única interessada em, pelo menos, discutir as propostas. Os Estados Unidos também se inclinavam para o diálogo, para sentar à mesa de negociações e buscar soluções pacíficas.

Apesar de tudo, a Conferência de Paz conseguiu avançar onde outras tentativas anteriores haviam falhado — pelo menos em teoria. Um Tribunal Permanente de Arbitragem foi criado para permitir uma resolução pacífica em disputas entre nações, e acordos internacionais foram firmados para garantir a não utilização de determinados tipos de armamentos e o "tratamento humano" aos prisioneiros de guerra. Outra conferência foi realizada em 1907, ampliando e detalhando convenções adotadas em 1899. Na prática, porém, o tribunal e os acordos continuaram a ser ignorados ou desrespeitados, e canhões seguiram troando na Europa.

O nascimento de um herdeiro incapaz, a guerra perdida para o Japão — a primeira vez que um país asiático derrotava uma potência europeia — e uma revolta que terminou com milhares de mortos, em 1905, arruinaram a já frágil capacidade de liderança de Nicolau. Não obstante a Duma — uma assembleia consultiva — ter lhe declarado apoio incondicional e aprovado um imenso orçamento militar, o envolvimento da Rússia em uma guerra desnecessária, como a de 1914, e o fracasso em derrotar um inimigo externo eliminaram qualquer possibilidade de restauração da autocracia que marcara a dinastia Románov. Muito pelo contrário, expuseram claramente o quanto o tsar era frágil e incapaz de governar e de perceber o que ocorria ao seu redor. Quando Nicolau soube do assassínio em Sarajevo, estava com a família na Crimeia e mais preocupado com Raspútin, que sofrera um atentado no mesmo dia, do que com o futuro da Europa após a morte do herdeiro austríaco. Com a guerra em andamento, embora tivesse decidido partir para a frente de combate e assumido o comando supremo do Exército (*Stavka*), ele deixara a inapta e "estrangeira" Alexandra no comando do país. Mesmo ali, parecia mais preocupado em ler romances e as cartas da esposa do que em tomar decisões militares — os dois trocaram mais de 1,6 mil cartas. Alexandra o chamava constantemente de "pobrezinho", e, inseguro e indeciso quanto ao que fazer, ele parecia aceitar os acontecimentos com certo fatalismo, dando crédito às orientações do monge Raspútin — que a essa altura era considerado por muitos o verdadeiro tsar — e aumentando a crença compartilhada com a esposa de que milagres salvariam a Rússia de qualquer problema. Em pouco tempo, o próprio tsar seria destronado em meio ao caos instalado com a Grande Guerra e a ebulição política que varria o país.

A FIGURA DECORATIVA

Jorge foi o último dos três primos a assumir o trono. Foi também o mais velho deles a chegar ao poder. Em 1910, tinha 45 anos de idade. A mãe de Jorge era tia de Nicolau; primos em primeiro grau, os dois eram tão semelhantes fisicamente que pareciam gêmeos, sendo constantemente confundidos, sobretudo depois que o inglês passou a conservar barba. Ambos beiravam 1,70 metro de altura, a mesma estatura de Guilherme.

Jorge nasceu George Frederick Ernest Albert em 3 de junho de 1865, no palácio de Marlborough House, em Londres, filho de Alberto Eduardo, príncipe de Gales, e Alexandra da Dinamarca. Embora tenha estudado nas melhores escolas, tido um tutor e viajado por América do Sul, África do Sul, Egito, Terra Santa, Austrália e Extremo Oriente, Jorge nunca desenvolveu real interesse pelo mundo exterior. Era disléxico e deficiente, para não dizer medíocre, nas disciplinas mais elementares. Mais de uma década servindo na Marinha bastou para que ele se transformasse no príncipe inglês mais viajado da história e em um jovem saudoso de casa e de seu "adorável quartinho". Para a historiadora Margaret MacMillan, Jorge tinha poucas ambições, o pensamento político de um nobre rural e aversão a tudo que lembrasse socialismo, nutrindo antipatia tanto por grevistas quanto por sufragistas.

Os primos Nicolau (1868-1918) e Jorge (1865-1936), na Inglaterra, 1893. Os futuros governantes de Rússia e Inglaterra eram tão parecidos que eram frequentemente confundidos.
Reprodução/Library of Congress

Em julho de 1893, Jorge se casou com a viúva de seu irmão mais velho e segundo na linha de sucessão ao trono. Maria de Teck, chamada de "May", era inglesa, mas o pai tinha origem alemã. Jorge assumiu o título do irmão, duque de York, e quando a avó, a rainha Vitória, morreu, em 1901, seu pai tornou-se o rei Eduardo VII e ele, príncipe de Gales, passou a ser o primeiro na linha de sucessão. May deu a Jorge seis filhos, entre eles o futuro rei Eduardo VIII, avô da atual rainha Elisabeth II. Embora não tivesse a aversão que Nicolau sentia pela burocracia administrativa, Jorge igualmente preferia a família e a vida doméstica a uma vida na corte e suas intrigas políticas. Fazia todo o possível para manter-se longe da atenção pública; no entanto, era consciente de sua posição, prezava pela rotina e seguia detalhadamente todo o cronograma que a corte exigia, detestando qualquer perturbação ou desajuste. Mas, como o tsar, era incapaz de ver além das demonstrações públicas de lealdade (rigorosamente organizadas com esse fim). Caçar e colecionar selos eram suas paixões. Passava várias tardes por semana organizando a coleção, examinando catálogos e arquivando raridades. Depois de coroado, passou a colecionar apenas selos com o próprio rosto. No fim da vida, sua coleção filatélica compreendia 325 álbuns. Em 1894, Jorge se mudou para York Cottage, uma pequena mansão na propriedade de Sandringham, com trezentos hectares de área para caça. Ali ele podia viver como queria, livre da etiqueta da corte, abatendo até mil faisões num único dia. "Durante dezessete anos, ele nada fez senão matar animais e colar selos", escreveu seu biógrafo Harold Nicolson.

Em maio de 1910, quando Eduardo VII morreu, o filho tornou-se rei com o título de Jorge V. Para surpresa geral, ele decidiu ser coroado imperador na Índia, em um durbar, um antigo festejo mogul. Os novos monarcas do Reino Unido, o poderoso império onde o sol nunca se põe, com 450 milhões de súditos, sentaram-se em tronos de prata, sob uma cúpula dourada, trajando túnicas de coroação, tendo a seus pés marajás indianos para lhes prestar homenagens. Jorge ostentava uma coroa cravejada com mais de 6 mil diamantes, safiras, esmeraldas e rubis. Cerca de 40 mil tendas foram montadas e pelo menos 100 mil pessoas estiveram presentes aos festejos. Aproveitando a viagem à Ásia, talvez a razão principal dela, Jorge foi ao Nepal para caçar; estava acompanhado de um marajá, seiscentos elefantes e mais de mil servidores. Ele abateu 21 tigres, oito rinocerontes e um urso.[30]

Ao contrário de Nicolau, que podia, mas não queria tomar decisões, Jorge tinha boas intenções, mas não tinha poder. A Inglaterra era uma monarquia parlamentar constitucional desde o século XVII — e assim continuou com a criação do Reino Unido no século seguinte. O rei não governava senão em acordo com seus ministros; não era mais do que uma figura decorativa. As principais decisões passavam, na prática, por um chanceler. Quando o secretário particular de Jorge questionou se o rei poderia ser mais participativo nas decisões do conflito, em 1916, ouviu do secretário de gabinete do primeiro-ministro um sonoro "não". Ele também pouco pôde fazer pela família imperial russa, prisioneira dos bolcheviques, lamentando mais tarde não ter conseguido ajudar de forma mais efetiva o primo cativo. Mantido alheio às decisões e rumos de seu país, Jorge desconhecia completamente as implicações reais de uma guerra na Europa. "O rei parecia ansioso, mas não me deu a impressão de que percebesse de fato as graves consequências para o nosso país, assim como para sua própria casa", observou o general Douglas Haig. Não obstante estar disposto ao sacrifício — desde que a guerra fosse vencida, é claro —, coube ao rei apenas cumprir formalidades e uma agenda meramente propagandística: realizou sete inspeções a bases navais, 450 inspeções militares, trezentas visitas a hospitais, cinco visitas ao front e 50 mil condecorações e medalhas pessoalmente conferidas. Realizou ainda um número grande de visitas a fábricas de munição e áreas bombardeadas. Também demonstrou austeridade; deixou de beber e economizou 100 mil libras com gastos pessoais que foram devolvidos ao Tesouro do país.

Com o fim da Grande Guerra, o Reino Unido e seu rei, vencedores nos campos de batalha do continente europeu, saíram derrotados no quintal de casa: uma guerra civil tornou parte da Irlanda independente da Coroa. Reestruturações foram necessárias e foi Jorge o criador da moderna monarquia britânica, uma "instituição doméstica, decorativa, cerimonial e algo impassível".[31] Em 1935, ele celebrou seu Jubileu de Prata preocupado com a ascensão do nazismo e uma nova guerra europeia; afirmou preferir agitar uma bandeira vermelha na Trafalgar Square a permitir um novo conflito que envolvesse seu país. Mas aos setenta anos de idade, o monarca tinha uma saúde frágil, seu coração era fraco e o fumo o debilitara ainda mais. Em 20 de janeiro de 1936 a situação se agravou; enfermo, Jorge perdia e recuperava a consciência por breves períodos. À noite ele recebeu uma injeção letal de cocaína e morfina do médico da corte. Em consenso com a família, o momento fora decidido para que a notícia da morte do rei fosse anunciada nos jornais matutinos e não nos vespertinos, "menos apropriados".

INDIVISIBILITER AC INSEPARABILITER

3. O IMPERADOR, O ARQUIDUQUE E O NACIONALISTA

A região dos Bálcãs era um barril de pólvora, onde se chocavam os interesses da Sérvia, protegida da Rússia e interessada na unificação dos povos eslavos, e da Áustria-Hungria, uma coroa dual multiétnica governada pelo idoso Francisco José I. O monarca com origem germânica, avesso às modernizações e alheio aos anseios de seus súditos, tinha como herdeiro um sobrinho taciturno e impopular. Os tiros disparados por Gavrilo Princip em Sarajevo serviram de pretexto para Viena declarar guerra a Belgrado, desencadear o complexo sistema de alianças europeias e dar início à Primeira Grande Guerra Mundial.

Sarajevo, 28 de junho de 1914. O domingo de verão amanheceu ensolarado na capital da Bósnia-Herzegovina, recentemente anexada ao Império Austro-Húngaro. Francisco Ferdinando, o herdeiro Habsburgo, e sua esposa, Sofia Chotek, chegaram à cidade pela manhã, depois que o arquiduque passara dias inspecionando manobras do Exército na região. O dia era especial para os dois, pois marcava o aniversário da renúncia de Francisco Ferdinando às pretensões de sua linhagem ao trono, o que permitira o casamento com Sofia. A presença do casal na região, porém, soava como uma afronta aos ultranacionalistas servo-bósnios. Isso porque nessa mesma data, dia de são Vito, os sérvios haviam sido derrotados pelos turcos na batalha de Kosovo, em 1389, e seu império nos Bálcãs, anexado ao Império Otomano. Em 1914, pela primeira vez o dia do santo, patrono nacional, era celebrado após a "libertação" de Kosovo, ocorrida durante a Segunda Guerra dos Bálcãs.

Como o roteiro de Francisco Ferdinando pela capital fora antecipadamente divulgado, um pequeno grupo formado por membros da organização Jovens Bósnios, vinculada à sociedade secreta Mão Negra, sabia exatamente por onde o arquiduque passaria naquela manhã e o que deviam fazer quando ele se aproximasse da população que o saudava pelas ruas. Os sete estavam armados com bombas, revólveres e cianureto, para dar fim à própria vida tão logo cumprissem a missão de assassinar o herdeiro austro-húngaro.

Depois de deixar a estação de trens, a comitiva oficial seguiu pelo Appel Quay, um bulevar às margens do rio Miljacka. Os visitantes haviam sido acomodados em um cupê esporte Gräf & Stift Bois de Boulogne cinza-escuro, modelo 1910, que estava com a capota reclinada para que o povo pudesse saudar o herdeiro do trono. Pouco depois da ponte Cumurija, um dos terroristas jogou uma bomba sobre o carro do casal arquiducal, mas errou o alvo e acabou atingindo o veículo que vinha logo atrás. A explosão feriu alguns oficiais e fez um buraco na rua, mas Francisco Ferdinando não se intimidou com o atentado, ordenou que os feridos fossem levados ao hospital e o comboio seguisse até a prefeitura, como previsto. Depois de cumprir o protocolo, o arquiduque quis visitar os feridos, mas seu motorista não foi avisado da mudança de planos. No caminho de volta, quando o carro de Francisco Ferdinando entrou à direita na ponte Lateiner, em direção à rua Franz Joseph, como programado originalmente, o governador da Bósnia que estava junto com o casal alertou o equívoco: "Não é por esse caminho!". O motor foi desligado em frente à delicatéssen de Moritz Schiller; como não tinha marcha à ré, o carro foi sendo lentamente empurrado para trás, a fim de seguir pelo Appel Quay, até que Gavrilo Princip se aproximou e disparou dois tiros certeiros com uma pistola Browning de calibre .380 (e não .32 como amplamente divulgado). O primeiro tiro atravessou a porta do carro e atingiu o abdômen de Sofia, perfurando a artéria gástrica. O segundo disparo acertou o pescoço de Francisco Ferdinando, rompendo a veia jugular. Quando ela caiu sob seu colo, ele implorou para que Sofia não morresse: "Fique viva, pelos nossos filhos!". Princip foi imediatamente capturado e quase linchado por populares. O carro com o casal mortalmente alvejado saiu em disparada para a residência do governador; a duquesa pereceu durante o curto trajeto e o arquiduque chegou inconsciente ao palácio Konak. Seu ajudante pessoal ainda cortou o uniforme na esperança de ajudá-lo a respirar, mas não pôde fazer muito mais. Por volta das onze horas, Francisco Ferdinando estava morto. Em pouco mais de um mês, toda a Europa estaria em guerra.[32]

A comitiva do arquiduque Francisco Ferdinando (1863-1914) percorre o bulevar Appel Quay, às margens do rio Miljacka, em Sarajevo, minutos antes do atentado que o matou.
Arquivo Histórico de Sarajevo/Getty Images

COMPROMISE

A Hungria estava anexada aos domínios Habsburgos desde o final do século XVII; antes o país pertencera ao Império Otomano, por quinhentos anos. Em 1686, o título de "rei da Hungria" foi incorporado aos títulos dos imperadores da Áustria. Com as Revoluções de 1848 (a chamada "Primavera dos Povos"), no entanto, a ideia de libertação do domínio estrangeiro entrou na pauta das reivindicações húngaras. A derrota da Áustria em uma guerra contra a Prússia em 1866 deu oportunidade para que austríacos e magiares negociassem um acordo, um *Compromise* (que a Áustria chamou de *Ausgleich*, e a Hungria de *Kiegyezés*). Nascia assim, em 1867, uma "monarquia dual", uma parceria entre o reino da Hungria (incluindo a Transilvânia, a Croácia e a Eslovênia) e os territórios Habsburgos (a própria Áustria, a Boêmia e a Morávia, além de partes da Itália, da Polônia e da Ucrânia atuais). Cada reino administrava seus assuntos internos, com parlamento, ministros e tribunais próprios. Em comum, eram tratados apenas assuntos de relações exteriores, de defesa e as finanças – anualmente, cada parlamento escolhia uma delegação para que questões importantes fossem tratadas em conjunto.

A Áustria-Hungria não era uma nação, "mas uma coleção de propriedades conquistadas pelos Habsburgos", escreveu Margaret MacMillan. Um "regime estranho", a "antítese do princípio nacional", observou o historiador britânico David Stevenson. "Um pesadelo crescente de animosidade racial", disparou Paul Johnson.[33] Em 1910, de seus mais de 50 milhões de habitantes, menos da metade eram alemães (12 milhões) ou magiares (10,1 milhões). A maioria da população pertencia a nove etnias, quase todas eslavas: tchecos (somando 6,6 milhões de pessoas), poloneses (5 milhões), rutenos (4 milhões), croatas (3,2 milhões), romenos (2,9 milhões), eslovacos (2 milhões), sérvios (2 milhões), eslovenos (1,3 milhão) e italianos (700 mil).[34] Para além das questões étnicas havia ainda diferenças religiosas. Os alemães eram cristãos, católicos em sua maioria, mas muitos eslavos eram ortodoxos e uma parte considerável, principalmente nas províncias do sul, professava a fé islâmica – herança da presença otomana. Ainda havia 1,5 milhão de judeus espalhados por muitos lugares do império, como na Galícia (região entre as atuais Polônia e Ucrânia) e na Boêmia.

Os dois parlamentos eram palcos de brigas constantes; não raro os parlamentares impediam seus colegas de se pronunciar valendo-se de discursos prolongados, uso de sinos e cornetas ou até mesmo arremessando objetos. Os partidos, em geral, estavam divididos segundo questões étnicas e religiosas – e o parlamento austríaco de 1907 era uma amostragem do país: 241 deputados alemães, 97 tchecos, oitenta poloneses, 34 rutenos, 23 eslovenos, dezenove italianos, treze croatas, cinco romenos, cinco judeus e três sérvios. Lutas nacionalistas localizadas ocorriam com frequência entre poloneses e rutenos na Galícia, alemães contra tchecos na Boêmia e na Morávia, ou contra italianos no Tirol. Muitas estações ferroviárias não tinham nome porque nunca se chegava a um acordo quanto ao idioma a ser usado.

A língua a ser adotada nas escolas, nas universidades e nas sinalizações nas ruas era um problema sério, motivo de brigas intermináveis e insolúveis, causa constante de manifestações públicas, protestos e greves. A origem étnica de cantores de ópera, atores de teatro ou escritores era motivo de disputas e mexericos de jornais. "Um ar de irrealidade impregnava tudo", observou um jornalista inglês. Em 1903, uma crise no Exército quase dissolveu o país (as Forças Armadas eram chamadas de *Landwehr* na metade austríaca e de *Honvéd* na húngara): os húngaros queriam maior participação nas questões militares, o direito de manter regimentos exclusivamente magiares, oficiais que dessem ordens em húngaro e pudessem usar a bandeira do país. Às vésperas da Grande Guerra, a Áustria-Hungria era um Estado que nem de longe lembrava o esplendor e o poder Habsburgo de outrora. Quando o conflito estourou em 1914, o parlamento austríaco estava fechado havia meses — e só voltaria a se reunir em 1917. Na Alemanha, o império aliado era chamado de "cadáver do Danúbio".

Esse Estado moribundo era governado há mais de seis décadas por Francisco José I, um imperador preso às antigas tradições, avesso às mudanças políticas e incapaz de controlar as tensões advindas das diversidades étnicas e religiosas de seu gigantesco império. Para ele, "só existem conceitos primários. Belo, feio, morto, vivo, saudável, jovem, velho, esperto, estúpido", escreveu um cortesão. "Suas ideias não conhecem nuances."[35]

Francisco José nasceu em Viena, em 1830, como Franz Joseph Karl, filho do arquiduque Francisco Carlos, da casa de Habsburgo-Lorena, e de Sofia, uma princesa bávara. Em 1848, em meio às revoluções sociais que ocorriam na Europa, assumiu o trono austríaco após a abdicação do tio, Fernando I, e de seu pai. Desde cedo adotou uma rotina rígida e trabalho intenso, próprio do pensamento militar. E embora fizesse parte da nobreza, tinha gosto por comidas simples. Acordava às quatro horas da madrugada e, se não houvesse recepções ou bailes na corte, deitava-se por volta das oito horas da noite. Em seus últimos dias, vivia em regime espartano, dormindo em uma cama de campanha extremamente rústica — na opinião de um de seus assessores, "miserável". Além do alemão, sua língua materna, Francisco José falava francês, italiano, tcheco, croata, polonês e latim. Tinha como esporte de lazer a caça. Não gostava de arte moderna e preferia música mais antiga. Detestava impontualidade e gargalhadas, matinha rotinas previsíveis e formalidades — apertou uma única vez a mão de seu ajudante de ordens, o conde Albert von Margutti, que o serviu por quase vinte anos.

O imperador austro-húngaro Francisco José I (1830-1916). Com origem germânica, Francisco José governava, desde 1867, uma coroa dual multiétnica em que a maioria da população tinha origem eslava.

REPRODUÇÃO/HARRIS & EWING COLLECTION/ LIBRARY OF CONGRESS

Não obstante tenha reinado por quase sete décadas com relativo sucesso no campo político, teve uma vida pessoal marcada pela tragédia. Seu irmão Maximiliano foi executado no México após uma frustrada tentativa de implantar uma monarquia norte-americana. Seu único filho e herdeiro cometeu suicídio com a amante, um caso nunca completamente esclarecido e recheado de teorias conspiratórias — Rudolf era melancólico, depressivo, viciado em morfina e sexo e atormentado pela gonorreia. A sobrinha favorita morreu queimada quando um cigarro incendiou suas roupas, e sua linda esposa, uma das mulheres mais belas da Europa, a imperatriz Sissi, foi assassinada por um fanático anarquista em 1898. Embora apaixonado pela esposa, Francisco José manteve muitos casos extraconjugais, sendo o mais conhecido o que viveu com a atriz vienense Katharina Schratt, 23 anos mais jovem que ele, e que acompanhou o imperador até seu leito de morte.

No começo da década de 1910, motivadas por uma desenfreada corrida imperialista e armamentista, as principais potências do Velho

Mundo haviam formado dois blocos de alianças rivais. De um lado, a Tríplice Entente era formada por Inglaterra, Rússia e França. Do outro, encontrava-se a Tríplice Aliança, em que estavam alinhadas inicialmente Alemanha, Áustria-Hungria e Itália – que mais tarde trocaria de lado, dando espaço a uma aliança de alemães e austro-húngaros com o Império Otomano (as Potências Centrais). A Alemanha e a Áustria tinham muito em comum e por pouco não haviam se transformado em um único país em 1866. Mas a Tríplice Entente deixava ambas em situação delicada, cercando-as tanto a leste quanto a oeste. Ainda pesava contra os Habsburgos austríacos o fato de que a maior parte de seu império sofria influência da Rússia, interessada nos povos de origem eslava da região. Os russos lideravam uma liga pan-eslávica que tinha como objetivo libertar os povos eslavos da influência germânica e otomana, reunindo-os sob a proteção da coroa dos Románov.

Para a Rússia era importante afastar dos Bálcãs a influência da Áustria-Hungria e da Alemanha, que, sem colônias como França e Inglaterra, estavam ansiosas por se apoderar dos restos do decadente Império Otomano (a Bósnia-Herzegovina foi anexada à Áustria-Hungria em 1908). A região era considerada de importância vital para os russos: pelo estreito de Dardanelos passavam quase 40% de todas as exportações do país (80% em se considerando apenas trigo e centeio). A Alemanha, por sua vez, se aproximava cada vez mais dos turcos, ameaçando as relações econômicas que franceses e ingleses tinham com os otomanos. Em 1888, os alemães haviam iniciado a construção de uma ferrovia com mais de 3 mil quilômetros que ligava o país a Bagdá, no Iraque, passando pelos Bálcãs (incluindo a Sérvia), Constantinopla e Anatólia. Em 1913 uma missão militar alemã fora enviada à capital otomana sob o comando do general Otto Liman von Sanders. Antes de se transformar em Primeira Grande Guerra Mundial, a guerra iniciada em 1914 era, em verdade, a Terceira Guerra dos Bálcãs.

O ARQUIDUQUE

A esperança de um futuro para a Áustria-Hungria residia em Francisco Ferdinando. Seus planos para salvar a monarquia dual incluíam descartar o *Compromise*, centralizar o poder e criar uma federação. Ao contrário do que desejava a maioria dos militares, o arquiduque era radicalmente contra a guerra, que ele considerava uma insanidade. Certa vez, ele escreveu que "jamais entraria em guerra contra a Rússia". "Farei sacrifícios para evitá-la", afirmou. "Um confronto entre a Áustria e a Rússia terminaria com a queda dos Románov ou com a dos Habsburgo, ou talvez de ambos."

Francisco Ferdinando, muitas vezes mencionado como Franz Ferdinand, seu nome em alemão, nasceu em 18 de dezembro de 1863, em Graz, duzentos quilômetros ao sul de Viena. "Franzi", como era chamado na intimidade, era o filho mais velho de Carlos Luís, um dos irmãos de Francisco José. Teria levado uma vida sem maiores comprometimentos políticos se o suicídio do único filho homem do imperador, em 1889, não tivesse posto seu pai na linha direta de sucessão ao trono do Império Habsburgo. Quando Carlos Luís morreu sete anos depois, Francisco Ferdinando tornou-se o herdeiro presuntivo do trono.

Ao contrário do primo suicida, popular, individualista e sedutor, Francisco Ferdinando era impopular, avesso às badalações, doente e, apesar de ter se envolvido com cantoras e bailarinas, nem um pouco atraente. Ainda assim, pelo menos duas mulheres alegaram ter tido filhos seus. Para se curar de uma doença pulmonar que quase o matou, viajou pelo mundo durante dez meses, percorrendo 80 mil quilômetros. Conheceu Egito, Índia, Austrália, Hong Kong, Japão e Estados Unidos. Por onde andou, caçou tigres, ursos, cangurus e avestruzes. Ao voltar para a Áustria trouxe 37 baús de quinquilharias. Francisco Ferdinando não era exemplo de inteligência; gostava de histórias, mas tinha dificuldade com línguas; falava francês, mas seu inglês era sofrível; estudou a vida inteira, mas nunca aprendeu húngaro (chamava seus súditos húngaros de "traidores" e os sérvios de "porcos"). "Era alto, simpático, com olhos grandes e expressivos", escreveu Margaret MacMillan.[36] "Olhos grandes e brilhantes, azuis como a água sob as resolutas sobrancelhas escuras", descreveu o ministro conjunto austro-húngaro das Relações Exteriores Leopold von Berchtold, amigo de infância de Francisco Ferdinando. Para David Stevenson, o arquiduque era "um homem sem atrativos, autoritário, colérico e xenófobo".[37] Conhecido por seu antissemitismo, além do ódio que nutria por maçons e qualquer possível inimigo da Igreja católica, "ele não era de fascinar multidões. Nada carismático, era irritadiço e propenso a súbitos acessos de raiva", escreveu o historiador Christopher Clark. "Suas feições rechonchudas e imóveis pareciam antipáticas a quem nunca vira seu rosto ganhar vida, iluminado por seus olhos azuis, quando estava em companhia da família ou de amigos íntimos".[38] O historiador Max Hastings o definiu como um "cinquentão corpulento" não muito amado por ninguém, salvo a esposa.[39] Segundo Stefan Zweig, faltava a Francisco Ferdinando "amabilidade no trato pessoal, charme humano e sociabilidade". "Jamais era visto sorrindo, nenhuma fotografia o mostrava numa atitude mais descontraída", escreveu o escritor austríaco. "Não tinha nenhum pendor para a música, nenhum pendor para o humor, e sua mulher era igualmente antipática."[40] Para Zweig, o arquiduque tinha uma "nuca de buldogue e os folhos frios e rígidos". A opinião pública europeia às vésperas da Grande Guerra, reforçada depois pela propaganda antiaustríaca, fazia coro a essa imagem. De modo geral, era tido como alguém de "visão estreita", de natureza desconfiada, impaciente e caprichosa. Dado a acessos de raiva, tinha maneiras arrogantes e era mal-humorado, um verdadeiro "ogro". Uma vez no trono, é o que se imaginava, instalaria um governo inflexível, retrógrado e tirânico. O fato de ele ser um exímio caçador — durante toda a vida abateu 274.889 animais — respaldava a ideia que muitos faziam dele, de que tinha caráter sanguinário.

Membro da família imperial, qualquer defeito no caráter ou em suas capacidades intelectuais seria aceitável, menos uma coisa: desposar alguém que não estivesse à altura da realeza dos Habsburgos, uma "não igual". Pois foi por uma mulher assim, uma aristocrata, que o herdeiro do império se apaixonou. Sofia Maria Josefina Albina de Chotek, Condessa de Chotkow e Wognin, tinha os dezesseis parentes nobres necessários para a admissão na corte. Os Chotek eram barões da Boêmia desde 1556 e condes desde 1723, tinham uma vasta folha de serviços prestados ao império, mas ainda assim, para questões de casamento real, nunca foram considerados à altura. E não importava à etiqueta que ela fosse bela e inteligente. "Nem um bom conto de fadas é completo sem sofrimentos e incertezas", observaram Greg King e Sue Woolmans, biógrafos do casal. Depois de anos sem obter autorização para o casamento, um apaixonado e desesperado Francisco Ferdinando escreveu uma derradeira solicitação ao tio: "Reitero que o desejo de desposar a condessa não é um capricho, mas sim o transbordamento de um enorme afeto [...]. Não posso me casar com nenhuma outra e nunca o farei; essa ideia me repugna, pois sou incapaz de me ligar a uma mulher sem amor".[41]

Em 1900, o imperador consentiu sob uma condição: o sobrinho precisava jurar solenemente que tanto Sofia quanto seus filhos jamais se tornariam herdeiros do trono da Áustria-Hungria. A condição era humilhante. A esposa e os rebentos do arquiduque nunca seriam dignos e não estariam à altura de outros membros da família, sequer poderiam participar de cerimônias oficiais e recepções da família imperial, não teriam direito a propriedades do Estado e nem mesmo a ser sepultados na cripta da família Habsburgo, em Viena. Francisco Ferdinando aceitou. Depois do juramento, em 28 de junho, o casamento morganático ocorreu no dia 1º de julho. Não na capital, como era costume entre os herdeiros ao trono, mas no distante castelo de Reichstadt, na Boêmia (hoje Zákupy, República Tcheca). O imperador não participou do ato, impediu que o arcebispo realizasse a cerimônia e vetou a presença da família imperial. A celebração foi realizada por um deão do castelo e apenas a madrasta do noivo e duas meias-irmãs tiveram coragem de contrariar as ordens de Francisco José.

Enquanto esperava para ser imperador, Francisco Ferdinando passou boa parte da década no castelo de Konopischt (hoje Konopiste, na República Tcheca) cercado por pouco mais de cinquenta serviçais — adotada como residência da família, a construção do século XII era chamada de "nosso lar". Sofia deu a ele três filhos, nascidos entre 1901 e 1904: Sophie, Maximilian e Ernst. Longe da vida da corte e na intimidade da família, o arquiduque cultivava rosas, mostrava-se um pai atencioso e amoroso e um marido fiel. A despeito de todas as humilhações impostas por sua condição de "não igual", a duquesa de Hohenberg, seu título depois de casada, se revelou uma mulher paciente, profundamente religiosa, dedicada e comprometida com o casamento e com os filhos. Francisco Ferdinando a chamava sempre de "minha amada Soph".

Em junho de 1914, o casamento do herdeiro presuntivo do trono ainda era uma mácula para aquela que fora uma das mais importantes e poderosas casas reais da Europa. Quando as notícias do assassinato do casal na capital bósnia chegaram a Viena, a maioria dos Habsburgos achou que o destino corrigira a afronta. Os ritos fúnebres foram breves, em uma pequena capela no palácio de Hofburg. Monarcas europeus não foram convidados e o próprio imperador fez uma aparição rápida. O arquiduque e a esposa foram sepultados no castelo de Artstetten, na Áustria. A cripta contém uma inscrição latina: *Iuncti coniugio Fatis iunguntur eisdem*, "Unidos no matrimônio, unidos pelo mesmo destino". A frieza com que a duquesa era tratada foi igualmente dispensada aos filhos órfãos, os herdeiros morganáticos do casal. Os filhos de Francisco Ferdinando nunca receberam apoio da família imperial austríaca ou do Estado. Com a Segunda Guerra Mundial, sofreram perseguições por parte dos nazistas. A história se repetiria com os comunistas iugoslavos durante a Guerra Fria.

DECLARAÇÕES DE GUERRA

O autor dos disparos que atingiram o casal em Sarajevo fazia parte de uma das muitas organizações ultranacionalistas financiadas pelo governo sérvio para promover atentados e conspirações na Áustria-Hungria e no Império Otomano. A Mão Negra era comandada pelo chefe de inteligência militar da Sérvia, coronel Dragutin Dimitrijevic, que devido à compleição física era conhecido por "Ápis" — o Touro, como o deus egípcio. Foi por meio dele que os Jovens Bósnios receberam treinamento em Belgrado, conseguiram pistolas e bombas e meios para cruzar a fronteira. Ápis era inimigo político do primeiro-ministro sérvio Nikola Pasic, cujo governo tentou avisar os austríacos do complô, ainda que de forma não muito clara. Ainda mais nebuloso foi o comportamento das autoridades austro-húngaras em Sarajevo, que mesmo sabendo dos riscos que o arquiduque corria não tomaram qualquer ação preventiva — na verdade, a segurança de Francisco Ferdinando foi completamente omissa; para alguns, propositalmente.

Gavrilo Princip era um jovem franzino e pálido, de apenas dezenove anos. Filho de um lavrador sérvio da Bósnia, ele tentara ser poeta e se apresentara como voluntário para lutar pela Sérvia na Primeira Guerra dos Bálcãs, em 1912. Princip refletia o perfil típico dos Jovens Bósnios: estudantes idealistas, desocupados sem emprego regular, financiados de alguma forma pela família, puritanos com desprezo por álcool e sexo, acreditavam que os Habsburgos deviam ser destruídos. Gavrilo ainda era extremamente introvertido, achava-se desprezado por todos. "Aonde quer que eu fosse, consideravam-me um fracassado", disse ele à polícia.

Quando a notícia do assassinato do arquiduque austro-húngaro chegou a Kiel, na Alemanha, uma lancha foi enviada até o iate onde estava o kaiser. Guilherme retornou imediatamente para Berlim na tentativa de evitar a guerra, mas sua decisão de dar apoio à Áustria-Hungria em uma ação punitiva contra a Sérvia acionou a engrenagem que levaria à guerra. No dia 23 de julho, Viena enviou um ultimato a Belgrado. Os termos eram inaceitáveis e os sérvios se sentiram compelidos a resistir depois que a Rússia garantiu apoio à causa de sua protegida. Enquanto as chances de paz se esvaíam, Theobald Bethmann-Hollweg, o chanceler alemão, pressentia o pior: "Vejo uma ruína que a força humana não é capaz de deter pendendo sobre a Europa e sobre o nosso próprio povo". O general Conrad Hötzendorf, chefe do Estado-Maior do Exército austríaco, também tinha uma visão pessimista quanto à paz. Como ardoroso defensor da guerra, entre janeiro de 1913 e janeiro de 1914 ele clamara pelo conflito 25 vezes. "O destino das nações e das dinastias", escreveu ele, "é decidido nos campos de batalha e não na mesa de negociações".[42] Agora, com o assassinato em Sarajevo, ele tinha em mãos uma boa desculpa. Como o historiador inglês Max Hastings observou, a morte de Francisco Ferdinando não foi a causa autêntica da guerra, apenas serviu de pretexto para "justificar o desencadeamento de forças já atuantes". Margaret MacMillan, por sua vez, escreveu que "a Grande Guerra não resultou de uma causa isolada, e sim de uma combinação delas, e, por fim, de decisões humanas". Eric Hobsbawm disparou: as origens da Primeira Guerra estão submersas em "águas profundas e turbulentas".[43] A diplomacia funcionara bem em crises como as de 1905, 1908, 1911, 1912 e 1913, mas agora falhara completamente.

Em 28 de julho de 1914, o imperador Francisco José I declarou guerra à Sérvia. Três dias depois, o tsar Nicolau II ordenou a mobilização de seus exércitos, enquanto o kaiser Guilherme II enviava ultimatos a São Petersburgo e Paris. Em 1ª de agosto, franceses e alemães deram início à mobilização militar, ao passo que Berlim declarava guerra à Rússia. Dois dias mais tarde, a Alemanha declarou guerra à França dando início à invasão da Bélgica, no mesmo momento em que os ingleses declaravam guerra à Alemanha. Assim teve início o primeiro grande conflito do século XX. "Um dos mais absurdos conflitos da história humana", observou o historiador David Landes; "a calamidade da qual brotariam todas as outras", disparou Fritz Stern.[44]

Primeiro Lorde do Almirantado e mais tarde primeiro-ministro britânico, Winston Churchill escreveu à esposa: "Minha querida, tudo indica que haverá catástrofe e destruição. Estou animado, cheio de energia e feliz. Não é terrível ser assim?". O secretário de Relações Exteriores britânico, Edward Grey, era menos otimista e estava profeticamente mais próximo da realidade: "As luzes estão se apagando em toda a Europa. Não as veremos acesas de novo enquanto vivermos."[45] Na Alemanha, o diretor do Instituto de Física de Berlim, Albert Einstein, escrevendo a um amigo afirmou que "a Europa, em sua insanidade, deu início a uma coisa inacreditável. [...] Nesse momento, percebemos a que triste espécie de animal pertencemos". Poucos se opuseram firmemente à guerra; além do próprio Einstein, entre alguns nomes estavam o líder socialista francês Jean Jaurès, a socialista polaco-alemã Rosa Luxemburgo e o romancista Romain Rolland. Até mesmo o escritor e mais tarde ardoroso pacifista Stefan Zweig não se manifestou publicamente contrário à guerra antes de 1915 — em larga medida porque acreditava, como quase todo o mundo, que o conflito não duraria muito. Havia consenso de que todos estariam em casa até o Natal. Mas a guerra não acabou em dezembro.

Dentro de pouco mais de dois anos, Francisco José estaria morto — em 1916, o imperador austro-húngaro completara 86 anos de idade. Gavrilo Princip foi levado a julgamento, mas como segundo a lei austríaca era considerado menor de idade, escapou da execução sendo condenado a vinte anos de prisão. Ele morreu tuberculoso pouco antes do final da Grande Guerra, em abril de 1918, no hospital-prisão de Theresienstadt — tinha 22 anos e estava pesando cerca de quarenta quilos.

4. INVENÇÕES DO DIABO

Avanços tecnológicos proporcionaram uma carnificina nunca antes vista na história da humanidade. Aviões, navios de guerra, explosivos, metralhadoras e outros armamentos poderosos foram desenvolvidos para matar mais e com rapidez. Ironicamente, o criador da guerra química alemã — cujas substâncias tóxicas marcaram presença nas trincheiras da Grande Guerra e seriam usadas nos campos de extermínio nazistas durante a Segunda Guerra — era um cientista judeu.

Quando as declarações de guerra correram a Europa, uma onda de entusiasmo e furor patriótico tomou conta do continente. Manifestações de júbilo aconteceram nas principais capitais do Velho Mundo como poucas vezes vistas antes. Milhões foram às ruas entoar hinos nacionais e saudar líderes políticos e militares. O rei Jorge V foi aclamado por uma multidão no Palácio de Buckingham, em Londres, e milhares de russos caíram de joelhos ao ver Nicolau II na sacada do Palácio de Inverno, em São Petersburgo. A Duma endossou a decisão dando amplo apoio ao tsar e os revolucionários socialistas, anti-imperialistas, foram rapidamente postos de lado. Em Berlim, o kaiser foi ovacionado no Portão de Brandemburgo e o Reichstag aprovou o restabelecimento do Conselho de Príncipes, dando a Guilherme e ao Exército poder absoluto sobre o destino da nação. Jornais por toda a parte reverenciaram a guerra como uma dádiva. Na Alemanha se falava em "ressurreição", em um país unido pela "força do dever moral". Na Rússia, até mesmo jornais de esquerda conclamaram o povo a lutar. "Já não existem mais esquerdas e direitas", afirmava um deles, "nem governo nem sociedade, apenas uma nação russa unida". Para o historiador Eric Hobsbawm, "em 1914, os povos da Europa foram alegremente massacrar e ser massacrados".[46]

AVANÇOS TECNOLÓGICOS

E foram de trem. As ferrovias emblemavam um grande avanço da era industrial e não eram uma novidade nas guerras europeias. A Alemanha derrotara a Áustria em 1866 e a França em 1870 devido principalmente à sua capacidade de transportar exércitos por vias férreas. Mas nada que possa ser comparado ao que ocorreu com a mobilização para a Grande Guerra. Em pouco mais de quinze dias os alemães transportaram em 11 mil trens — número muitas vezes maior do que o usado na Guerra Franco-Prussiana — mais de 1,4 milhão de soldados para a frente belga. Só pela ponte Hohenzollern, em Colônia, passaram 2.150 comboios com 54 vagões cada um. Os franceses, porém, tinham aprendido a lição; na primeira semana de mobilização, 4,5 mil trens foram despachados para a linha de frente. O que era um símbolo de civilidade e comodidade agora servia a propósitos menos nobres.

As conferências de Haia, em 1899 e 1907, assim como as convenções de Genebra, de 1864 e 1906, haviam estabelecido leis claras quanto ao tratamento dado à população civil durante as guerras, à proteção a militares capturados e às garantias a cidadãos e navios mercantes de países neutros. Acordos internacionais proibiam o lançamento de projéteis e explosivos por meio de balões, o emprego de artefatos que tivessem por fim espalhar gases asfixiantes ou venenosos e determinados tipos de balas. Também haviam estabelecido convenções para ações de guerra terrestre e restrições ao uso da guerra marítima. Em agosto de 1914, tudo foi posto de lado.

No século XVIII, quando um exército raramente passava de 50 mil homens, um mosqueteiro atirava no máximo três vezes por minuto, se ele fosse rápido. Na época da Grande Guerra, um soldado de infantaria podia disparar quinze vezes por minuto. Uma metralhadora, por sua vez, disparava seiscentas vezes por minuto, e o avanço dessa arma podia dizimar um batalhão de mil homens em pouco tempo. A artilharia pesada também mudara muito no último século. Em Waterloo, em 1815, Napoleão tinha apenas 246 canhões que atiravam até cem descargas cada um. Em 1870, em Sedan, o Exército invasor prussiano disparou mais de 33 mil descargas sobre as linhas francesas. Na semana que antecedeu a batalha do Somme, em 1916, a artilharia britânica despejou sobre as linhas alemãs nada menos do que

20 mil toneladas de metal e explosivos, mais de 1 milhão de projéteis. Um dos motivos para tal diferença é que, até a década de 1870, o principal explosivo era a pólvora, uma mistura de carregamento lento, que produzia muita fumaça preta e não de todo segura. Em 1871, descobriu-se que o ácido pícrico era um detonador mais eficiente, e tanto franceses quanto ingleses rapidamente o adotaram em campanha. O problema era que, sob chuva ou em condições úmidas, o ácido pícrico falhava ou formava cristais que o tornavam sensível ao choque. Quando a Grande Guerra teve início, esse composto ainda era usado em larga escala pelos Aliados, mas a Alemanha já havia desenvolvido um explosivo mais potente, o *trinitrotolueno*, mais conhecido por TNT. O TNT não era afetado pela umidade, podia ser facilmente derretido e colocado dentro de bombas e cartuchos, além de ter resistência a impactos, o que permitia maior capacidade de penetrar blindagens espessas. A vantagem inicial alemã foi interrompida quando os ingleses começaram a receber TNT fabricado nos Estados Unidos. Porém, a capacidade da Alemanha para criar novas tecnologias era quase ilimitada – principalmente por poder contar com os melhores físicos e químicos da época. Em 1908, o químico alemão Fritz Haber havia desenvolvido o amoníaco sintético, que substituía o salitre importado do Chile na fabricação de fertilizantes (dois terços do salitre mundial, essencial para a produção de fertilizantes, vinha do país sul-americano). Em 1913, uma parceria entre Haber e Carl Bosch permitiu à Alemanha produzir o amoníaco sintético em escala industrial. Quando a guerra estourou na Europa no ano seguinte e o bloqueio naval britânico impediu as importações, os alemães já haviam contornado o problema. Em época de guerra, no entanto, mais importante do que produzir fertilizantes para a agricultura era fabricar explosivos para os campos de batalha, e a criação de Haber foi igualmente útil. Em reação com o oxigênio, o amoníaco produz dióxido de nitrogênio (o precursor do ácido nítrico), essencial na fabricação de compostos nitrados explosivos.[47]

A revolução tecnológica nas armas de fogo havia aumentado consideravelmente a capacidade humana de matar, em escala e rapidez. Napoleão perdera 27 mil dos 72 mil soldados combatentes de que dispunha em sua derradeira batalha; Wellington, seu oponente inglês,

15 mil dos 68 mil homens. Cinco décadas mais tarde, na Guerra Civil Americana, morreram 204 mil soldados em quatro anos de combates. O Império Habsburgo, derrotado por italianos e alemães no século XIX, perdera 12,5 mil homens em 1859, e 20 mil em 1866. Números altos, mas infinitamente menores que os resultantes da Primeira Guerra Mundial. Até setembro de 1915, o primeiro ano do conflito, a França tinha perdido mais de 1 milhão de homens. No ano seguinte, somente na batalha de Verdun, os franceses sofreram com baixas de 500 mil combatentes, entre mortos e feridos. Do outro lado, os alemães perderam 400 mil soldados. Na batalha do Somme, só no primeiro dia os britânicos contabilizaram 20 mil mortos. Em um ano ficou claro "que a vitória não era mais uma questão de pernas, de coração ou de estômago, mas de obuses, de canhões e de aço", observaram os historiadores Emmanuel Hecht e Pierre Servent.[48]

O químico judeu-alemão Fritz Haber (1868-1934), à direita, com o filho e a segunda esposa. Considerado o "pai da guerra química", Haber deu à Alemanha a dianteira na produção de fertilizantes, na de explosivos e também na de gases.

Reprodução/Arquivo Sociedade Max-Planck

O general Moltke, chefe do Estado-Maior alemão, escreveu à esposa, impressionado com as baixas no primeiro mês da guerra: "O terror frequentemente apodera-se de mim quando penso nisso e sinto que devo responder por tamanho horror".[49] As doenças, que eram o grande flagelo das guerras até então, passaram a matar menos do que as armas — a Guerra dos Bôeres, na África do Sul, foi a última em que a Grã-Bretanha perdeu mais soldados por infecções do que por projéteis. "As metralhadoras e a artilharia de campo eram os assassinos em massa", observou o historiador David Stevenson.[50] Todos os exércitos possuíam versões da metralhadora Maxim, cujo modelo mais usado em "ninhos", nas trincheiras, pesava até sessenta quilos. A Maxim era uma invenção recente, desenvolvida pelo estadunidense naturalizado inglês Hiram Stevens Maxim, e datava de meados da década de 1880. E foi a partir dela que surgiram as versões britânica (Vickers) e alemã (Maschinengewehr 08, mais conhecida por MG 08). Versões mais leves, que podiam ser carregadas por um soldado, foram aprimoradas — algumas pesavam menos de catorze quilos e eram mais usadas como armas defensivas. No começo da guerra, um regimento padrão no Exército alemão dispunha de doze companhias de carabineiros e apenas uma de operadores de metralhadoras — geralmente com seis peças. Dois anos depois, a eficácia do equipamento já havia elevado essa proporção, de uma companhia com metralhadoras para quatro com rifles. Uma única peça disparava tanto quanto catorze carabineiros; seu alcance podia chegar a uma elipse de mais de 2.280 metros de cumprimento por 450 metros de largura; se fosse municiada e refrigerada adequadamente, podia disparar 12,5 mil balas de forma ininterrupta.

As bombas de artilharia eram outro flagelo. Causavam 58% das mortes, sem contar o forte impacto psicológico. No Somme, em apenas cinco dias os britânicos lançaram 1,5 milhão de bombas sobre o campo inimigo. Ao visitar Lens em 1918, depois de quatro anos em que a cidade foi tomada pelos invasores e recuperada pelos defensores diversas vezes, o então coronel Alan Brooke — mais tarde *Sir* e marechal de campo durante a Segunda Guerra — viu apenas "ruína e desolação". "Subi no monte de pedras que marcava o local onde a igreja estivera e olhei para a devastação", escreveu. "Se as pedras falassem, e repetissem o que testemunharam e o que viram nos olhos dos homens que morriam, pergunto a mim mesmo se voltaria a haver guerras".[51]

Ao longo da guerra, as Potências Centrais perderam 3,5 milhões de soldados, tendo a Alemanha perdido o maior número, cerca de 1,8 milhão de homens. Na Tríplice Entente, mais de 5,1 milhões de combatentes morreram; a França arcou com maiores perdas, mais de 1,3 milhão de soldados. Ao todo, foram mais de 65 milhões de pessoas mobilizadas, com mais de 8,6 milhões de soldados mortos. Entre os civis, por meio de bombardeios, fome e doenças, aproximadamente 5 milhões de pessoas perderam a vida. Na Sérvia, o número de civis mortos foi maior do que o de soldados (82 mil contra 45 mil). No total, o número de feridos e amputados se aproximou dos 20 milhões de pessoas; pelo menos 4 milhões de mulheres ficaram viúvas e cerca de 8 milhões de crianças, órfãs.

GASES TÓXICOS

Armas químicas eram utilizadas desde a Antiguidade; entre suas aplicações estavam o envenenamento de fontes de abastecimento de água e a propagação de fogo, como o chamado "fogo grego" utilizado pelos bizantinos. Além dos povos antigos, ameríndios e nativos africanos também utilizavam lanças e flechas envenenadas — e algumas tribos ainda as usam, essencialmente para a caça de animais. O uso de gases tóxicos obtidos pela queima da mostarda já era mencionado em tratados militares da antiga China. A primeira evidência arqueológica conhecida de guerra química, no entanto, data de 256 da nossa era. Em Dura-Europos, a quatrocentos quilômetros de Alepo, na Síria, arqueólogos encontraram corpos de soldados romanos em um túnel subterrâneo escavado por soldados sassânidas com o objetivo de minar as muralhas da cidade. Ao entrarem na galeria, os defensores romanos foram envenenados por uma fumaça tóxica. Nada, porém, comparado ao que ocorreu na Primeira Guerra. Em agosto de 1914, na tentativa de deter o avanço alemão dentro de seu território, os franceses usaram gás lacrimogêneo contra o invasor. O cheiro de pera podre, os espirros e as irritações leves foram os únicos incômodos, mas seu uso serviu de experiência. Em janeiro de 1915, em Bolimov, a meio caminho entre Lódz e Varsóvia, na Polônia, os alemães testaram a bromoacetona, também conhecida como "substância T", uma espécie de gás lacrimogêneo não letal. Também era uma experiência. Em 22 de abril, quando teve início a segunda batalha de Ypres, na Frente Ocidental, os alemães lançaram uma nuvem de cloro sobre as linhas defendidas por tropas coloniais argelinas. Bem mais poderoso, quando inalado o cloro faz os pulmões produzirem líquido em demasia e sufocarem a vítima. Sua produção, que utilizava restos do processo de tingimento de tecidos, era realizada por um conglomerado de empresas alemãs que após a guerra seria denominado IG Farben. Seu manuseio e aplicação como arma era complexo e perigoso. O gás era armazenado em cilindros posicionados antecipadamente diante das trincheiras inimigas e então abertos para que o vento fizesse o restante do trabalho. Em Ypres, 6 mil cilindros foram utilizados para espalhar 180 toneladas de cloro. "O gás alemão chegou até nós como uma nuvem trazida pelo vento, mudava de cor a vegetação, secava as árvores e deixava em seu rastro uma cicatriz de destruição", observou um soldado inglês.

O programa de guerra química do Ministério da Guerra alemão era dirigido por Fritz Haber, então consultor técnico do Alto Comando do Exército e diretor do importante centro de pesquisas Instituto Kaiser Wilhelm (hoje Instituto Max-Planck). Em Ypres, o próprio Haber comandou a ação como capitão do Exército. Ao chegar em casa depois da batalha, ele entrou em uma discussão violenta com a esposa Clara Immerwahr. Em circunstâncias nunca devidamente esclarecidas, ela teria cometido suicídio com um revólver e ele retornou à frente de combate no dia seguinte. Haber, que havia nascido no seio de uma família de judeus de Breslau e se convertido ao luteranismo, tinha dado à Alemanha a dianteira na produção de fertilizantes, de explosivos e de gases. Não é por menos que Haber ficou conhecido como "pai da guerra química". Em 1918, em meio a uma controvérsia ética e protestos da comunidade científica, ele ganharia o Prêmio Nobel de Química sob a alegação de que a produção do amoníaco sintético ajudara na produção mundial de alimentos. Por ironia, Haber esteve diretamente envolvido na criação de um "comitê técnico" para o controle de pragas, roedores e insetos, cujos cientistas desenvolveram e patentearam em 1920 um gás à base de cianeto e cloro chamado de "Zyklon". Mais tarde, com o nome de "Zyklon B", o produto foi usado para gasear judeus e outros grupos perseguidos por nazistas nos campos de concentração durante a Segunda Guerra Mundial. Entre os mortos em Auschwitz estavam a filha de sua meia-irmã, o marido dela e dois filhos.[52]

Em maio de 1915, os alemães voltaram a atacar na Frente Oriental. Dessa vez, o gás usado foi o fosgênio, que causava asfixia, mas seu efeito era retardado, manifestando-se só 48 horas após a inalação. A enfermeira russa Sophia Botcharski, que atendia em Wola Szydłowiecka, escreveu que os corpos encontrados após o ataque estavam "tão distorcidos, tão atormentados, tão anormais que é quase impossível diferenciar uns dos outros". Um soldado russo acusou os soldados do kaiser: "Estamos sendo envenenados como ratos, os alemães mandaram uma nuvem que nos persegue".[53] Tanto o cloro quanto o fosgênio usados pelos alemães formavam nuvens de coloração esverdeada, por isso eram chamados de bombas "Cruz Verde".

Em 1916, em Verdun, os franceses também passaram a usar o fosgênio. Esse gás era seis vezes mais tóxico que o cloro, e, assim como o produto usado pelos alemães, de manuseio perigoso; dependia do vento para se espalhar, o que não raro atingia as próprias tropas. Antes do uso em Ypres, os alemães temiam usar gases tóxicos com receio de que os ventos do oeste, comuns na França e na Bélgica, atingissem a própria Alemanha. No começo da guerra não havia meio de proteção especial, e tecidos de algodão encharcados em uma solução de bicarbonato de sódio ou até mesmo em urina eram utilizados para cobrir o rosto e diminuir os efeitos do gás. Os russos usavam argila ou amônia. Para aliviar a dor e o sofrimento dos atingidos, muitas vezes enfermeiras aplicavam injeções de óleo de cânfora. Em 1917, os ingleses criaram "Companhias Especiais de Gás" e aperfeiçoaram o lançamento de gases usando morteiros, os chamados "projetores Livens", que eram mais fáceis de carregar que os cilindros alemães, menos perigosos em sua manutenção e com a vantagem de não denunciar o seu uso antes do ataque. No entanto, desde o ano anterior, o desenvolvimento de máscaras antigás havia limitado os efeitos causados pelo cloro, pelo fosgênio ou pelo disfogênio. A mais eficiente delas era a máscara inglesa chamada SBR, "Respirador de Caixa Pequena", na sigla em inglês.

Os alemães responderam com um novo produto: o gás "mostarda" — nome dado ao enxofre destilado. Usado pela primeira vez em junho de 1917, em Ypres, o gás ganhou esse nome por causa de seu cheiro e coloração. O composto também ficou conhecido por "iperita", alusão ao local da batalha. Mais tóxico que os gases anteriores, que tinham efeito apenas quando inalados, o gás mostarda podia se infiltrar pelas roupas e botas; em contato com os olhos ou com a pele, causava queimaduras, dilacerações, cegueira e dor intensa. A inalação provocava espirros, rouquidão, asfixia, sangramento nas vias respiratórias e edemas pulmonares. Na terceira batalha de Ypres, também chamada de Passchendaele, o soldado inglês Ian MacDonnell descreveu assim o ataque alemão à sua trincheira, localizada a cerca de três quilômetros da linha de frente: "Fomos dormir e às 0h15 houve um grito. Acordei com a boca impregnada por um fedor sufocante, ao som do bramido das bombas — gás! Ainda no escuro, colocamos nossas máscaras. As bombas caíam por toda a parte. [...] O resto é um pesadelo. [...] Havia vidros partidos de um lado ao outro, escuridão — e homens vomitando e arfando em busca de ar. Dois tiveram as pernas mutiladas. Ficamos com nossas máscaras das 0h15 às 4h. Parecia que choviam bombas. Cegavam-nos os olhos mesmo por trás das máscaras".[54] MacDonnell ainda lamentou que toda a comida do campo fora envenenada, incluindo um bolo que a mãe lhe enviara.

Em junho de 1918, após a terceira ofensiva de primavera, os alemães chegaram a pouco mais de sessenta quilômetros de Paris. O ataque à frente em Montdidier e Compiègne foi intenso e utilizou 750 mil granadas de gás mostarda, difenilcloroarsina e fosgênio, num total de 15 mil granadas de agentes químicos. Aproximadamente 4 mil soldados franceses ficaram incapacitados e 32 homens morreram.[55] Foi o último grande ataque com gás. Até o fim da guerra, o número de civis que trabalhavam nas grandes instalações que produziam armas químicas se aproximava de 75 mil, sem contar os milhares de soldados especializados encarregados do transporte do produto. No total, mais de 124 mil toneladas de gás foram utilizadas por todas as nações, sendo metade pela Alemanha. O número de baixas foi de 500 mil na Frente Ocidental, com 25 mil mortes; outros 10 mil morreram na frente italiana e um número muito maior na Rússia. Algumas estimativas acreditam que o total de mortos por intoxicação de gases químicos esteja entre 75 mil e 100 mil.

INVENÇÕES DO DIABO

O chefe do Estado-Maior alemão Erich von Falkenhayn afirmou que muitas das máquinas e equipamentos utilizados na guerra eram "invenções do diabo". Uma delas era o zepelim. Na Alemanha, a tecnologia dos balões dirigíveis vinha sendo desenvolvida desde o início dos anos 1890 a partir do uso de balões com gás, os aeróstatos. Em 1900, com o voo do LZ 1, o general e conde alemão Ferdinand von Zeppelin ganhou notoriedade. Em 1908, em sua base em Friedrichshafen, no sul da Alemanha, Zeppelin começou a fabricação de seus aparelhos com finalidade comercial, o transporte de passageiros. Com uma tripulação de trinta pessoas, 170 metros de comprimento e inflado com 30 mil metros cúbicos de hidrogênio, acondicionados em células revestidas de pano presas dentro de uma armação de alumínio, o zepelim podia viajar mais alto, mais longe e com uma carga mais pesada do que qualquer outra máquina voadora até então — até 1914, quase 40 mil pessoas já haviam voado nos grandes "charutos". Não foi por menos que sua utilização como arma de guerra nasceu ao mesmo tempo em que sua produção comercial teve início. Em 1908, o entusiasta da aviação e autor de ficção científica Rudolf Martin estimou que a Alemanha poderia preparar uma invasão à Grã-Bretanha com um ataque de oitenta zepelins.[56] Os alemães iniciaram os testes dois anos depois, mas os resultados foram considerados muito ruins, mesmo quando bombas eram atiradas a baixas altitudes. Ainda assim, usando uma versão experimental, os italianos bombardearam tropas otomanas na Líbia, em fevereiro de 1912. Quando a Grande Guerra teve início, apesar do terror psicológico, os danos causados ainda eram considerados insignificantes do ponto de vista militar — condições meteorológicas adversas costumavam empurrar os dirigíveis para longe do alvo e até forçavam o pouso em território inimigo. O primeiro ataque alemão com zepelim ocorreu em 6 de agosto de 1914, em Liège, na Bélgica. Pela primeira vez na história uma cidade europeia era bombardeada pelos céus. Como resultado, nove pessoas morreram. Em janeiro de 1915, os zepelins cruzaram o Canal da Mancha e a Inglaterra sofreu o primeiro ataque aéreo alemão, lançado sobre Norfolk; quatro pessoas morreram. Em maio, foi a vez de Londres; mais sete mortos e 35 feridos. Em toda a campanha contra a Grã-Bretanha, 208 zepelins perfizeram 54 *raides*, despejando 196 toneladas de bombas, matando 557 pessoas e ferindo mais de 1,3 mil.[57]

Um zepelim cruza pela Marinha alemã, no Mar do Norte, em seu retorno à Alemanha depois de um *raid* sobre a Inglaterra, em 1915. Em toda a campanha contra a Grã-Bretanha, 208 zepelins despejaram 196 toneladas de bombas, matando 557 pessoas e ferindo mais de 1,3 mil.

Reprodução/Cartão postal M Dieterle

Simultaneamente aos testes com zepelins, nos anos 1900 outra "arma" estava surgindo e se mostraria mais letal do que o dirigível: o avião. Desde o final do século XIX, diversos inventores, cientistas e entusiastas vinham trabalhando em um projeto de máquina mais pesada que o ar que pudesse se manter nos céus com meios próprios — entre os pioneiros estava o alemão Otto Lilienthal, o primeiro homem a fazer voos com planadores. Na primeira década do novo século o sonho tornara-se realidade. Se meu leitor for norte-americano dirá que o mérito coube aos irmãos Orville e Wilbur Wright; se tiver nascido no Brasil, defenderá que foi Alberto Santos Dumont. Seja como for, certo é que os irmãos Wright tinham mais propensão comercial do que o brasileiro. Em 1907, eles ofereceram a nova tecnologia a generais alemães, que rejeitaram a proposta por acreditarem no poder dos dirigíveis. Só dois anos mais tarde, quando a França já havia comprado a ideia e treinava mais de quarenta pilotos militares, os alemães começaram a formar um "corpo aéreo". A Inglaterra também tardou a investir em aviões para fins militares: somente em 1912 foi criado o RFC, "Real Corpo de Voo" na sigla em inglês, embrião da Real Força Aérea. De toda forma, muitos países já usavam aviões para bombardeios aéreos; os italianos, por exemplo, haviam testado sua utilidade na África do Norte na mesma época. Quando a Grande Guerra teve início, os alemães dispunham de 254 pilotos e 246 aeronaves (Taubes, Albatroses e Aviatiks), os britânicos contavam com 197 pilotos e 113 aviões (Farmans e BE2), e os franceses possuíam quinhentos pilotos treinados e duzentas máquinas prontas para o combate (Caudrons e Morane-Saulniers). A Áustria-Hungria tinha menos de cinquenta aeronaves e a Rússia duzentos aparelhos — embora quase todos sem condições de combate.[58] Os primeiros aviões utilizados eram quase todos monoplanos lentos cuja principal finalidade era o reconhecimento aéreo do campo de batalha. Em alguns casos, os pilotos atuavam como bombardeiros, ainda que fosse uma operação extremamente difícil. O piloto precisava guiar o aparelho enquanto mantinha a bomba entre os joelhos, usando uma das mãos para inserir o detonador, mirar soldados ou instalações e então jogar o artefato explosivo. O piloto audacioso de um Taube alemão lançou cinco pequenas bombas sobre Paris, em agosto de 1914.

Com o tempo, biplanos mais potentes, mais ágeis e rápidos começaram a ganhar os céus, como o inglês Sopwith Camel, o francês Nieuport 17 e o Albatros alemão. Ainda que precisassem de mais de meia hora para alcançar uma altitude de 1.800 metros, eles agora tinham motores de propulsão montados na frente do piloto e atingiam até cem quilômetros por hora. Em 1915, o aviador Roland Garros equipou sua aeronave com uma metralhadora que atirava por entre as pás da hélice, que eram revestidas de metal para desviar das balas que as atingissem. Após o avião francês ser abatido e capturado, a companhia alemã Fokker conseguiu criar um dispositivo de sincronização que permitia que uma metralhadora fosse instalada na parte dianteira da aeronave e atirasse através do propulsor sem atingir as pás. Os Aliados deram o troco capturando o modelo alemão e criando seu próprio dispositivo. Os novos modelos agora tinham outro objetivo: destruir aparelhos inimigos. Surgiu, assim, a aviação de caça e um novo tipo de piloto: o especializado em perseguir e abater rivais. Quando o aviador alcançava cinco vitórias recebia o título de "ás". Os britânicos produziram 537 ases, os alemães 367, os franceses 159 e os Estados Unidos 88.[59]

Aviões Albatros D.III do Jasta 11, a esquadrilha de caça liderada por Manfred von Richthofen (1892-1918). O ás alemão, conhecido por "Barão Vermelho", obteve oitenta vitórias aéreas, até ser morto aos 25 anos de idade. O número de homens mortos em combates aéreos durante a Grande Guerra é estimado em 55 mil.
REPRODUÇÃO/IMPERIAL WAR MUSEUM

O maior ás da Primeira Guerra foi o barão alemão Manfred von Richthofen, com oitenta aviões inimigos abatidos entre setembro de 1916 e abril de 1918. Richthofen iniciou sua carreira no Exército servindo na cavalaria. Em 1915 ele se transferiu para uma unidade de reconhecimento e rapidamente se destacou como piloto, passando a liderar uma esquadrilha, a *Jasta 11*. Em janeiro de 1916, após dezesseis vitórias, ele recebeu a *Pour le Mérite*, a mais alta condecoração alemã, e em seguida tornou-se líder de toda uma unidade, a *Jagdgeschwader 1*, composta de quatro Jastas (as de número 4, 6, 10 e a dele próprio). Sua fama como piloto tornou-se lendária quando passou a pintar seu Albatros D.III todo de vermelho, transformando-se no temido "Barão Vermelho" — sua imagem mais popular, porém, é pilotando um Fokker DR I, o último modelo de avião que ele utilizou. "Quando derrubo um inglês, minha paixão pela caça se acalma por pelo menos quinze minutos", escreveu Richthofen. Além de abater inimigos, o ás alemão tinha por hábito pousar para recolher parte dos destroços, fossem pás de hélices, metralhadoras, os números de identificação ou objetos pessoais do piloto vencido. "Caçadores precisam de troféus", afirmava. Por sua eficácia, a *Jagdgeschwader 1* passou a ser conhecida por "Circo Richthofen" ou "Circo Voador".[60] Em 21 de abril de 1918, enquanto sobrevoava o Somme, na França ocupada, Richthofen foi atingido pelo aviador canadense Roy Brown. Ele conseguiu pousar o avião, mas já estava morto quando tropas australianas chegaram ao local — tinha apenas 25 anos de idade. Sua unidade foi denominada "Esquadrão Richthofen" e ao perder o segundo comandante, em julho de 1918, passou a ser liderada por Hermann Göring, líder da Luftwaffe durante a Segunda Guerra, amigo de Hitler e um dos mais proeminentes nomes do nazismo.

Em 1916 começaram a aparecer aviões cuja finalidade era jogar bombas sobre alvos civis ou militares, e não apenas caçar aeronaves inimigas. Os alemães desenvolveram os bombardeiros Gotha, que passaram a atacar a Grã-Bretanha no ano seguinte. Em Londres, o aviso de ataque aéreo era feito alterando a pressão do gás. Quando as luzes se apagavam e se ascendiam duas vezes, todas as cortinas das janelas dos edifícios tinham de ser fechadas. No maior ataque sobre a capital, em junho de 1917, catorze Gothas despejaram cem bombas causando mais de 160 mortes. Até o final da guerra, os bombardeiros alemães jogaram 2.772 bombas sobre as Ilhas Britânicas (mais de 73 toneladas de explosivos), causando 857 mortes e mais de 2 mil pessoas feridas. Em retaliação, os ingleses lançaram mais de 14 mil bombas sobre o território alemão, causando a morte de mais de 740 pessoas e ferindo outras 1,8 mil.

Quando o conflito terminou, a França tinha fabricado mais de 52 mil aviões, a Alemanha 48 mil e a Inglaterra aproximadamente

43 mil. O número de homens mortos em combates aéreos durante a Grande Guerra é estimado em 55 mil.[61]

BLINDADOS E ENCOURAÇADOS

Ao mesmo tempo em que a aviação se desenvolvia, novas tecnologias surgiam também na guerra terrestre. E iam muito além dos projéteis e explosivos. Em 26 de fevereiro de 1915, os alemães utilizaram o lança-chamas pela primeira vez, em mais de noventa unidades contra as trincheiras francesas em Verdun. As disposições das trincheiras, porém, não permitiram que o aparelho fosse usado em larga escala, o que não impediu que franceses e norte-americanos também o utilizassem como elemento-surpresa ou em ataques em aldeias ocupadas por unidades remanescentes.

Outra arma a surgir durante a Grande Guerra foi o tanque, que entrou em ação pela primeira vez em 15 de setembro de 1916 como apoio às tropas britânicas no Somme e em Arras, no norte da França. Primeiro foi chamado "destróier-metralhadora", pois consistia basicamente em um carro com espessas chapas metálicas de blindagem que transportava uma ou duas metralhadoras pesadas. O primeiro tanque de combate, o Mark I, foi construído por uma companhia de máquinas agrícolas. Sua finalidade básica era possibilitar o cruzamento de trincheiras, mas o desempenho inicial ficou aquém do esperado; pesando trinta toneladas e portando motores com menos de cem cavalos de força, a velocidade dos primeiros tanques não ultrapassava os seis quilômetros por hora. Além disso, tinham a autonomia de apenas oito horas. Dos 49 tanques preparados para o ataque no Somme, treze sequer alcançaram a linha de partida. Lento, pouco armado e difícil de guiar, era uma presa fácil para a artilharia. Por isso, apenas 10 mil tanques foram construídos até 1918. A contribuição do tanque como máquina de guerra eficiente ficaria para o conflito seguinte e a cargo dos alemães.

Os combates marítimos eram quase tão antigos quanto a própria guerra, mas, assim como no caso das armas de fogo, o poder destrutivo mostrado durante a Grande Guerra foi algo totalmente novo. Depois que uma aliança anglo-germânica fracassou, em 1901, as duas marinhas passaram a disputar a supremacia nos mares na Europa e no mundo. Em 1906, a Marinha Real lançou o revolucionário *dreadnought*, um encouraçado com motores de turbina e canhões de doze polegadas (muito além das quatro polegadas que tinham os de navios anteriores), o que o transformava no mais poderoso vaso de guerra, fortemente blindado, mais rápido e bem armado do que qualquer outro no mundo, capaz de atingir um inimigo a trinta quilômetros de distância. Dois anos depois, a Alemanha estabeleceu como meta a produção anual de quatro navios de guerra do mesmo porte; a Inglaterra respondeu com a produção de oito. Às vésperas da Grande Guerra, os alemães haviam perdido a corrida pelos mares – pelo menos quanto ao poderio de sua esquadra: eles tinham apenas dezesseis *dreadnoughts* contra 28 britânicos. Mas a grande batalha naval do conflito, travada na Jutlândia, no Mar do Norte, em 31 de maio de 1916, foi inconclusiva. A esquadra britânica era compota por 151 navios e a alemã por 103. O número de homens somados se aproximava dos 110 mil. Ao final de um dia de combate, porém, a Alemanha perdera onze navios e pouco mais de 3 mil homens; as perdas inglesas foram muito maiores: catorze belonaves (totalizando 110 mil

toneladas, o dobro das perdas alemãs) e 6.768 marinheiros. Mas como a *Kriesgmarine* era consideravelmente mais frágil, as perdas alemãs incapacitaram as ações da esquadra do kaiser por meses, pondo em xeque futuras operações de superfície.[62]

Assim, a partir de 1917 a Alemanha adotou a tática da guerra submarina total, que visava afundar 600 mil toneladas de provisões por mês e forçar a Grã-Bretanha a uma rendição por escassez de alimentos. Navios submersíveis eram desenvolvidos na Alemanha desde os anos 1850, mas em 1914 o país tinha apenas 28 deles em operação. Eram chamados de U-boot (ou U-Boats), do alemão *Unterseeboot*, "barco que navega sob a água". No ano seguinte, eram pouco mais de cinquenta unidades; em 1917, havia mais de 140 em operação; e até o final da guerra pelo menos 375 submarinos haviam sido colocados no mar. As embarcações eram operadas por trinta homens, tinham em média 65 metros de comprimento por oito metros de altura e desenvolviam a velocidade de trinta quilômetros horários. A maioria dos submarinos tinha pouca autonomia e era incapaz de escapar de um ataque com cargas de profundidade. Os modelos mais comuns eram armados com apenas quatro torpedos, o que reduzia sua capacidade destrutiva. Também não eram equipados com canhões de convés, o que os impedia de lutar na superfície — motivo pelo qual mais de duzentos foram perdidos em ação. Só na fase final da guerra é que os grandes U-boots puderam transportar e disparar doze torpedos, levando maior perigo aos navios Aliados. Muito embora tenham causado estragos na frota mercante e em pequenos navios de guerra, a ação dos submarinos alemães foi insignificante como estratégia para derrotar a Marinha Real e vencer o conflito. Para David Stevenson, especialista em Primeira Guerra, a contenda travada pelos U-boots foi "aleatória, indiscriminada e calculadamente baseada no terror".[63] Seu resultado mais marcante não atingiu militares. Em maio de 1915, o U-20 do comandante Walther Schwieger torpedeou e afundou o transatlântico britânico *RMS Lusitania*, que fazia uma viagem entre Nova York e Liverpool. Entre os mais de 1,2 mil mortos estavam 128 estadunidenses, o que possibilitou uma mudança na opinião pública norte-americana quanto à neutralidade dos Estados Unidos. Em menos de dois anos, após novos ataques de U-boots a navios mercantes, o presidente Woodrow Wilson declarou guerra ao kaiser.

1914
1918
12
017

5. NO FRONT: A GUERRA DE TRINCHEIRAS

Em poucos meses, a Grande Guerra transformou-se em uma guerra estática, travada em trincheiras. Além de viver sob fogo inimigo e com a visão da morte, os soldados sofriam com privações, doenças, ratos e piolhos. Apenas uma única vez houve trégua e esperança de paz, em um Natal, o de 1914. Um soldado alemão sobreviveu às vicissitudes, manteve casos amorosos, escapou da morte e foi condecorado; ele se tornaria um dos homens mais odiados da história: Adolf Hitler.

O Natal de 1914 foi o primeiro da Grande Guerra. Quando o conflito teve início, em agosto, cinco meses antes, muita gente acreditava que todos passariam a festividade, tão cara aos cristãos, em casa. Não obstante batalhas importantes tivessem sido travadas, ainda havia esperanças de que tudo logo acabasse. Quando o fim do ano se aproximou, tentativas de interrupção do conflito surgiram de todos os lados. Um grupo de sufragistas britânicas escreveu uma carta aberta no começo de dezembro, pedindo por uma trégua e um acordo de paz. O papa Bento XV, recém-eleito, também pediu formalmente aos governos envolvidos que as armas pudessem "cair em silêncio; pelo menos na noite em que os anjos cantam". Ordens em contrário, no entanto, foram expedidas a todas as linhas de frente. Os britânicos chegaram a anunciar "fogo imediato" a qualquer possível bandeira branca alemã.

Às vésperas do Natal, tropas dos dois lados das trincheiras receberam cartas e caixas de presentes vindas de casa. Além de uma mensagem do rei Jorge V, as tropas inglesas ganharam da jovem filha do monarca, princesa Mary, caixas com bolo de ameixa, manteiga, chocolate, açúcar e cigarros. Os alemães, por sua vez, receberam do kaiser cachimbos, tabaco e árvores de Natal. Na noite do dia 24 de dezembro, de forma espontânea e contrariando ordens superiores, diversos setores nas linhas de frente entre a França e a Bélgica demonstraram atividade pacífica. O silêncio da noite foi quebrado com a cantoria dos alemães, que entoavam a tradicional *Noite Feliz*, rapidamente identificada por ingleses, franceses e belgas. Os ingleses notaram, escreveu mais tarde Graham Williams, "que luzes começaram a aparecer ao longo da balaustrada alemã, e estava claro que eram árvores de Natal improvisadas, adornadas com velas acesas, que ardiam constantes no ar silencioso gélido". Árvores de Natal como a que o soldado alemão Carl Mühlegg havia montado depois de percorrer quinze quilômetros atrás de um pinheiro. Ele também se vestiu de Papai Noel, acendeu três velas e desejou paz aos camaradas, ao povo alemão e ao mundo. Comovidos, seus compatriotas deixaram as trincheiras e procuraram os inimigos para a confraternização cristã do nascimento de Jesus. Juntos, soldados de quatro nações cantaram canções natalinas, hinos religiosos e nacionais. Manifestações desse tipo se espalharam em diversos setores ao longo da linha de frente. "Passamos a conversar com os alemães", escreveu o tenente Edward Hulse. "E aqui estamos, rindo e conversando com os homens, que, apenas uma hora antes, estávamos tentando matar", anotou no diário o oficial britânico John Ferguson. "Saí e apertei a mão de vários oficiais e homens inimigos — quando pude constatar que a maior parte deles ficaria tão satisfeita em voltar para casa quanto nós", escreveu à mãe Alfred Chater. Foi uma noite "verdadeiramente mágica", lembrou-se mais tarde o soldado francês François Guilhem, depois de presenciar a cantoria de "chucrutes" e franceses. "Inimigos cheios de ódio e rancor cantavam ao redor de uma árvore de Natal! Por toda a minha vida, jamais esquecerei essa cena", escreveu aos pais o alemão Josef Wenzl.

Na manhã seguinte, soldados alemães deixaram novamente as trincheiras e se dirigiram às trincheiras adversárias. Os "comedores de salsicha" ofereceram suvenires aos ingleses, que deram em troca pudins de ameixa. Juntos, enterraram seus mortos, caçaram lebres, cantaram e jogaram uma partida de futebol — que os alemães venceram, segundo algumas fontes. Tréguas semelhantes ocorreram em quase todos os fronts, exceto no sérvio. Na Galícia, austríacos e russos também confraternizaram, trocando fumo, bebida, carne e pão. "Era quase impossível acreditar no que estava acontecendo", observou Johan Davey. Tão impossível que os oficiais ordenaram "que tal atividade, tão oposta à guerra, deveria cessar". E cessou, embora tréguas ocorressem durante mais alguns dias. A chamada "trégua de Natal" envolveu dois terços da linha mantida pelas tropas britânicas que davam apoio ao Oitavo Exército francês, que enfrentava o Quarto e o Sexto Exércitos alemães. O número de soldados nos dois lados é estimado em 100 mil. Em 2005, o último sobrevivente da trégua morreu na Escócia. Alfred Anderson tinha 108 anos de idade.[64]

A VIDA NAS TRINCHEIRAS

As grandes potências europeias permaneceram um período relativamente longo sem travar combates entre si no solo do Velho Mundo — pelo menos quatro décadas, como visto no primeiro capítulo. Quando a Grande Guerra teve início, os generais, de modo geral, ainda acreditavam que um bom número de soldados bem treinados poderia fazer a diferença para vencer a guerra. "Deem-me 700 mil homens e eu dou uma volta na Europa", gabou-se o general francês Édouard de Castelnau. As experiências dos pequenos conflitos anteriores, principalmente as guerras balcânicas em 1912-1913, não serviram de aprendizado ou alerta. Assim, não obstante o ímpeto inicial dos alemães na Frente Ocidental, em pouco mais de dois meses os exércitos simplesmente ficaram imobilizados. Todas as estratégias de ataques rápidos e decisivos fracassaram diante do poder de fogo da artilharia e das novas armas. A solução encontrada para resistir foi começar a cavar fossos. A partir de outubro de 1914, franceses, belgas e britânicos de um lado e alemães do outro se viram "atolados" em trincheiras, sem poder seguir adiante. Para avançar e conquistar poucos metros de terreno era preciso meses de batalha. Em um ano ficou claro que a vitória não dependia mais apenas de homens, mas de armas. O resultado foi um impasse insolúvel que duraria até 1918; e uma carnificina sem igual.

Em 1915 havia trincheiras do Canal da Mancha até os Alpes suíços, do Báltico aos Cárpatos; mais de 2.100 quilômetros de buracos e túneis. Em alguns setores, as escavações se prolongavam de forma ininterrupta por mais de vinte quilômetros, em outros passavam de 160 quilômetros. Em um primeiro momento eram primitivas, mas, à medida que a guerra se estendia, um complexo sistema foi sendo aprimorado. A chamada "linha de frente", disposta diante do exército inimigo, possuía três linhas de trincheiras, que eram cavadas com uma distância de dezoito metros entre elas – todas em zigue-zague, para proteger os soldados de explosões ou permitir um contra-ataque caso um setor fosse ocupado pelo adversário. A primeira linha servia às sentinelas; na segunda ficavam as unidades principais; e uma terceira linha servia de apoio à segunda. A profundidade variava conforme o terreno, podendo ter de 1,80 metro até nove metros de fundura, como as construídas pelos alemães no Somme, França. Um ou dois quilômetros atrás da linha de frente ficava disposta uma segunda linha de trincheiras, fortemente defendida com arame farpado e metralhadoras pesadas. Mais alguns quilômetros retaguarda adentro era construída uma terceira linha de trincheiras, onde ficavam os postos de comunicação, com abrigos antibombas, companhias de reserva e contra-ataque e a artilharia pesada. De certa forma, o arame farpado era uma novidade. Embora seu uso para fins militares tenha sido observado na Guerra Franco-Prussiana, em 1870, foi somente com a Grande Guerra que se começou a produzir arame farpado especial para as linhas de frente. O fio usado para agropecuária tinha, em média, sete pares de farpas por metro; o de uso militar foi produzido com catorze farpas por metro. Com o novo arame, barreiras eram construídas diante das trincheiras, geralmente com nove metros de largura.[65]

Entre as duas linhas de frente inimigas estava a "terra de ninguém". A expressão era usada no medievo europeu para descrever uma área sem dono que ficava fora dos muros de Londres, onde ocorriam as execuções. Em 1915, quando o oficial britânico Lionel Tennyson ameaçou atirar em soldados que retornassem prematuramente de patrulhas enviadas às áreas não ocupadas pelos exércitos, a expressão "terra de ninguém" passou a denominar o espaço entre trincheiras rivais. Em algumas frentes a terra de ninguém tinha apenas nove metros; em fronts menos importantes chegava a um quilômetro. Em média, no entanto, a distância ficava entre noventa e 360 metros. Não é preciso dizer que não havia vida na terra de ninguém, nem uma única árvore, nem um só centímetro escapava da destruição. "Não existe nada mais do que barro e imensas crateras de bombas, em cujo fundo repousam centenas de cadáveres", escreveu à esposa o tenente-coronel britânico Rowland Fielding.

Manter uma posição conquistada e viver em uma trincheira na linha de frente não era tarefa fácil. Em guerras anteriores, soldados lutavam por um ou dois dias no campo de batalha, retirando-se ou avançando em seguida. Com a guerra estática de 1914-1918, porém, era preciso permanecer sob fogo inimigo por um tempo infinitamente maior e em condições de penúria, podendo passar dias com pouca alimentação ou mesmo sem comida alguma. A dieta era baseada em carne em conserva, bolachas, pão e geleia — e, pelo menos em um primeiro momento, contava com alimentos enviados por familiares, o que, no entanto, passou a ser cada vez mais raro à medida que também começou a faltar comida em casa. Como se isso não bastasse, trincheiras profundas costumavam se encher de água com as chuvas torrenciais. Quando não estavam com as roupas encharcadas ou com água até a cintura, os soldados podiam permanecer horas, dias ou meses sobre a lama — ou sob a neve. O resultado, invariavelmente, era o "pé de trincheira", uma doença comum que aparecia quando os pés ficavam por muito tempo imersos em água ou expostos a locais úmidos e frios. Além de dormência e inchaço, o pé de trincheira podia causar gangrena, o que era fatal. As trincheiras e os alojamentos de retaguarda tinham melhores condições. Principalmente aqueles que acomodavam oficiais. Como era permitido confiscar o que quisessem de casas e apartamentos da população civil, o produto do saque mobiliava os abrigos, de fogões a lenha e camas a utensílios domésticos. As paredes eram decoradas, claro, com ilustrações de mulheres seminuas recortadas de revistas francesas.

Soldados da 4ª Divisão de Infantaria australiana, em Ypres, Bélgica, em outubro de 1917. "Não existe nada mais do que barro e imensas crateras de bombas, em cujo fundo repousam centenas de cadáveres", escreveu à esposa um oficial britânico.

Reprodução/Australian War Memorial

"Quatro semanas numa trincheira, sem uma casa, jornal ou banho, nos fatigaram a todos", escreveu à esposa e à filha William Guy Lamont, pastor de Russel, no Kansas, Estados Unidos.[66] "Em uma cratera de bomba", continuou ele, narrando o fim de uma batalha em 1918, "vi sete rapazes amontoados. Um deles era um primeiro-tenente. Cabeças estouradas, uma perna jazia a dez metros de distância, braços mutilados. Os corpos estavam espalhados por quilômetros, empilhados em uma e outra parte. Em alguns lugares, havia tantos alemães mortos que se podia caminhar sobre eles, dizimados de todas as formas imagináveis". Lamont também contou à família como era dormir em meio a corpos insepultos de batalhas anteriores: "Uma noite, eu estava em uma trincheira alemã na Linha Hindenburg e usava uma enxada e uma pá para arrumar um lugar para dormir. Justamente quando parecia confortável, desencavei um alemão que fora enterrado na beira da trincheira, de tal modo que tive de mudar de lugar uns três metros, onde me acomodei a contento e fiquei por três noites. Bem ao lado dessa 'cama', a cerca de três metros do barranco, dois alemães foram enterrados e, de outro lado, a alguns poucos metros, havia outro insepulto. Quando parti, ele ainda estava no mesmo lugar".

A inglesa Florence Farmborough, que atuava como enfermeira no Exército russo, observou um campo de batalha às margens do rio Dniester: "Encolhidos, esticados, com os rostos no chão. Austríacos e russos, lado a lado. Corpos mutilados manchando o solo [...] uma visão horrível [...] um soldado russo, pendurado no arame farpado, estava com as pernas dobradas sob o corpo. Moscas infestavam as feridas abertas e cheias de vermes. [...] Esses 'amontoados', poucas horas antes, tinham sido seres humanos, de carne e osso. Homens jovens, fortes, cheios de vida".[67] Milhares de corpos insepultos atraíam companheiros indesejáveis para o soldado preso a uma trincheira: os roedores. "Existem milhões de ratazanas nas trincheiras, algumas enormes, quase tão grandes quanto os gatos. Muitos de nossos homens, ao acordar, se deparam com um rato escondido debaixo de seus cobertores", escreveu o tenente-coronel britânico Walter Vignoles. Um soldado francês relatou que um colega, durante uma patrulha, ao avistar rapazes abatidos por metralhadoras, "viu enormes ratos saindo debaixo de seus casacos desbotados. Estavam gordos da carne humana de que se alimentavam. Com o coração batendo, ele se aproximou rastejando de um morto. O capacete tinha rolado. O morto ostentava uma careta na face desprovida de carne; o crânio pelado, os olhos comidos. Uma dentadura caíra em sua camisa decomposta e, da boca, escancarada, saltou um animal imundo". "Quase toda manhã um desses bichos malditos e enormes aparecia, sentava-se nas pernas traseiras e roía alguma coisa", escreveu Thomas McIndoe. "Eu costumava mirar e mandar uma chuva de balas. Fazia picadinho deles." Os piolhos também eram um problema. Ao visitar a família na Inglaterra, o soldado Huber Trotman precisou tirar punhados de piolhos das axilas. "Tínhamos mais piolhos do que um bando inteiro de macacos", lembrou.[68]

Além de visitar a família ou os pais, o tempo de licença era gasto com jogos de futebol, visitas a cantinas e cafés e, principalmente, a bordéis. Licenças especiais de uma semana podiam ser concedidas a oficiais mediante preenchimento de requerimento. O capitão britânico Cyril Dennys lembrou que, certa vez, um colega de farda informou o motivo do pedido, "sem um pingo de vergonha": fome e sexo. Mas não eram apenas as chamadas relações "naturais" que circulavam na frente de combate. Não obstante os manuais militares britânicos proibirem os soldados de "se satisfazerem sexualmente entre si", pelo menos 270 soldados e 22 oficiais foram levados à Corte Marcial por "atos de indecência com outro homem". Na Inglaterra, a descriminalização da homossexualidade só ocorreria em 1967. Na Alemanha, o artigo 175 do Código Penal condenava à prisão e à perda dos direitos civis tanto homossexuais quanto pessoas que praticassem sexo com animais — o artigo, instituído em 1872, só foi revogado em 1994. Um comitê de estudos sobre homossexualidade existia no país desde 1897, criação do sexólogo judeu-alemão Magnus Hirschfeld. Durante a guerra, uma "Liga para os Direitos Humanos", que buscava descriminalizar a homossexualidade, foi criada e chegou a contar com 100 mil membros, dos quais cerca de 25 mil eram mulheres. Em 1916, o comitê de Hirschfeld publicou as cartas que um soldado identificado apenas como "S." enviava da Rússia, onde morreu, ao namorado na Alemanha. A proibição do relacionamento gay no Exército alemão estava na pauta: "É deplorável que, por causa de uma lei míope, a pátria ainda torne impossível que bons cidadãos, pessoas com excelente caráter, sintam-se iguais aos outros".[69] O movimento homossexual no pós-Grande Guerra na Alemanha teve fim quando os nazistas tomaram o poder; o trabalho de Hirschfeld foi destruído e ele precisou se refugiar na França, onde acabou assassinado pela Gestapo. O tempo de licença ou folga das trincheiras também era destinado a ler ou escrever cartas para casa. O Exército britânico entregou diariamente 7 mil sacos de correspondências e 60 mil pacotes durante a Grande Guerra. Os soldados alemães receberam 9,9 milhões de cartas e enviaram outras 6,8 milhões para amigos e familiares — durante a Guerra Franco-Prussiana, em 1870, haviam sido apenas 500 mil cartas.[70]

Soldados alemães exibem ratos mortos, capturados durante a noite anterior. Os roedores eram uma praga com a qual os combatentes precisavam se acostumar. "Existem milhões de ratazanas nas trincheiras, algumas enormes, quase tão grandes quanto os gatos", escreveu um tenente-coronel britânico.

Reprodução/Imperial War Museum

O CABO DO REGIMENTO BÁVARO

Antes da eclosão da guerra, em janeiro de 1914, o certificado de baixa de Adolf Hitler o descreveu como "inapto para o serviço militar e para o serviço de auxiliar do Exército, muito fraco. Incapacitado". A guerra mudou as coisas. Quando a mobilização de tropas teve início, ele enviou uma carta diretamente ao rei Ludwig II da Baviera solicitando ser convocado. Na agitação que se seguiu à declaração de guerra, mesmo sendo austríaco, Hitler acabou aceito e recebeu como resposta ordens para se apresentar ao 16º Regimento Bávaro de Infantaria de Reserva, o "Regimento List", em Munique, onde serviria na Terceira Companhia, do Primeiro Batalhão.

Nascido em 20 de abril de 1889 em Braunau, às margens do Inn, na fronteira austríaca com a Alemanha, Hitler era filho de um funcionário de alfândega do Império Austro-Húngaro, Alois Hitler, e de uma doméstica, Klara Pölzl. Quando o pai morreu, em 1903, um desocupado Hitler começou sua peregrinação pelo império do velho Francisco José I. Chegou a Viena em 1907, onde tentou se estabelecer como pintor. Foi reprovado duas vezes no exame de admissão da Academia de Belas-Artes, tendo sobrevivido por certo tempo vendendo aquarelas dos prédios históricos da capital. Em maio de 1913, Hitler deixou Viena para morar em Munique, capital do reino da Baviera, no então Império Alemão. Tinha 24 anos. Por coincidência, na capital bávara, Hitler ocupava o quarto de número 3 em um apartamento na rua Schleissheimer, 34, no bairro Schwabing, a poucos passos de onde Lênin residira anos antes, no número 106.[71]

Depois de um período de treinamento, Hitler foi enviado para a linha de frente, na Bélgica. Em *Mein Kampf*, ele registrou sua primeira experiência na guerra, seu "batismo de fogo", em 29 de outubro de 1914, na primeira batalha de Ypres: "Então começou o concerto das balas e o estrondo dos canhões, os gritos e gemidos dos homens, e cada um se sentiu tomado pelo calor da batalha, olhos febris, indo em frente, sempre mais depressa, até que afinal subitamente o combate se precipitou mais adiante, além dos campos de beterraba e sebes, na luta corpo a corpo".[72] Ypres foi uma das mais sangrentas batalhas da primeira fase da guerra. Do regimento de Hitler, cujo efetivo inicial era de 3,6 mil homens, as baixas foram superiores a 70%. Ele mesmo afirmou em carta ao amigo Joseph Popp, com quem compartilhava o quarto em Munique, que haviam sobrevivido ilesos apenas seiscentos companheiros. Poucos dias depois, em 3 de novembro de 1914, Hitler foi promovido a cabo, sua primeira e última promoção. Os superiores o descreveram como "um homem calmo", um "sonhador". Às vezes, escreveu um companheiro de trincheira, com um "quepe enterrado na cabeça permanecia sentando num canto, mergulhado em seus pensamentos, e ninguém do nosso regimento era capaz de tirá-lo de sua apatia". Hitler atuava como mensageiro entre o Estado-Maior do regimento e os postos avançados na linha de frente, o que o deixava exposto a perigos como o fogo da artilharia inimiga. Ele foi ferido em duas oportunidades. Em 1916, em Le Barqué, foi alvejado na coxa esquerda e, por isso, transferido para um hospital próximo a Berlim, onde permaneceu por cinco meses. Na noite de 13 para 14 de outubro de 1918, próximo a Ypres, quando os ingleses atacaram a linha de frente com gás mostarda, Hitler, que se encontrava em uma colina em Wervik, foi atingido pelos efeitos de granadas tóxicas e perdeu a visão. No dia 21, ele foi enviado para o hospital militar em Pasewalk, na Pomerânia, onde permaneceu até o final da guerra.

Ainda que jamais tenha conseguido alcançar patente superior à de cabo — segundo seus superiores, por lhe faltar capacidade de liderança; na opinião de Churchill, por não passar de um "soldadinho" —, Hitler foi condecorado por bravura várias vezes. Duas delas com a *Eiserne Kreuz*, a "Cruz de Ferro", importante honraria militar alemã. A primeira condecoração, a Cruz de Ferro de Segunda Classe, ele recebeu logo no começo da guerra, em dezembro de 1914. A segunda, a Cruz de Ferro de Primeira Classe, algo raro para um cabo, foi concedida a Hitler em agosto de 1918, quando a guerra já chegava ao final. Curiosamente, a indicação para a premiação partiu do tenente Hugo Gutmann, que era judeu. Em 1939, fugindo do nazismo, Gutmann deixou a Alemanha, voou até Lisboa e de lá para os Estados Unidos. Hitler recebeu ainda a Cruz de Mérito Militar, em 1917, a Distinção por Ferimento *Schwarz mit Schwertern*, a Medalha Militar por Longo Tempo de Serviço de Terceira Classe e um "Diploma do Regimento" por bravura em ação em Fontaine, em 1918.[73] Como escreveu mais tarde, para ele próprio a Grande Guerra foi "a maior de todas as experiências".

Um acontecimento que supostamente teria ocorrido com Hitler durante a Primeira Guerra, com repercussão direta no destino da Europa e do mundo, ocorreu dois meses antes do final do conflito. Em 28 de setembro de 1918, quando os alemães começavam a recuar após um combate feroz em Marcoing, a meio caminho entre Arras e Saint-Quentin, no norte da França, Henry Tandey, que servia no Regimento Duque Wellington, cruzou com um cabo alemão ferido. Parado em frente a ele, o inimigo ficou imóvel, aguardando que Tandey atirasse. O inglês, do condado de Warwickshire, empunhou o rifle, fez pontaria, mas não atirou. O alemão assentiu com a cabeça em sinal de agradecimento e desapareceu na confusão que se instalara entre as tropas germânicas. Embora ferido, Tandey havia silenciado uma metralhadora alemã e possibilitado o contra-ataque britânico que tomou a posição do inimigo. Por sua ação destemida, ele recebeu a Cruz da Vitória, a mais alta condecoração do Reino Unido por bravura em combate, das mãos do próprio rei Jorge V, em dezembro de 1919 — Tandey seria agraciado também com a Medalha de Conduta Distintiva e a Medalha Militar. A notícia da condecoração de Tandey foi amplamente divulgada pelos jornais britânicos, e, aparentemente, o cabo Adolf Hitler teria recortado e guardado a nota.

O cabo Adolf Hitler (1889-1945), à direita, com colegas de um regimento bávaro, em 1914. Hitler serviu por mais de quatro anos, sendo condecorado diversas vezes. A Grande Guerra, escreveu ele mais tarde, foi "a maior de todas as experiências".
Hulton-Deutsch Collection/ CORBIS/Corbis via Getty Images

A história ressurgiu em 1937, quando Hitler, já como Führer, viu a cópia de um quadro do italiano Fortunino Matania que retratava um soldado inglês carregando um companheiro ferido, próximo a Menin, no norte da França. A pintura original fora encomendada a Matania pelo regimento Green Howards, de Yorkshire, em 1923, e uma cópia fora dada ao dr. Otto Schwend, oficial médico alemão que servira na França durante a guerra e atendera um tenente-coronel britânico do regimento. Hitler teria associado a foto de Tandey do jornal que ele recortara com a pintura de Matania. Em 1938, quando o primeiro-ministro britânico Neville Chamberlain se reuniu com Hitler no Berghof para tratar da questão dos Sudetos, o ditador alemão teria dito: "Esse homem esteve tão perto de me matar que pensei que nunca mais veria a Alemanha. A Providência me salvou". Hitler teria pedido a Chamberlain que encontrasse Tandey e transmitisse uma mensagem de agradecimento. Não é certo que o primeiro-ministro tenha feito contato com o ex-soldado, que então trabalhava em uma fábrica de automóveis – pelo menos nada ficou registrado. Certo é que Tandey soube da história e durante a Segunda Guerra relatou à imprensa que não era algo incomum evitar matar soldados feridos – principalmente nos últimos meses de guerra, quando se esperava por um armistício. Ele lamentou, no entanto, ter poupado a vida de alguém que tantos danos causava à Inglaterra. Tandey morreu em 1977, aos 86 anos de idade. Seu corpo foi cremado e as cinzas enterradas no cemitério inglês em Marcoing. Não obstante seja popular entre os ingleses, a história é contestada por muitos historiadores pelo simples fato de que Hitler poderia não estar em Marcoing. David Johnson, que escreveu uma biografia de Tandey, acredita que tudo não passou de uma confusão sobre a qual se criou um mito. Em agosto de 1918, o batalhão de Hitler foi movido para Cambrai a fim de ajudar a conter a ofensiva britânica em Bapaume, mas, em setembro, tinha retornado para a área de Ypres, em Wytschaete e Messines, a mais de 120 quilômetros de onde Tandey estava lutando e teria deixado escapar um soldado alemão.[74]

Os relacionamentos amorosos de Hitler durante sua estadia na França ocupada também são motivo de controvérsias. Pelo menos três mulheres tiveram algum envolvimento com o futuro líder alemão. A pista sobre uma delas veio do próprio Hitler. Em 1940, enquanto o Exército alemão avançava pela França novamente, em visita aos campos de batalha da época da Grande Guerra, Hitler teria perguntado a Max Amann, que o acompanhava e servira como sargento no Regimento List, onde estaria "Madeleine". Amann não soube responder, mas depois da Segunda Guerra os historiadores franceses Jean-Michel Charlier e Jacques de Launay saíram em busca de Madeleine. Encontraram informações em Comines: a moça de quem Hitler se lembrara era filha do dono de um bistrô, ponto de encontro dos soldados alemães em licença durante a guerra. Hitler frequentara o local, mas, ao que parece, nunca teve algo sério com Madeleine. Em Comines, porém, Charlier e Launay encontraram outra história, a de Héléna Leroy, que trabalhara como cozinheira em Wavrin, próximo a Lille, com quem o cabo teve um contato muito próximo durante quase dois anos, entre 1915 e 1917. Depois que Hitler deixou a região, Leroy deu à luz um filho. Os historiadores concluíram que o filho seria de Hitler. Especialistas chegaram a identificar alguma semelhança entre o rebento de Leroy e o líder alemão, mas nunca foram encontradas provas concretas. Leroy morreu em 1963.[75]

O suposto caso com Charlotte Lobjoie, uma camponesa de dezesseis anos de idade, do Aisne, continua rendendo especulações. Nos anos 1970, Jean-Marie Loret entrou em contato com o historiador alemão Werner Maser afirmando que, durante a Segunda Guerra, oficiais alemães o teriam procurado e examinado, motivo pelo qual a mãe lhe revelara a identidade do pai logo após o fim do conflito: "o nome do seu pai é Hitler". O encontro sexual entre Lobjoie e Hitler teria ocorrido em junho de 1917, em Fournes-in-Weppe, ao norte da Picardia, tendo como resultado o nascimento de Jean-Marie em março de 1918. Familiares de Lobjoie, no entanto, negaram a história, afirmando que Charlotte teria mantido um caso amoroso com um soldado alemão, mas este seria um tenente e com certeza não era Hitler. Não se dando por satisfeito, Maser, que era um respeitado pesquisador da vida do Führer, conseguiu que a Universidade de Heidelberg, na Alemanha, realizasse um teste de DNA, mas o resultado não confirmou as expectativas de Loret e Maser.

Loret, que escreveu um livro sobre sua história de vida, *Ton père s'appelait Hitler* [O nome do seu pai era Hitler], morreu em 1985. Maser faleceu em 2007, ainda acreditando que Hitler fosse realmente o pai de Loret. Em 2018, a casa de leilões Weidler, de Nuremberg, anunciou que uma tela de 63x48 centímetros contendo a assinatura "A. Hitler" iria a leilão.[76] Maser a havia intitulado

Retrato de uma garota e afirmado que a mulher na pintura, uma jovem com um lenço vermelho na cabeça e uma camisa aberta que expunha parte do seio esquerdo, seria Charlotte Lobjoie. A tela é tida como verdadeira, mas a identidade da mulher que teria servido de modelo é motivo de contestações. Leia mais sobre a biografia de Hitler em *Histórias não (ou mal) contadas: Segunda Guerra Mundial*, 1939-1945.

COCAINE
TOOTHACHE

6. MISCELÂNEA DE SOLDADOS

Durante a Grande Guerra, os exércitos combatentes eram um conjunto confuso de etnias e nacionalidades. Além de milhares de africanos terem sido recrutados para lutar na Europa, venezuelanos e germânicos combateram no Exército otomano, 14 mil índios lutaram no Exército dos Estados Unidos e 900 mil indianos no britânico. As Forças Armadas da Áustria-Hungria incluíam soldados de treze nacionalidades e doze grupos religiosos diferentes. Pombos e cães também atuaram como soldados, e o uso de drogas, como a cocaína em comprimido, era generalizado.

Não obstante a Grande Guerra ter iniciado na Europa, em pouco tempo as potências beligerantes perceberam que o material humano de que dispunham em suas colônias era essencial para seu "esforço de guerra" — além disso, manter colônias e protetorados era importantíssimo por questões estratégicas e econômicas. Dessa forma, populações na África, na Ásia e na América foram convocadas para compor exércitos europeus ou combater por europeus em teatros de operações que França, Reino Unido e Alemanha consideravam vitais. A França "alistou" mais de 600 mil homens em suas colônias na África. A Bélgica fez o mesmo, embora com números mais modestos. Pelo menos 150 mil africanos serviram na Frente Ocidental com as forças francesas e belgas. Aproximadamente 30 mil morreram em combate. Foi inclusive um regimento marroquino o mais condecorado do Exército francês. Depois de 1917, com a Revolução de Fevereiro e a queda do tsar, muitos soldados russos leais aos Románov também se alistaram e passaram a lutar no Exército francês.

O Império Britânico, por sua vez, sequer teria exército não fossem suas colônias além-mar. Desde 1907, Canadá, Austrália, Nova Zelândia e África do Sul, com população branca e fortes ligações com o Reino Unido, receberam "autonomia interna" e passaram a se denominar "domínios", ou seja, em questões internacionais ainda eram obedientes à Coroa em Londres. Quando a guerra teve início, os domínios enviaram grandes contingentes de soldados para o continente europeu. Pelo menos 458 mil canadenses lutaram ao lado dos ingleses, além de 332 mil australianos, 112 mil neozelandeses, 8 mil soldados da Terra Nova, 136 mil sul-africanos brancos e outros 75 mil não brancos (engajados no Corpo de Trabalho de Nativos Sul-Africanos, SANLC, na sigla em inglês). Também serviram ao rei inglês 140 mil irlandeses e 16 mil caribenhos. A África Oriental Britânica e a África Ocidental Britânica colaboraram enviando 59 mil combatentes. A fim de combater pela França ou pelo Reino Unido, aproximadamente 2 milhões de africanos foram recrutados durante a Grande Guerra, muitos atuando como soldados, mas a maioria servindo como carregadores e trabalhadores braçais — principalmente no leste da África, onde a taxa de mortalidade dos trabalhadores foi de 20%, maior até mesmo que a de soldados britânicos mortos. Na Europa, cerca de 10% dos soldados africanos não sobreviveram à guerra. A Inglaterra ainda detinha poder e influência direta sobre a Índia, importantes portos na Ásia e enorme quantidade de território no continente africano. Em tempos de paz, a Índia, com uma população de mais de 300 milhões de habitantes, era administrada por apenas 1,2 mil funcionários públicos brancos, setecentos policiais e 77 mil soldados britânicos. No Egito, a situação era semelhante, alguns poucos burocratas e 4 mil soldados britânicos geriam um país com mais de 12 milhões de habitantes. Quando a Grande Guerra estourou, os indianos foram conclamados a contribuir. Nada menos do que 1.440.437 soldados indianos serviram na Europa ou no Oriente Médio, sendo que 877.068 eram combatentes. Destes, 49 mil foram mortos em combate — 29 mil somente na Mesopotâmia. A Índia também contribuiu com o esforço de guerra aliado fabricando 555 milhões de balas e mais de 1 milhão de projéteis. Mais de 55 mil indianos serviram no Corpo de Trabalho Indiano como alfaiates, sapateiros, lavadores de roupa, açougueiros, padeiros e carpinteiros.[77]

Soldados das tropas coloniais francesas. Mais de 600 mil homens foram recrutados pela França na Argélia, no Marrocos e em Senegal. Aproximadamente 150 mil serviram na Frente Ocidental, sendo que 30 mil morreram em combate.

Reprodução/Europeana 1914-1918

Os Estados Unidos não tinham colônias, eram um país de nativos, ex-escravos e imigrantes. Às vésperas da guerra, sua população total era de 92 milhões de habitantes, dos quais cerca de 2,5 milhões haviam nascido na Alemanha. Quase 6 milhões tinham pai ou mãe alemães, ou ambos. Pelo menos 522 jornais e revistas em língua alemã circulavam no país. Por isso, a opinião pública estadunidense demorou a tomar partido; não obstante o governo se alinhasse com a aliança anglo-franco-russa, parte importante da população tinha ligações com Alemanha e Áustria-Hungria. De toda forma, quando a Grande Guerra terminou, os Estados Unidos tinham cerca de 2 milhões de soldados estacionados na França, muitos dos quais haviam lutado contra o país de seus pais e avôs. Pouco mais de 10% do Exército estadunidense, no entanto, era composto por afrodescendentes e membros de tribos indígenas. Pelo menos 200 mil eram negros, os chamados *Buffalo Soldiers*, "soldados búfalo", que, por causa da segregação, serviram todos em uma única unidade, a 92ª Divisão de Infantaria – a expressão havia sido cunhada no final dos anos 1860 por nativos americanos, e os negros adotaram não apenas o apelido, mas também o emblema, pois o desenho de um búfalo identificava a divisão. Os índios norte-americanos também participaram do esforço de guerra do país. Dos 17.313 alistados, pelo menos 14 mil foram enviados à França (6 mil osagues e quapaws, 4 mil sioux, 1,9 mil cherokees, 1 mil chippewas, novecentos cheyennes e duzentos indígenas de outras tribos).[78] Antes mesmo da entrada dos Estados Unidos na guerra, em 1916, voluntários norte-americanos criaram na França a esquadrilha N124, por eles denominada de "Escadrille La Fayette", em homenagem ao marquês francês que lutara ao lado dos Estados Unidos na Guerra de Independência Americana. A unidade com quase trinta pilotos, composta por aviões Nieuport 11, tinha na insígnia a cabeça de um índio sioux — o comandante era o capitão francês Thénaul. Com a entrada dos Estados Unidos na guerra, em 1917, o tenente-coronel William Thaw assumiu a esquadrilha. Quando a guerra terminou, 267 estadunidenses haviam lutado pela aviação francesa — 52 deles morreram em combate.[79]

Os exércitos das Potências Centrais — Alemanha, Áustria-Hungria e Império Otomano — também eram uma miscelânea étnica. As Forças Armadas austro-húngaras incluíam homens de treze nacionalidades e doze grupos religiosos diferentes (entre cristãos, muçulmanos, judeus e outras minorias). Os otomanos também contavam com grande número de soldados de etnias e comunidades religiosas distintas. Mas também com voluntários de outros países, como o venezuelano Rafael Inchauspe de Nogales Méndez, engajado na cavalaria. Ele já havia lutado na Guerra Hispano-Americana em 1898, no próprio país em 1904, e na Guerra Russo-Japonesa no ano seguinte — além de procurar ouro no Alasca e trabalhar como vaqueiro nos Estados Unidos. Quando a Grande Guerra iniciou, Méndez se dirigiu para a Europa, tentou entrar no Exército belga e, não sendo aceito, partiu para a Bulgária e depois para a Turquia, onde serviria durante todo o conflito. O general prussiano Otto Liman von Sanders chegou a Istambul em 1913, sendo guindado ao posto de marechal otomano. Era neto de um judeu-alemão convertido ao cristianismo e um dos muitos oficiais alemães enviados para o Oriente Médio. Von Sanders era o comandante do Quinto Exército Otomano quando os Aliados tentaram tomar Galípoli, em 1916.

As tropas alemãs na Europa eram mais homogêneas, embora contassem com alemães étnicos, assim chamados por habitarem regiões que não faziam parte do Império Alemão. No Continente Negro, os germânicos também recrutaram a população nativa. Na África Oriental Alemã (hoje Tanzânia, Burundi e Ruanda), o general Paul Emil von Lettow-Vorbeck nunca foi derrotado. Seu exército era composto de apenas 3 mil soldados alemães, 12 mil guerreiros africanos e outros 45 mil carregadores. Dada a inferioridade numérica, Lettow-Vorbeck usou da tática de guerrilha para atacar fortes, ferrovias e postos de comunicação de possessões britânicas no sul da África. O médico alemão Ludwig Deppe observou: "Já não somos os agentes da cultura; nosso caminho é marcado pela morte, pelo roubo e por aldeias devastadas". Quando Lettow-Vorbeck se rendeu em Abercorn, na Rodésia do Norte, em 23 de novembro de 1918, após quatro anos de luta restavam duzentos alemães e 3 mil africanos.[80] Os britânicos haviam perdido mais de 3 mil soldados indianos e outros 2 mil africanos.

Em um mundo com políticas ultranacionalistas, um caleidoscópio étnico só poderia gerar preconceitos. O cirurgião estadunidense Harvey Cushing achava que os belgas usavam "pompons ridículos" no uniforme e que os russos não sabiam trabalhar, muito menos lutar. Os britânicos, de modo geral, se referiam às pessoas do Mediterrâneo, de países como Itália, Espanha e Portugal (os "latinos", de pele morena), como "*dagos*", uma gíria desdenhosa e preconceituosa. Os alemães eram chamados por eles de "chucrutes", "bárbaros" ou "Munsters", um trocadilho com a cidade de Münster, na Alemanha, onde fora assinada a Paz da Vestfália em 1648, e *monsters*, "monstros" em inglês. Os judeus eram excluídos do corpo de oficiais tsaristas, assim como poloneses, bálticos e asiáticos, que, em geral, não podiam exceder 25% de um regimento russo. No Exército alemão, os alsacianos eram discriminados; os otomanos faziam o mesmo com os sírio-arábicos. Na Itália, soldados nascidos no sul do país eram malvistos; o mesmo ocorria com os franceses, que consideravam os soldados originários do sul menos aptos para lutar. O Exército persa era treinado e liderado por oficiais suecos, depois por alemães. Os asiáticos geralmente eram considerados inferiores aos europeus; um soldado alemão escreveu que os japoneses eram "macacos amarelos ladrões".

Ingleses e franceses chamavam a si mesmos de "*tommies*" e "*poilus*". A origem do termo inglês vem de "Tommy Atkins", nome fictício usado em formulários do Exército britânico para demonstrar como os documentos deveriam ser preenchidos. A expressão francesa surgiu na Era Napoleônica para designar soldados de infantaria, os "peludos", aparência física dos soldados de então, que usavam barbas e bigodes.

O BOM SOLDADO MATA SEM PENSAR

Quando o conflito se espalhou e não foi mais possível fazer a paz, o ministro da Guerra prussiano Erich von Falkenhayn afirmou que "mesmo que tenhamos que morrer, vale a pena". Um entusiasmo patriótico correu a Europa inteira. Até mesmo o psicanalista Sigmund Freud, escrevendo ao amigo Karl Abraham, não pensava diferente dos militares nacionalistas. "Pela primeira vez em trinta anos, sinto-me um austríaco e sinto como se estivesse dando a este império não muito promissor uma nova oportunidade. Em todos os lugares, o moral é excelente", observou o médico que também servira no Exército austro-húngaro quando jovem.[81] Três filhos de Freud foram à guerra: Martin, Oliver e Ernst. Os dois mais novos estavam em casa quando a Áustria-Hungria pediu o armistício, mas Martin, o mais velho, permaneceu prisioneiro na Itália até fevereiro de 1919. Depois de quatro anos de carnificina, Freud mudara de ideia. Como ele, a maioria dos homens descobrira que não sabia por que lutava ou que o motivo pelo qual lutava não valia o sacrifício. Os soldados russos, predominantemente camponeses recrutados à força, mal sabiam o motivo da guerra. Uma canção inglesa popular nas trincheiras explicava bem o sentimento de muitos: "Estamos aqui porque estamos aqui porque estamos aqui porque estamos aqui".

A desilusão foi maior quando os soldados descobriram que não eram mais do que números em uma mesa com mapas de operações. O tenente-coronel da 19ª Divisão de Infantaria otomana, Mustafá Kemal, tentando repelir o ataque de soldados Aliados em Galípoli, na Turquia, despachou para a frente de combate o 57º Regimento, sem munição e em número bastante reduzido: "Eu não estou dando ordem para vocês atacarem, estou ordenando que morram". A ideia de invadir a Turquia pelo estreito de Dardanelos partira do Primeiro Lorde do Almirantado, Winston Churchill. Quase meio milhão de soldados Aliados foram mobilizados para a campanha – entre eles, indianos, neozelandeses, australianos e senegaleses. Mas a invasão, que deveria contar com um ataque anfíbio, foi mal planejada e inabilmente executada. Quando Churchill se deu por vencido e precisou ordenar a evacuação das praias, em dezembro de 1915, as baixas chegavam a 250 mil soldados, com 50 mil mortos. "O desastre foi acachapante", escreveu o historiador inglês Ian Kershaw.[82] Kemal, pelo contrário, afirmou sua reputação de herói nacional. Ativo na revolução que derrubara o sultão Abdul Hamid II em 1908, mais tarde, ao fim da guerra, Kemal liderou o Movimento Nacional Turco que pôs fim ao Império Otomano, tornando-se o primeiro presidente da República da Turquia, em 1923. Ficou conhecido com *Atatürk*, "pai dos turcos".

Com o transcorrer do tempo, a morte de soldados desconhecidos causava pouco pesar entre os combatentes. "Essa indiferença talvez seja a melhor reação que pode ter um homem no meio de uma batalha", escreveu um soldado francês. "O longo período de emoções muito fortes finalmente chegou ao fim, com a morte da própria emoção." A insensibilidade também. "Foi uma cena celestial vê-lo cair para a frente", confidenciou ao diário, em 1915, um soldado britânico após atirar à queima-roupa em um jovem soldado alemão que, ao se render, havia levantado os braços e implorado por misericórdia. O sargento Stefan Westmann, da 29ª Divisão de Infantaria do Exército alemão, em meio a uma batalha e à beira de um ataque de nervos lembrou-se do que era ensinado: "O bom soldado mata sem pensar no inimigo como ser humano — quando ele passa a ver o adversário como um semelhante, deixa de ser um bom soldado". "Por que nós soldados", refletiu mais tarde, "desferíamos estocadas uns nos outros, estrangulávamos uns aos outros, nos lançávamos uns contra os outros como cães loucos? Por que, se não tínhamos nada uns contra os outros do ponto de vista pessoal, lutávamos até morrer?".[83] "Como a guerra é cruel e intransigente!", escreveu Kresten Andresen, um jovem soldado dinamarquês de 23 anos de idade que lutava com os alemães. "Desconsideração total para com os valores da nossa sociedade: cristianismo, moralidade, lar e família. Ao mesmo tempo, fala-se em cultura. Como dar crédito à cultura quando todos os outros valores são desrespeitados?".[84] Andresen não sobreviveu à guerra, foi dado como desaparecido em agosto de 1916, no Somme. Para Ian

Kershaw, "a estereotipagem nacional do inimigo contribuiu bastante para o processo de criação de ódio".[85] Em grande parte, o trabalho de demonização que já havia sido feito antes da guerra deu seguimento durante o conflito e até mesmo após o seu fim.

Em 1924, o pacifista alemão Ernst Friedrich publicou um livro intitulado *Krieg dem Kriege*, "guerra contra a guerra", em que apresentava fotografias estarrecedoras tiradas durante o conflito mundial. A campanha de Friedrich visava mostrar a futilidade e os horrores causados pela guerra em nome da civilização. Publicado originalmente em quatro línguas (alemão, inglês, francês e holandês) e mais tarde em outras cinquenta, o livro chocou a opinião pública mundial, principalmente por apresentar dezenas de fotografias originais e inéditas. Imagens de soldados espanhóis posando com cabeças de soldados marroquinos espetadas em ponta de baionetas; de combatentes deformados por armas de fogo ou intoxicação de gás; de igrejas e cidades destruídas na França; de sepultamentos coletivos; de corpos em decomposição; de soldados mutilados e de execuções; de prostitutas com soldados alemães e do corpo de uma mulher morta após estupro perpetrado por soldados russos. Embora impactante, o livro não impediu que uma nova grande guerra voltasse a ocorrer.

TRAUMAS, FUZILAMENTOS E DROGAS

O sonho de quase todo soldado era ser ferido apenas o suficiente para que fosse enviado de volta para casa. Para alguns, a morte era um medo menor; um ferimento sério, mas não incapacitante, podia ser salvador. Os alemães o chamavam de *Heimatschuss*, os britânicos de *blighty wound* – trocadilho com *Blighty*, termo carinhoso com que soldados ingleses no estrangeiro se referiam à Inglaterra.

Os postos médicos de campanha costumavam ser pouco higiênicos. O acesso à água era restrito e, às vezes, inexistente; a iluminação era precária e invariavelmente os poucos médicos tratavam dos doentes ao lado de cadáveres. Um doutor observou que havia "cheiro de matéria viva, sangue, vômito". Se, apesar disso, o sortudo sobrevivesse e fosse levado aos hospitais da retaguarda, suas chances de recuperação eram altas. Durante a Grande Guerra, avanços da medicina como raio X, transfusão de sangue e cirurgia em equipe reduziram a mortalidade por ferimentos para 8% – na Guerra Civil Americana era de 13% e na da Crimeia, de 20%. Na Grã-Bretanha, mais de 80% dos feridos voltaram ao trabalho; na Alemanha, dos mais de 4,3 milhões de feridos, três quartos voltaram às atividades.[86]

Em uma guerra de trincheiras, a cabeça era a parte mais exposta do corpo humano. Aproximadamente 13% dos ferimentos infligidos aos soldados da Grande Guerra eram na cabeça – quase 60% eram fatais. O hábito de cortar o cabelo curto, iniciado durante a guerra, surgiu não por causa dos piolhos, mas para facilitar o tratamento das feridas. O capacete também ganhou função menos decorativa e mais defensiva; em vez de cores e plumas, aço. (Os alemães mantiveram os tradicionais *Pickelhauben*, em couro e com uma ponta de metal sobre o elmo, até 1916, quando foi substituído pelo *Stahlhelm*, inteiramente de metal. Esse novo modelo serviria de referência para todas as nações nas décadas seguintes.) Mesmo para lesões na cabeça estavam surgindo novas técnicas de tratamento. O neozelandês Harold Gillies foi um dos pioneiros da cirurgia plástica reconstrutiva. Nascido em Dunedin, ele se formou em otorrinolaringologia no Hospital de São Bartolomeu, na Inglaterra, em 1906. Em 1914, Gillies ingressou no Corpo Médico da Armada Real como capitão. No ano seguinte, ele estava atuando como voluntário da Cruz Vermelha em Wimereux, na França, quando conheceu o dentista franco-americano Charles Valadier, que trabalhava em um hospital de campo britânico. Gillies se surpreendeu com os métodos de Valadier no tratamento de lesões da mandíbula e deu início às próprias pesquisas na área. Ele acompanhou de perto o cirurgião plástico francês Hippolyte Morestin, que realizava as mais avançadas cirurgias reconstrutivas da época no Hospital Val-de-Grâce, em Paris. Em 1916, com a experiência adquirida, Gillies começou a desenvolver a própria unidade de tratamento para lesões faciais no Hospital Militar de Cambridge, transferida no ano seguinte para o Queen's Hospital, em Londres. Entre 1917 e 1923, Gillies e sua equipe operaram mais de 5 mil pacientes.[87]

A medicina avançara, mas a ferocidade dos combates aumentara a quantidade de feridos. Como nem sempre havia médicos para o atendimento imediato (eram atendidos primeiro os ferimentos graves), muitos soldados que não suportavam aguardar recebiam ou consumiam por conta própria pílulas de ópio e várias outras receitas de remédios caseiros, como a mistura de óleo de rícino com clorodina.

A clorodina era um analgésico muito popular na época, embora fosse viciante e pudesse levar à morte se não ministrada com moderação. Com gosto de menta e à base de ópio, cânabis e clorofórmio, o remédio fora descoberto por um médico britânico na Índia para aliviar a cólera, sendo posteriormente patenteado, comercializado e pirateado em larga escala — mas já sem a cânabis e com uma dose menor de ópio. O álcool também era usado como anestésico, assim como um meio de aliviar as tensões. Algumas drogas tinham a mesma finalidade. Para o pesquisador polonês Lukasz Kamienski, a brutalidade da guerra, o anonimato e as condições adversas na linha de frente "estimularam a demanda militar por cocaína, não apenas por seu valor médico. Juntamente com o álcool, o tabaco e a morfina, a cocaína permitiu a fuga temporária da realidade aterrorizante da guerra moderna".[88] O uso da cocaína era amplamente aceito e disseminado. Desde o final do século XIX era possível comprar cocaína sem receita médica. Um dos mais famosos consumidores da droga era Sigmund Freud, que a usava no combate à ansiedade e à depressão — influenciado, em parte, por outro médico e amigo, o otorrinolaringologista berlinense Wilhelm Fliess. A substância era produzida por vários laboratórios farmacêuticos, principalmente alemães, e estava disponível na forma injetável ou em pastilhas. Em 1879, o tradicional laboratório Merck produzia apenas cinquenta gramas de cloridrato de cocaína; em 1885 eram trinta quilos e, em 1913, eram produzidos aproximadamente 9 mil quilos.[89] Seu ingrediente ativo era usado em vinhos, chás e refrigerantes, como a Coca-Cola. Em 1903, a marca estadunidense hoje mundialmente famosa retirou a cocaína da fórmula do refrigerante, em parte devido a um boato de que a bebida levava homens negros a estuprar mulheres brancas — cada litro de refrigerante continha 250 miligramas de cocaína. Às vésperas da Grande Guerra, a cocaína já começara a sofrer restrições em virtude dos transtornos causados por seu uso. A deflagração do conflito, no entanto, possibilitou nova onda de consumo irrestrito, principalmente entre prostitutas e soldados. Em Paris ou Londres, cafés e restaurantes vendiam a substância livremente. A cocaína era usada por pilotos alemães e aviadores franceses — seu efeito minimizava a ideia de risco. Mas a infantaria também fazia uso indiscriminado da droga. Antes do ataque a Galípoli, em abril de 1915, soldados australianos receberam doses consideráveis de cocaína. O Exército britânico usou extensivamente um medicamento disponível no mercado desde o início do século XX sob o nome comercial de Tabloid, "tabloide", ou Forced March, "marcha forçada". A droga, que continha cocaína e extrato de noz de cola, era manufaturada pela Burroughs Wellcome & Co., uma companhia farmacêutica londrina que também comercializava cocaína em comprimidos. Outro produto popular era o Ryno's Hay Fever, indicado para dor, vermelhidão e congestão nasal. Composto 99,9% de cocaína, o medicamento combatia a rinite alérgica, pois limpava as vias respiratórias, reduzindo o inchaço da mucosa e a secreção. Em julho de 1916, o Exército britânico proibiu o acesso de militares à cocaína, assim como à morfina, à heroína e ao ópio.

Sepultar os mortos era uma experiência mais repugnante do que enfrentar hospitais. Era comum que os corpos estivessem em estado de putrefação, com as faces negras, inchadas e cobertas por vermes. E fedendo horrivelmente! "Era preciso ter estômago", revelou Louis Maufrais, enfermeiro do Exército francês. Nem todos os soldados conseguiam enfrentar os horrores da frente de batalha. O medo da morte, o pânico causado pelo estrondo da artilharia e a visão de inimigos e companheiros despedaçados provocaram uma epidemia de doenças mentais que iam desde pequenos tremores incontroláveis a distúrbios gástricos, passando por paralisias, cegueira, alucinações, tiques, pesadelos e insônia. A medicina não estava preparada para os então chamados "choques de projéteis". O colapso mental que acometia muitos soldados era associado a danos cerebrais causados por barragens de artilharia pesada e gás. Apenas com o avanço da psicanálise é que se descobriu que o dano era emocional e não físico. No pós-guerra, aproximadamente 250 mil soldados de todas as nações foram declarados mentalmente incapacitados. Mas em campo de batalha, soldados apavorados, inaptos para o combate e, principalmente, desertores, eram julgados e invariavelmente condenados por covardia.

No primeiro ano da guerra, quando ainda se acreditava que o conflito não se estenderia por muito tempo, pouco mais de quinhentos soldados franceses desertaram. Em 1917, porém, já eram mais de 30 mil.

O abandono do serviço militar era considerado um crime grave, julgado por uma Corte Marcial e punido com a pena de morte, aplicada por um pelotão de fuzilamento. As execuções eram comumente realizadas ao amanhecer, quando o soldado era amarrado a uma estaca e tinha os olhos vendados. Um pano branco era colocado no bolso do casaco, na altura do coração, para orientar os atiradores. Entre os rifles do pelotão, alguns eram carregados apenas com balas de festim — um expediente para que o atirador não soubesse ao certo se dispararia o tiro fatal. O primeiro soldado britânico a ser executado, Thomas Highgate, enfrentou o pelotão de fuzilamento um mês após o início da guerra; tinha dezessete anos. A idade de muitos dos desertores. O judeu-polonês Abraham Bevistein, por exemplo, também tinha dezessete anos. "Fazia tanto frio na trincheira que me refugiei em uma granja", escreveu ele à mãe, "fui levado para a prisão e amanhã serei julgado. Vai dar tudo certo, não se preocupe". Na Itália, o general Luigi Cadorna atirava ele mesmo, sem qualquer julgamento, em soldados que hesitavam em combater. Na batalha de Caporetto, em 1917, ele teria matado um batalhão inteiro. Codorna também demitiu mais de duzentos generais entre 1915 e 1917 por não os considerar rígidos ou eficientes. Segundo os registros oficiais, 330 mil soldados italianos foram acusados de crimes militares (um para cada dezessete soldados), mais de 60% foram considerados culpados, 4 mil receberam penas capitais e 750 foram executados. Na Grã-Bretanha, foram 3 mil culpados e 346 execuções. Os franceses consideraram culpados 2 mil soldados, executando setecentos deles. A Alemanha culpou 150 e executou 48.[90]

SOLDADOS JUDEUS

Tão logo a guerra teve início, começaram a surgir críticas à comunidade judaica. Na Alemanha, afirmavam muitos, os judeus estariam fugindo das convocações, aproveitando-se da guerra para agir como operadores do mercado negro e do grande capital. O chanceler Theobald Bethmann-Hollweg chegou a ser chamado de "o chanceler dos judeus alemães". Para fazer calar vozes antissemitas, Kurt Alexander, editor de uma importante publicação judaica, escreveu em seu jornal: "É nosso dever sagrado fazer mais do que os outros. Cada judeu deve tentar tornar-se herói, não importa se na batalha ou em sua profissão civil". Em 1916, para atender aos apelos populares, o governo alemão fez um "censo judaico". O resultado, que provava que os judeus estavam tão engajados quanto os alemães cristãos (em verdade, proporcionalmente, muito mais engajados), nunca foi divulgado oficialmente. Às vésperas da Primeira Guerra, a comunidade judaica na Alemanha não era grande. Apenas 538 mil judeus viviam no país, que tinha como população total mais de 65 milhões pessoas. Segundo o diretor do escritório de estatísticas de Berlim, Jacob Segall, em um livro publicado quatro anos depois do fim do conflito, 84.352 judeus serviram no Exército alemão durante a Grande Guerra. Ou seja, mais de 15% da população judaica foi mobilizada para o esforço de guerra alemão — um número extraordinário, haja vista que entre 1885 e 1914 o Exército prussiano tinha recebido em suas fileiras 30 mil judeus. Do total, mais de 77% foram parar na linha de frente, pelo menos 10.073 como voluntários — incluindo Joseph Zippes, de apenas treze anos de idade. Mais de 2 mil eram oficiais, 29.874 foram condecorados e 19.545 promovidos; aproximadamente 12 mil morreram em combate.[91] Dos cerca de 10 mil pilotos alemães, 120 eram judeus, entre eles o tenente Wilhelm Frankl, laureado com a *Pour le Mérite*, a mais alta condecoração militar alemã, e o subtenente Fritz Beckhardt, que combateu com um avião que tinha a suástica pintada. "Estamos unidos, um povo, um exército", escreveu um poeta judeu-alemão.

Soldados judeus (alemães e austro-húngaros) celebram o Chanucá, em 1916. Cerca de 450 mil judeus lutaram com as Potências Centrais na Grande Guerra. Dos 538 mil judeus que viviam na Alemanha, mais de 84 mil serviram no Exército alemão durante a Grande Guerra.

Reprodução/S. Ajnwojner Collection/Jewish Museum

De qualquer forma, na Alemanha de Guilherme II, judeus oficiais era algo pouco comum. Em 1906, o país tinha mais de 33 mil oficiais na ativa, mas apenas dezesseis eram judeus. (No Exército prussiano, judeus convertidos ou cristãos com ascendência judaica tinham mais chances de se tornarem oficiais; o preconceito nessa época era religioso, e não racial.) Na Áustria-Hungria, porém, o governo de Francisco José era bem mais aberto à comunidade judaica. Apenas 4,5% da população do império tinha origem judaica, mas nas Forças Armadas os judeus representavam 8% do corpo de oficiais (entre eles seis generais e um almirante). Durante a Grande Guerra, aproximadamente 300 mil judeus serviram nas forças austro-húngaras, sendo 25 mil como oficiais (24 judeus chegaram ao posto de general e 76 atuaram como capelães); 25 mil morreram em combate, 76 receberam a Medalha de Ouro por bravura e 22 a Ordem da Cruz de Ferro de Terceira Classe.[92] Na totalidade, pelas Potências Centrais lutaram cerca de 450 mil judeus, sendo que 50 mil morreram em campo de batalha. Aproximadamente 150 mil judeus alemães também lutariam pela Alemanha nazista durante a Segunda Guerra (ver mais a respeito em *Histórias não (ou mal) contadas: Segunda Guerra Mundial*). Pela Tríplice Entente, combateram na Primeira Guerra pouco mais de 1 milhão de judeus; o número de mortos foi de 124 mil.

CAVALOS, POMBOS E CÃES

Nenhum animal foi mais utilizado durante a Primeira Guerra do que o cavalo. Os três países com maior número de divisões de cavalaria eram França, com dez divisões e 40 mil cavalos; Rússia, com 36 divisões e mais de 144 mil cavalos; e Alemanha, que possuía 49 divisões de cavalaria, contabilizando mais de 274 mil animais.[93] Mas os equinos não serviam apenas como arma de guerra; eram a principal força de tração para o transporte da artilharia, que ganhava mais espaço e importância do que em qualquer guerra anterior. Em 1914, um regimento alemão precisava de mais de 1,1 mil carretas de tração animal para se locomover, cerca de 250% a mais do que na Guerra Franco-Prussiana quatro décadas antes. A Grã-Bretanha entrou na guerra com 53 mil cavalos e chegou ao fim dela com 450 mil animais. Seu Corpo de Veterinários passara de 360 especialistas em 1914 para mais de 28 mil quatro anos depois. Um cavalo comia por dez soldados, e isso significava alimentação extra que também precisava ser transportada, exigindo, dessa forma, mais cavalos. O exército do general Alexander von Kluck, por exemplo, contava com 84 mil cavalos, o que exigia 900 mil quilos de forragem por dia. Para atender a demanda, os alemães ocupavam um quinto de seu sistema ferroviário para o transporte de alimento para cavalos (no caso do Exército russo era quase a metade). Isso explica o porquê de aproximadamente 2 milhões de cavalos e mulas terem servido apenas na Frente Ocidental, e de 8 milhões ser o número de equinos mortos durante a Primeira Guerra, em todos os teatros de operações. Em resumo, morreram mais cavalos do que seres humanos.[94]

Membros do 4º Regimento de Cavalaria indiana, integrante do Exército britânico, reconhecem o terreno em Vraignes, França, em abril de 1917. Aproximadamente 2 milhões de cavalos e mulas foram usados apenas na Frente Ocidental durante a guerra.

Reprodução/Library of Congress

Embora o sistema telegráfico e o rádio já existissem, era difícil operar os aparelhos em campos de batalha, além de os equipamentos estarem sujeitos às destruições das centrais e dos cabos devido ao fogo da artilharia. Sinalizadores, heliógrafos, semáforos e bandeiras também eram utilizados como meios de comunicação, mas dependiam de bom tempo. Por isso, quando a Primeira Guerra eclodiu, alemães, franceses, belgas e italianos tinham um sistema de pombos-correios bem desenvolvido. Havia inúmeros pombais com aves bem treinadas – pombos conseguem percorrer mil quilômetros por dia a uma velocidade média de noventa quilômetros por hora. Havia até pombais móveis, que eram usados quando as tropas avançavam ou recuavam. Somente os alemães utilizaram 30 mil pombos-correios durante a guerra. Os britânicos largaram atrás, mas organizaram rapidamente o "Serviço de Pombos-Correios" sob a liderança do coronel A.H. Osman, então editor da principal revista sobre as aves, a *The Racing Pigeon*. O Corpo de Informações Britânico enviava pombos-correios para as linhas de frente em balões equipados com mecanismos automáticos que liberavam cestas de aves em intervalos programados. Muitos espiões eram despachados para a Bélgica ou para a França levando às costas cestas com pombos-correios experimentados. A utilização de pombos-correios era tão comum, e o medo de que fossem usados para espionagem se tornou tão obsessivo ao longo do conflito, que um criador de pombos de Londres foi condenado a seis meses de trabalho forçado por manter sua criação sem licença. Suas 24 aves receberam pena de morte. Quando a guerra terminou, os britânicos tinham mais de 150 pombais em serviço, e os norte-americanos cinquenta. De um deles saiu um dos mais conhecidos heróis do país. Cher Ami atuava na 77ª Divisão do Exército norte-americano quando, em setembro de 1918, o batalhão do major Charles Whittlesey foi separado da força principal, em Argonne, e ficou cercado por tropas alemãs durante cinco dias. Depois de ter dois pombos-correios abatidos, Whittlesey soltou Cher Ami na esperança de que ele alcançasse o quartel-general norte-americano. O pombo voou por quarenta quilômetros, foi atingido diversas vezes, mas chegou ao destino para indicar a posição do "batalhão perdido". Cher Ami estava quase cego e com uma perna parcialmente decepada. Pelo ato de heroísmo, o pombo recebeu a Cruz de Guerra francesa e uma perna de madeira. Enviado de volta para os Estados Unidos, morreu em junho de 1919, sendo empalhado e exposto no Smithsonian, em Washington. Estima-se que mais de 500 mil pombos foram utilizados durante a guerra, dos quais 20 mil morreram em ação.[95]

Os cães também serviam como mensageiros, por vezes com máscaras para evitar as nuvens de gás. Seu campo de ação foi bem maior do que o dos pombos. Além de serem usados como mascotes e sentinelas, cumpriam funções perigosas como levar armas ou munição até as linhas de frente, mesmo sob fogo da artilharia, e auxiliavam a Cruz Vermelha a encontrar feridos em escombros ou montes de soldados mortos. Muitos exércitos também usavam cachorros para puxar carroças com cargas diversas, como metralhadoras pesadas, peças de artilharia e até mantimentos. É estimado que mais de 40 mil cães tenham servido às forças da Tríplice Entente. Um dos cães mais famosos da guerra foi Stubby, que "serviu" no 102º Regimento de Infantaria da 26ª Divisão do Exército norte-americano. Em dezoito meses, Stubby participou de dezessete batalhas na França, incluindo uma em que foi ferido com gás mostarda. Depois de se recuperar, voltou à ativa usando uma máscara projetada para cães. Em 1918, depois de capturar um soldado alemão, ele foi promovido a sargento – o primeiro animal a receber esse posto no Exército dos Estados Unidos. Depois da guerra, Stubby foi recebido pelo presidente Woodrow Wilson. Quando morreu, em 1926, foi empalhado e exposto no Smithsonian, junto com Cher Ami.

Unidades do Exército belga usam cachorros para transportar metralhadoras pesadas para a linha de frente. Aproximadamente 40 mil cães serviram às forças da Tríplice Entente, nas mais diversas funções.

REPRODUÇÃO/NATIONAL ARMY MUSEUM

7. ATRÁS DAS LINHAS: A GUERRA EM CASA

Pela primeira vez na história, populações civis longe das frentes de batalha sofreram com a guerra. O conflito de 1914-1918 mudou o comportamento sexual, provocou migrações em massa e fome generalizada. Na Alemanha, produtos básicos como café e pão desapareceram das prateleiras, a carne foi substituída por vegetais, o cigarro passou a ser feito com casca de raízes secas e as roupas com fibras de urtiga. Mais de 760 mil civis alemães morreram de fome durante a Grande Guerra.

Em 26 de agosto de 1914, batedores alemães foram vistos nos arredores de Paris. O Exército germânico chegara ao Marne e ameaçava perigosamente a capital. A cavalaria alemã tomou as pistas de corrida em Chantilly e movia-se em direção ao centro de Paris, de onde já era possível avistá-la da Torre Eiffel, a essa altura cercada com abrigos para metralhadoras. No começo de setembro o governo deixou Paris, levando consigo as reservas de ouro do Banco da França. A burguesia enterrou sua valiosa prataria nos jardins ou em locais seguros. No dia 6 de setembro o general Joseph Galliéni – veterano da Guerra Franco-Prussiana e já na reserva quando fora chamado para defender a capital – ordenou que toda a frota de táxis de Paris fosse convocada para levar tropas para os pontos mais frágeis do avanço alemão e ali atacar o inimigo. Galliéni era um herói improvável. Sobre ele, Lloyd George escreveu: "Um homem muito doente; pálido, encolhido e angustiado. A morte parecia expulsar as partículas de vida de suas veias". Ainda assim, a estratégia de Galliéni deu certo; uma frota de mais de quatrocentos táxis, carros particulares e ônibus foi reunida. Os automóveis eram quase todos do modelo da Renault, o Type AG, de 1905, que mal atingia quarenta quilômetros por hora. De qualquer forma, o inesperado meio de transporte militar, que também inclui bicicletas, conseguiu transportar 4 mil soldados de Pantin, no subúrbio de Paris, até Nanteuil, próximo à frente de batalha. O contra-ataque francês barrou a ofensiva alemã, mas os taxistas não deixaram de cobrar pela corrida — o salário de duas semanas. Paris fora salva pelo que ficou conhecido como "milagre do Marne". Galliéni, como esperado, morreu no ano seguinte, aos 67 anos.

PROPAGANDA EM TEMPOS DE GUERRA

Durante toda a guerra, a cidade de Paris correu o risco do cerco, transformou-se em abrigo para feridos e soldados exaustos dos combates e para refugiados de todo o país. O ódio antigermânico renasceu. A derrota da França em 1870-1871, o cerco e as humilhações sofridas por Paris quatro décadas antes fizeram surgir forte propaganda contra os "*Boches*", como os alemães eram chamados. "Parisienses comuns falavam dos hediondos *Boches* com cara de porco, matadores de bebês e canibais, que representavam a antítese dos valores civilizados", escreveu o jornalista e professor de literatura Andrew Hussey.[96] "Hunos", "selvagens" e "desonestos" eram outros adjetivos muitos usados contra os soldados germânicos. Lojas de suvenires e ambulantes vendiam de soldados de brinquedo a bandeiras, anéis e enfeites com as cores nacionais. Até mesmo personagens infantis das histórias em quadrinhos explodiam fábricas alemãs e atuavam como soldados ou enfermeiras. Canções como "A caça aos bárbaros" tornaram-se extremamente populares entre os jovens. O jornal mais vendido era o *Le Parisien*, mas muitos outros eram disputados logo que deixavam as prensas no cruzamento do bulevar Poissonnière com a rua Montmartre. Quando falsificações, histórias fantasiosas e sensacionalistas começaram a circular, o governo francês implantou a censura, proibindo que se informassem as ruas, casas e prédios bombardeados pelos alemães — e até que cartomantes e astrólogos fizessem previsões agourentas sobre o destino da França.

A propaganda era uma arma de guerra. Para o bem ou para o mal. Na Bélgica ocupada, o jornal patriótico *Libre Belgique* mantinha a chama da liberdade acesa chamando o governante militar alemão

Ludwig von Falkenhausen de "ave de rapina enviada para viver da palpitante carne da Bélgica", e se referindo ao kaiser como "Sua Satânica Majestade". Em Berlim, o governo criou o Escritório Central de Censura e o Escritório de Imprensa de Guerra, e a censura entrou em vigor em 1915; era proibido discutir sobre derrotas ou criticar comandantes militares, assim como escrever sobre políticos e políticas. A Alemanha, porém, pouco fez para desmoralizar o inimigo. Depois da guerra, o próprio general Erich Ludendorff reconheceu que a propaganda alemã fora extremamente ineficiente. Os britânicos se saíram bem melhor. A força dos jornais era tamanha que o governo da Grã-Bretanha tinha uma "Agência Secreta de Propaganda de Guerra", responsável por promover a simpatia internacional pela causa britânica assim como moldar a opinião pública na própria Inglaterra. O Escritório de Imprensa não era secreto, mas filtrava informações que o governo tinha dos campos de batalha e que deveriam ou não ser levadas ao conhecimento do público inglês. O escritório mantinha uma lista com cinquenta editores aos quais eram repassadas informações confidenciais com a identificação de "notícias D", e o modo como deveriam ser tratadas. Segredos militares e listas de mortos, por exemplo, não eram publicados. Com o tempo, o país criou um departamento próprio para gerenciar como as informações seriam passadas à população dos países estrangeiros.

O Diretório de Propaganda em Países Inimigos era coordenado por Alfred Harmsworth, lorde Northcliffe, diretor dos jornais *Daily Mirror* e *The Times*. Durante toda a guerra Northcliffe manteve uma linha duramente antigermânica, atacando a Alemanha e a Áustria-Hungria — o Império Otomano era da alçada do ministério da Informação, dirigido por Max Aitken, lorde Beaverbrook. Contando com jornalistas e escritores, como o célebre H.G. Wells, o departamento de Northcliffe era dividido por países inimigos, e além de divulgar informações falsas em jornais também imprimia folhetins a serem despejados sobre as linhas adversárias. Eram produzidos 1 milhão de folhetins por mês e 250 mil cópias diárias de um jornal em língua alemã. Em julho de 1918, o serviço inglês de inteligência jogou sobre as trincheiras alemães cerca de 2 milhões de panfletos de propaganda.

Não obstante os alemães terem atacado civis durante a ocupação da Bélgica – com certa dose de violência, é verdade, principalmente porque os germânicos sofriam de verdadeira paranoia com a possibilidade de ser mortos por franco-atiradores –, muito dos relatos apresentados nos jornais ingleses e franceses serviam para incutir ódio pelo invasor e eram obra dos homens de Northcliffe. Histórias sobre uma enfermeira que tivera os seios decepados, uma criança belga com as mãos cortadas e soldados ou civis crucificados circulavam em quase todos os periódicos, mas tinham muito pouco de realidade.[97] Entre as muitas mentiras que o *The Times* fez circular estava a de que prisioneiros ingleses eram tatuados com uma águia alemã no rosto e que uma fábrica na Alemanha produzia sabão com os corpos dos soldados e civis mortos. A história só foi desmentida oficialmente em 1925.

A troca de acusações pela imprensa internacional também envolveu o caso do *RMS Lusitania*, afundado por um submarino alemão em 1915. Os ingleses e norte-americanos alegaram que o navio transportava apenas passageiros, mas, com ficou provado mais tarde e era alegado pelos alemães na época, a embarcação carregava também 73 toneladas de munição para o Exército britânico. Sobre o mesmo caso, histórias de que a Alemanha havia criado uma medalha para homenagear o capitão do submarino, Walther Schwieger, circularam em vários jornais da época, mas não passava de propaganda enganosa. A maioria dessas mentiras foi desmascarada por lorde Arthur Ponsonby, parlamentar britânico e contrário ao envolvimento da Inglaterra na guerra, em um livro publicado em 1928, *Falsehood in war-time* [A falsidade em tempos de guerra]. A experiência de Ponsonby durante a Grande Guerra permitiu que ele identificasse um grupo de ideias que foi largamente utilizado na época e ainda hoje é usado por marqueteiros políticos: nós não queremos a guerra; o adversário é o único responsável pela guerra; o adversário é um ser execrável; nossos fins são nobres; o adversário comete atrocidades arbitrariamente, as nossas são equívocos involuntários; o adversário utiliza armas ilegais; nossas perdas são pequenas se comparadas às do adversário; artistas e intelectuais apoiam nossa causa; os que colocam em dúvida nossas informações são traidores.

FOME NA EUROPA

Com a Grande Guerra, pela primeira vez na história um conflito afligia populações civis distantes das frentes de batalha; e como nunca antes visto, moradores de áreas livres de combate também estavam envolvidos diretamente com o esforço de guerra. Diferente das contendas anteriores, com objetivos específicos e limitados, a primeira grande guerra do século XX era ilimitada.[98] Tudo e todos estavam envolvidos de alguma forma no que a imprensa francesa chamou, em 1917, de *la guerre totale*, "a guerra total". Em diversos lugares da Europa, a população civil se viu em meio a exércitos combatentes, proposital ou involuntariamente. Em setembro de 1914, uma inocente menina de apenas treze anos chamada Rosa Zenoch foi atingida por estilhaços e perdeu uma perna ao tentar carregar água aos feridos na batalha de Rawa-Ruska (hoje na Ucrânia, então parte do Império Austro-Húngaro). Em Viena, ela foi condecorada com a medalha da Cruz Vermelha e recebeu uma prótese doada pelo imperador.

Na França, o racionamento de alimentos para a população foi instaurado em 1917. A ração diária de pão, por exemplo, foi limitada a 280 gramas. No Reino Unido, a restrição chegou somente em 1918, na fase final da guerra. Na Europa Central, porém, a crise econômica se instaurou tão logo os britânicos deram início a um bloqueio naval que impedia a chegada ao continente tanto de matérias-primas para a guerra quanto de bens de consumo. Aproximadamente 60% do comércio marítimo estava nas mãos da Tríplice Entente — só os ingleses detinham 43% do mercado —, enquanto as Potências Centrais possuíam apenas 15%. "A Alemanha efetivamente padeceu de um déficit absoluto mais sério que a França e a Grã-Bretanha", observou o historiador David Stevenson. Antes da guerra, um quarto do consumo de alimentos do país provinha de importações. Em pouco tempo, a população civil alemã começou a sentir os efeitos do bloqueio. Em 1915, o racionamento foi instaurado e os preços dos alimentos subiram 415%. A indústria química alemã, a mais avançada da época, aliou criatividade e enorme capacidade de adaptação para criar o que os alemães chamaram de produtos *Ersatz*, "substitutos", que iam desde matérias-primas estratégicas até roupas, passando pela alimentação básica. O café não era café, o alumínio foi falsificado, as bandagens passaram a ser de papel e os botões começaram a ser fabricados em madeira. O primeiro produto a faltar na mesa alemã foi o pão, motivo pelo qual nasceu o chamado *Kriegsbrot*, feito de farinha de batata, feijão, ervilha, castanha-da-índia e trigo-sarraceno. O "pão de guerra" era palatável somente após alguns dias depois de assado, mas tinha a vantagem de poder ser consumido mesmo depois de uma semana. O café também ganhou um substituto feito de cevada, aveia tostada e um produto químico derivado do alcatrão; o produto, porém, era tragável apenas com leite, e quando os cereais começaram a faltar, foi substituído por outro feito com nabo e cenoura, entre outras coisas — ao todo, 511 produtos foram registrados como alternativos ao café. O chá foi substituído por brotos de faias e pinha; o chocolate, por ervilhas tostadas, aveia e um produto químico extraído do alcatrão, para deixar o gosto semelhante. Obtido do carbono, o alcatrão passou a ser a base de mais de 440 produtos químicos usados na medicina e no tratamento de resíduos, além da própria alimentação. O tabaco era feito de raízes e cascas secas de batata. A carne animal foi totalmente substituída por cereais ou vegetais, surgindo então a "costela de carneiro" (nada mais que uma massa à base de arroz amassado, cozida em gordura de ovelha e enfeitada com um osso falso de madeira) e os "bifes" (elaborados com farinha de milho, espinafre, amendoim, batata e ovos). Mais de 830 preparados foram registrados e aprovados como alternativas à carne na fabricação de salsichas.[99] Para substituir o algodão usado na confecção de roupas, os alemães desenvolveram um tecido à base de fibra de urtiga (que também era usada como alimento) e outro à base de papel e linho, utilizando o mesmo maquinário empregado na fabricação de papel para jornais. A aspereza era reduzida com tratamento químico.

Em 1916, com o "programa Hindenburg", toda a economia alemã foi direcionada para o esforço de guerra — aproximadamente 2 milhões de homens foram dispensados do serviço militar para auxiliar na indústria de armamentos, número maior do que o total de soldados envolvidos na Guerra Franco-Prussiana.[100] Os gastos públicos com a guerra saltaram de 18% para 76% do PIB — na Grã-

-Bretanha chegou próximo dos 70%. Mesmo quando havia alimento, faltava transporte, todo direcionado ao uso das tropas. As indústrias, quase todas à serviço do Estado e militarizadas, passaram a produzir mais e somente para o Exército; as matérias-primas destinavam-se à fabricação de armamentos, sendo todo o carvão utilizado na produção do aço. O estanho substituiu o cobre e demais metais — no caso das telhas de cobre, elas foram substituídas por telhas de folha de flandres. As caçarolas de alumínio deram lugar às panelas de ferro e as moedas de níquel foram substituídas por moedas de ferro. "Produtos de mentira para um mundo de mentira", escreveu o historiador sueco Peter Englund. Com o recrutamento de camponeses e agricultores, a produção de alimentos caiu drasticamente. Quem permaneceu no campo vendia seus produtos no mercado negro, muito mais lucrativo. Pelo menos metade dos ovos e da carne de porco produzidos na Áustria e na Alemanha foi parar no mercado negro. A ração diária civil foi reduzida para que se pudesse alimentar os soldados na linha de frente. Em 1914, cada habitante na Alemanha tinha direito a 145 gramas de carne por dia. Em 1918 a cota era de apenas 28 gramas. Estudantes, como Heinrich Beutow, eram tirados das escolas para fazer o levantamento de todos os víveres de casas e fazendas, a contagem de cabras, ovelhas e coelhos. "Todos pareciam estar criando coelhos por causa da falta de carne", relatou ele.

Com o carvão direcionado para a produção de aço e o corte nas importações de petróleo e parafina, usada na fabricação de velas, a economia de energia também era extremamente necessária. A ideia surgida no final do século XVIII, de adiantar os relógios na primavera e atrasá-los no outono, precisou ser posta em prática — a Alemanha não tinha alternativas. Teve início a campanha "Usem a luz do Sol!". Em 1916, o governo alemão decretou que no dia 30 de abril todos os relógios do país fossem, obrigatoriamente, adiantados em uma hora. O *Sommerzeit*, "horário de verão" alemão, gerou uma hora extra de luz diária e o sucesso germânico foi rapidamente seguido por outros países. O Reino Unido aplicou o novo horário no mês seguinte, e os Estados Unidos adotaram vários fusos horários a partir de 1918.

Por extrema necessidade, a Alemanha precisou desenvolver um complexo sistema de reciclagem. O lixo doméstico era separado por materiais de acordo com a finalidade de cada um. As sobras de comida, quando havia, eram destinadas à alimentação dos animais. Mas nos anos finais da guerra, quando o país estava à beira de um colapso, era comum ver os mais pobres revirando pilhas de lixo em busca de algo para comer. O inverno de 1917-1918 foi o "inverno da fome" na Alemanha; também foi chamado de *Kohlrübenwinter*, "inverno do nabo", o único alimento disponível em maior quantidade.[101] Os alemães comiam nabo na sopa e como salada, havia mingau de nabo, pudim de nabo, geleia de nabo, bolinho e purê de nabo. Para o preparo era usada gordura rançosa; para disfarçar o cheiro, dar gosto ou evitar o enjoo, quando possível o nabo era cozido com cebolas ou maçãs. A falta de gordura e de uma dieta variada aumentaram as enfermidades intestinais. Estima-se que civis e militares alemães tenham perdido aproximadamente 20% do seu peso. Em Viena, na Áustria, o peso médio das crianças de nove anos baixou de trinta quilos para pouco menos de 23 quilos. O embaixador alemão observou em 1917: "O povo dos subúrbios de Viena está morrendo de fome". Um oficial na embaixada estadunidense relatou que havia "filas de mulheres e crianças pobremente vestidas" aguardando pelo leite. "Os retardatários voltaram para casa de mãos vazias e os felizardos não receberam mais do que a metade do que esperavam".[102] No final da guerra, a capital consumia apenas 70 mil litros de leite por dia, bem menos do que os 900 mil consumidos antes da guerra. (Na França, os leiteiros foram pegos comercializando leite misturado com água. Uma averiguação policial descobriu que quase 60% do leite era diluído com água das fontes públicas.)

"Pobres bebês! Só pele e osso, morrendo de fome", relatou Elfriede Kuhr, uma jovem alemã que ajudava no hospital infantil de Schneidemühl, então na Prússia, hoje Polônia. "Que olhos grandes eles têm! Quando choram, ouve-se apenas um som fraco. Um dos meninos não viverá por muito tempo. Seu rosto lembra o rosto seco de uma múmia".[103] Em 1918, a mortalidade infantil havia dobrado na Alemanha. A de mulheres saltou de 11% em 1916 para 30% em

1917. A de idosos havia subido 33% em relação ao ano da eclosão da guerra. Aproximadamente 762 mil civis alemães morreram por desnutrição ou por enfermidades causadas pela fome durante a Primeira Guerra Mundial — mais de 80 mil no primeiro ano do conflito e 290 mil no último, quando as perdas civis pela fome já estavam próximas às dos soldados em combate. O bloqueio naval britânico só foi levantado em julho de 1919, alguns dias antes de os alemães assinarem o Tratado de Versalhes. A Alemanha havia assinado o armistício e a guerra tinha acabado há oito meses. Durante esse tempo, estima-se que cerca de 250 mil civis alemães tenham morrido de fome.

Berlinenses reviram o lixo à procura de comida. Aproximadamente 762 mil civis alemães morreram por desnutrição ou por enfermidades causadas pela fome devido ao bloqueio naval britânico durante a Primeira Guerra Mundial.

HISTORICA GRAPHICA COLLECTION/HERITAGE IMAGES/GETTY IMAGES

MUDANÇAS DE COMPORTAMENTO

Na Alemanha, com metade dos homens entre dezesseis e sessenta anos servindo no Exército, a quantidade de casamentos despencou. O número de nascimentos, que quase chegara aos 2 milhões em 1900, foi reduzido a pouco mais de 900 mil nos dois anos finais da guerra.[104] Uma mulher alemã tinha, em média, seis filhos em 1913; cinco anos depois, dava à luz apenas um.

Os longos períodos de ausência masculina elevaram o número de casos de onanismo, homossexualidade e relações extraconjugais — fenômenos antes proibidos e considerados imorais. A prostituição e a ocorrência de doenças venéreas se multiplicaram. O número de meninas envolvidas com soldados aumentou, assim como o de mulheres casadas ou mais velhas. Concepções fora do casamento e abortos ilegais tornam-se comuns. Tudo em nome do que se considerou "compaixão por aqueles que podem ser feridos ou mortos no front" — ou seja, dar iniciação ou satisfação sexual, talvez a última, a jovens e homens que eram enviados para a morte. (Mais de um terço da população masculina alemã entre dezenove e 22 anos morreu durante a Grande Guerra.)

Uma mulher de Treuen, na Saxônia, escreveu em 1917 para um oficial comandante pedindo que o esposo fosse liberado temporariamente da guerra: "Embora meu marido esteja em campo há apenas quatro meses, gostaria de solicitar que lhe fosse concedida uma licença, por causa de nossa relação sexual. Gostaria de ter meu marido uma única vez para satisfazer meus desejos naturais. Não posso viver desse modo. Não posso suportar."[105] Não querendo trair o esposo e tendo respeito aos filhos, sendo "impossível buscar outras formas de satisfação", ela garantia ao oficial que depois de saciada, "poderei me controlar até que sejamos vitoriosos". O oficial Kurt Zehmisch respondeu seis dias depois: "Tenho muitos homens em minha companhia que estão longe de seus lares há praticamente um ano. Para ser justo com esses homens, peço-lhe que seja paciente por mais uma ou duas semanas. Então, poderei adicionar seu marido à nossa lista de homens que sairão de licença". Outro caso inusitado, para dizer o mínimo, ocorreu em 1915: o proprietário de um cinema ficou sabendo que um oficial do Exército planejava surpreender a esposa com o amante no intervalo de uma sessão. Para evitar qualquer escândalo, ele indicou uma saída pelos fundos, que deveria ser usada logo que as luzes fossem apagadas. Para espanto geral, mais de trezentos casais deixaram o recinto. A fim de evitar problemas como esse, "Ivy", a namorada do soldado britânico John Bateman Beer, do 22º Regimento de Londres, enviou-lhe uma carta em setembro de 1917: "Meu caro

Jack, ao longo do último mês, empenhei-me para juntar coragem suficiente para escrever-te e dizer que está tudo acabado entre nós. Não há dúvida de que me achará terrivelmente grosseira e até mesmo leviana por escrever isso quando estás longe de casa [...] Quando partiste, disse que te amava muito, e isso, de fato, era verdade, Jack, mas muita coisa parece ter acontecido desde então [...] Jack, não posso evitar amar Charlie".[106]

A carta de uma esposa ao marido, um soldado turco, revela o desespero de quem permanecia à espera de informações e ajuda: "Humildemente imploro que me contes a respeito de tua abençoada saúde. Tua filha envia-te seus especiais salamaleques e beija-te as mãos. Desde que partiste, não me encontrei com ninguém. Desde a tua partida, não tenho tido paz. Desde então, tua mãe não parou de chorar. Estamos todos muito mal. Tua esposa afirma para si mesma: 'Enquanto meu marido estava aqui, tínhamos alguns meios', desde a tua partida, não recebemos nada. Por favor, escreva logo e mande o que puder. Todos os teus amigos beijam-te as mãos e pés. Que Deus te guarde e nos proteja dos desastres desta guerra. Tua esposa, Fátima".[107] Não é possível saber se o marido de Fátima respondeu a ela, a carta foi encontrada junto ao corpo dele em um campo de batalha.

Quando a mão de obra ficou escassa em alguns setores, o governo francês permitiu que empresas contratassem trabalhadores estrangeiros. Aproximadamente 100 mil chineses foram admitidos para algum tipo de serviço na Frente Ocidental. Os cules (de "*coolie*", como eram chamados os trabalhadores braçais asiáticos) recebiam um ou dois francos por dia, trabalhavam dez horas diárias, sete dias por semana, algo inaceitável para os franceses. A Alemanha teve menos pudor: usou como mão de obra escrava a população civil dos territórios ocupados ou mesmo soldados aliados capturados.

Nem todos, no entanto, eram usados como operários, gerando uma enorme massa humana desocupada e mal alimentada. O caçador de montanha do Exército italiano Paolo Monelli, preso em um campo para prisioneiros em Hart, próximo a Innsbrück, Áustria, escreveu sobre como era a vida: "Somos apenas cadáveres inquietos, que deixam suas sepulturas para dar uma caminhada com outros mortos. Ódio dos camaradas com quem os austríacos nos obrigam a ter intimidade, um odor terrível causado por quinhentos prisioneiros, um rebanho faminto e egoísta, corpos jovens destinados à ociosidade e à masturbação".[108] As diferentes origens causavam estranhamentos. Os alemães, por exemplo, mantinham em um campo em Zossen, próximo a Berlim, prisioneiros negros, indianos e muçulmanos – para os quais, inclusive, foi construída uma mesquita. Em Ruhleben, havia *sikhs*, africanos e malaios, boa parte detida no mar após ataques da Marinha Imperial. O fotógrafo britânico Percy Brown relatou o que viu, com certa dose de preconceito: "Muitos homens de cor tocavam, cantavam e dançavam. Sua vida era um concerto contínuo". Em muitos lugares do interior, camponeses levavam a família para passear aos fins de semana e espiar detentos nos campos de prisioneiros. Simpatia pelas aflições dos estrangeiros era vista como demonstração antipatriótica, e relações íntimas eram proibidas, pelo menos formalmente. Uma inglesa que teve um filho com um soldado alemão morto na França teve recusado seu pedido de pensão; o governo não queria alimentar o filho de um inimigo.

Com o fim da Grande Guerra e uma guerra civil sendo travada na Rússia, as deportações e migrações em massa atingiram aproximadamente 5 milhões de europeus. Só de russos eram mais de 1,5 milhão, mas ainda havia 300 mil armênios e milhares de outras minorias étnicas perambulando sem rumo e sem pátria. Eram tantos os chamados "sem Estado" ou "apátridas" que foi necessário criar um salvo-conduto especial, o "passaporte de Nansen". Concebido pelo norueguês Fridtjof Nansen, o documento era reconhecido por dezenas de nações, permitindo que refugiados pudessem encontrar abrigo e trabalho em países que não eram os seus de origem.

Grupo de refugiados em Paris, França. Com o fim da Grande Guerra e uma Guerra Civil sendo travada na Rússia, migrações em massa atingiram aproximadamente 5 milhões de europeus.

REPRODUÇÃO/LIBRARY OF CONGRESS

INVESTIMENTOS

Somente entre 1914 e 1916 o Reino Unido vendeu à Rússia mil aviões, 250 canhões pesados, 27 mil metralhadoras, 1 milhão de rifles, 8 milhões de granadas, 200 mil toneladas de explosivos e 2,5 bilhões de cartuchos de bala. Britânicos e franceses, por sua vez, compravam armamentos nos Estados Unidos – teoricamente, um país neutro, mas que vendia armamento tanto para a Inglaterra quanto para a Alemanha. Hidroaviões, submarinos e canhões pesados eram transportados em segredo pelo Atlântico por meio de navios disfarçados ou sob escolta de belonaves britânicas – como no caso do *RMS Lusitania*.

A Alemanha, por sua vez, tentou de diversas formas financiar e municiar todo e qualquer movimento revolucionário no Império Britânico ou em seus territórios. Aproximadamente 500 mil revólveres, 100 mil rifles e 200 mil caixas de munição foram comprados pelo governo alemão nos Estados Unidos e remetidos para os *sikhs* na Índia, além de dinheiro e oficiais para o treinamento de tropas;

o armamento só não chegou ao destino porque o navio que o transportava foi aprisionado pelos italianos. O governo do kaiser enviou dinheiro para que os bengalis se libertassem dos britânicos. Por meio da Espanha, os alemães também enviaram dinheiro e rifles para os rebeldes que lutavam para libertar o Marrocos da França. Em 1916, conversações secretas para uma paz em separado russo-alemã, realizadas na neutra Estocolmo, Suécia, entre o industrial alemão Hugo Stinnes e o vice-presidente da Duma, Aleksandr Protopopov, não chegaram a termo. Um dos motivos foi a decisão do kaiser e do general Ludendorff em proclamar um novo país que faria fronteira com as duas nações: o reino da Polônia, com capital em Varsóvia, ficaria livre dos russos (o que acabou se concretizando mais tarde, após o fim da guerra). A Alemanha passou a manter contato com os adversários de Nicolau. Os bolcheviques, que tramavam a queda do império, receberam apoio e dinheiro do Reich alemão e conseguiram seu objetivo.

Em janeiro de 1917, o ministro alemão das Relações Exteriores Arthur Zimmermann enviou um telegrama ao embaixador da Alemanha em Washington, o conde Johann von Bernstorff, que deveria ser repassado ao plenipotenciário alemão na Cidade do México Heinrich von Eckardt. Se os Estados Unidos entrassem na guerra contra a Alemanha, Von Eckardt estava autorizado a oferecer aos mexicanos ajuda alemã, financeira e bélica, para que o país norte-americano recuperasse os territórios perdidos para os Estados Unidos depois da guerra de 1846-1848 (o Arizona, o Novo México e o Texas). O documento, enviado por rádio pelo serviço diplomático sueco e pelo próprio serviço diplomático alemão, foi interceptado pela inteligência britânica e entregue às autoridades estadunidenses, que o tornou público em 1º de março. Dois dias depois Zimmermann confirmou a autenticidade.[109]

Ao final de quatro anos, os Estados Unidos saíram vitoriosos não apenas no campo militar, mas também e principalmente no econômico. Os Aliados deviam a Washington mais de 2 bilhões de dólares. Para se ter uma ideia do que isso representava, antes da guerra todo o ouro de Alemanha, França e Grã-Bretanha juntas chegava aos mesmos 2 bilhões de dólares.

Os gastos totais do conflito são estimados em mais de 208 bilhões de dólares. Entre as grandes potências, a Alemanha havia gastado 47 bilhões; a Grã-Bretanha, mais de 43 bilhões; os Estados Unidos, 36 bilhões; a França, 28 bilhões; a Rússia, 16 bilhões; e a Áustria-Hungria, pouco mais de 13 bilhões.[110]

8. POGROMS NA RÚSSIA, GENOCÍDIO NA TURQUIA

Antes que Hitler desse início à sua campanha antissemita na Alemanha dos anos 1930, os judeus eram perseguidos e vítimas de pogroms na Rússia tsarista. Durante a Grande Guerra, campanhas de "faxina" expulsaram ou assassinaram milhões de judeus no Leste Europeu. Enquanto isso, na Anatólia, outro genocídio era praticado no Império Otomano, onde cerca de 1,5 milhão de armênios foram mortos por um programa de "reassentamento" étnico levado a cabo por autoridades turcas.

Para muitos judeus, em muitos lugares do mundo, o período que compreende a metade final do século XIX e os primeiros anos do século XX foi uma época áurea, como poucas até então. Em muitos países europeus, eles eram reconhecidos como cidadãos. No Império Habsburgo, o imperador José II promulgou a Lei de Tolerância em 1781, abolindo uma série de restrições impostas aos judeus havia séculos. A revolução de 1848 derrubou as últimas barreiras e, um ano depois, o jovem imperador Francisco José I garantiu plenos direitos aos judeus austríacos. A nobreza considerava o comércio e o ramo das finanças, assim como alguns outros ofícios, incondizentes e indignos de seu *status*, o que permitiu que judeus cultos e empreendedores ascendessem socialmente e alcançassem posições de destaque na sociedade austríaca. A população judaica era pequena, mas seus membros representavam 50% dos alunos de medicina e quase 60% dos de direito. Um ramo da poderosa família de banqueiros Rothschild vivia em Viena, onde também residia Karl Wittgenstein, o magnata do aço austríaco e pai do filósofo Ludwig Wittgenstein. Todos os jornais liberais da capital pertenciam a judeus — o principal deles era editado pelo jornalista Karl Kraus. A elite culta e intelectual vienense era quase toda judia. Escritores como Stefan Zweig, Hugo Hofmannsthal e Arthur

Schnitzler; e os músicos Gustav Mahler, Alban Berg e Arnold Schoenberg provinham todos de famílias de origem judaica. Eram judeus também Sigmund Freud e o celebrado escritor Franz Kafka. (Em que pese boa parte deles ter se convertido ao protestantismo ou se desligado do meio religioso; eram chamados de "judeus assimilados". Freud, por exemplo, estava tão adaptado à cultura germânica que a família decorava a casa com um pinheiro no Natal e coloria ovos na Páscoa.)

Na Alemanha não era diferente. A Prússia – o Estado de língua alemã que liderou a formação da Alemanha, em 1871 – foi um dos primeiros Estados europeus a emancipar os judeus, em 1812. Dos cem homens mais ricos na Prússia, em 1910, 29 deles eram judeus. Em Berlim, eles eram dez entre os onze mais ricos. "Somente uma pequena proporção de judeus era rica, mas o número de judeus entre os super-ricos era desproporcional", observou o historiador britânico Martin Kitchen.[111] Judeus se destacavam também como artistas, políticos, pensadores e cientistas; Albert Einstein, Max Born, Fritz Haber e Paul Ehrlich eram todos oriundos de famílias judaicas; os Mendelssohn viviam a gerações na Alemanha e haviam dado ao país banqueiros, músicos e eruditos.

Até o final do século XIX, o antissemitismo ainda estava associado à religião (e ao mantra medieval "os assassinos de Cristo"), e não a questões raciais, como se verá mais tarde, especialmente nos anos 1920. Por isso, muitos haviam renegado a religião e a própria história. O banqueiro e barão Moritz von Hirsch, o judeu mais rico de Viena depois da família Rothschild, investiu uma fortuna em projetos de emigração de judeus para a Argentina: "Toda a nossa miséria vem de judeus que querem subir demasiadamente alto", afirmou ele. Karl Kraus, convertido ao catolicismo e depois ao protestantismo, era conhecido com um "extraordinário judeu antissemita". O filósofo alemão Karl Marx era filho de judeus convertidos ao luteranismo e desdenhava do judaísmo (que ele acreditava dar valor demasiado às questões financeiras e à necessidade de burlar as leis), e não raro usava termos como "judeuzinho" para desafetos como Ferdinand Lassalle. Para o historiador judeu Bernard Wasserstein, a assimilação dos judeus à cultura nacional dos países onde viviam levou comunidades tradicionais "à beira de um colapso terminal".[112]

Os anos 1880, no entanto, marcaram a guinada em direção a um antissemitismo mais radical. Na Alemanha, começaram a surgir partidos antissemitas, e na Áustria-Hungria, o herdeiro do trono, arquiduque Francisco Ferdinando, era conhecido por nutrir ódio visceral aos judeus. O prefeito de Viena, Karl Lueger, era antissemita e descobriu que podia facilmente mobilizar as massas por meio de velhos ressentimentos contra judeus. Mesmo sem o apoio do imperador Francisco José, ele foi eleito em 1897, permanecendo no cargo até sua morte em 1910, com altos índices de popularidade. A capacidade de articulação política de Lueger marcou profundamente um jovem que se mudara para a capital em 1907: Adolf Hitler.

Na França, por outro lado, vivia uma grande e promissora comunidade judaica europeia. A Revolução Francesa, em 1789, havia concedido direitos iguais aos judeus e, embora tenham passado por períodos de turbulência ao longo do século XIX, um provérbio iídiche — a língua germânica dos judeus da Europa Central e Oriental — afirmava que felicidade era ser "feliz como um judeu na França". Pelo menos até o chamado "Caso Dreyfus" ganhar manchete nos jornais e dividir o país.

Em 1894, o capitão Alfred Dreyfus, um irrepreensível oficial judeu do Estado-Maior do Exército francês, foi apressadamente condenado por uma Corte Marcial e enviado para a colônia penal na Ilha do Diabo, na América do Sul. A inteligência francesa havia interceptado uma carta anônima endereçada ao adido militar alemão em Paris. A correspondência continha segredos militares. A traição foi atribuída a Dreyfus, mas em 1896 descobriu-se que fora forjada pelo major Charles Esterhazy, o verdadeiro espião e traidor. Ainda assim, com as novas provas ocultadas pelo Exército, a sentença foi mantida. A França ficou dividida entre os que eram anti-Dreyfus (defensores do comando pela lei e a ordem militar) e os que eram seus partidários (que acreditavam que a lei não poderia ser mantida senão em associação com a verdade e a justiça natural), como o escritor Émile Zola. (Outro que acompanhou o caso de perto foi jornalista austro-húngaro Theodor Herzl, que, sensibilizado pela situação dos judeus europeus, criaria o movimento sionista e a ideia de um Estado judeu independente.) As discussões em torno do caso reacenderam o antissemitismo adormecido e inflamaram os ânimos nacionalistas que marcariam o período pré-Primeira Guerra Mundial no país.

Em 1904, um escândalo envolvendo uma lista de oficiais católicos e antirrepublicanos divulgada por maçons anticlericais acirrou o debate em torno do Exército. Um nacionalista francês disparou: "Um grupo de maçons, judeus e estrangeiros está tentando desacreditar o exército para entregar nossa nação aos ingleses e aos alemães".[113] Dreyfus foi trazido à França em 1899 e um segundo julgamento acabou por inocentá-lo, em 1906. Durante esse período surgiu a "Liga da Pátria Francesa", liderada pelo poeta Charles Maurras – nomes famosos como Edgar Degas, Auguste Renoir e Júlio Verne estavam entre os membros da organização. Maurras também era editor de um jornal de orientação nacionalista, antiprotestante, antimaçônica e antissemita, e que faria eco inclusive no Brasil: *L'Action française*, "A ação francesa".

Mas, apesar de presente na Europa Ocidental, em nenhum outro lugar o antissemitismo era mais virulento do que no Leste Europeu, onde vivia a maior comunidade judaica do mundo.

POGROMS

Quando Alexandre III assumiu o trono russo em 1881, ele restabeleceu o regime autocrático e impôs uma série de "contrarreformas" à política modernizadora do pai, o tsar reformador que havia libertado os servos russos em 1861. Alexandre promoveu a censura de imprensa, proibiu a contratação de cidadãos envolvidos com movimentos políticos e aboliu a autonomia universitária, não permitindo que pessoas de origem humilde estudassem ou tivessem mobilidade social. Além disso, intensificou o processo de "russificação" de regiões que integravam o Império, como a Polônia, a Finlândia e áreas no Cáucaso. Línguas regionais foram proibidas e adeptos de religiões não ortodoxas (a Igreja Ortodoxa era a Igreja oficial do Estado), como católicos, protestantes, muçulmanos e, em especial, judeus, foram discriminados e perseguidos.

Na Rússia, ações violentas contra judeus eram comuns desde o século XVII. Em 1648, o líder cossaco Bogdan Khmelnítski massacrou entre 20 mil e 100 mil judeus na Ucrânia – eviscerados e decapitados, com crianças fatiadas, assadas e comidas na frente de mães estupradas.[114] Pedro, o Grande, tsar fundador da Rússia moderna, achava que os judeus não passavam de “patifes e enganadores”. O próprio Alexandre III se referia aos judeus como “os assassinos de Cristo” — quando seu pai sofreu um atentado a bomba e veio a falecer em 1881, o boato espalhado era que o “tsar de Deus” fora morto por judeus. Tentativas de expulsá-los já haviam ocorrido em 1727 e 1740. As “Leis de Maio”, de 1882, limitaram as áreas de assentamentos e um sistema de cotas restringiu o acesso de judeus às escolas de ensino médio e universidades; com anuência do Estado, a comunidade judaica foi vítima de uma onda de ataques a propriedades e assassinatos violentos.[115] Uma nova palavra começou a circular para se referir às ações antissemitas: *pogrom* (do russo *gromit*, “destruir”). Alexandre deu ordens para que os judeus fossem expulsos de Moscou e do Exército. A Grande Sinagoga foi fechada e as mulheres receberam autorização para permanecer, mas apenas se fossem registradas como prostitutas. Teve início uma emigração em massa — na década seguinte, milhares de judeus deixariam a Rússia anualmente; até 1914, 2,5 milhões haviam emigrado.

Em 1903, um pogrom ocorreu em Kishinev, na Bessarábia (hoje Moldávia), após a acusação de que uma criança cristã havia sido morta e seu sangue usado por judeus para preparar o *matzá*, pão sem fermento consumido durante a Páscoa judaica. Histórias como essas surgiram em Norwich, na Inglaterra do século XII; casos semelhantes atingiram Gloucester, Bury St. Edmunds e Winchester. Desde então se espalharam pela Europa e Oriente Médio. Chamadas de os “libelos de sangue”, consistiam em disseminar provas falsas contra judeus, que eram acusados de matar cristãos para rituais macabros. Em Kishinev, na onda de violência que durou dois dias, mulheres foram estupradas, cerca de setecentas casas foram destruídas, mais de noventa judeus ficaram gravemente feridos e pelo menos 47 foram assassinados.

Na Rússia, o antissemitismo estava tão arraigado à cultura do país que dentro do movimento nacionalista extremado União do Povo Russo, cujo lema era “Tsar, Fé e Pátria”, havia uma milícia denominada “Centúrias Negras”, responsável por atacar revolucionários e judeus. O grupo chegou a contar com 300 mil membros. Foi nesse meio que surgiram, em 1903, os *Protocolos dos sábios de Sião*, suposto relatório de uma reunião secreta de líderes judeus que planejavam dominar o mundo articulando guerras e revoluções, o controle da economia e a disseminação do ateísmo e do liberalismo econômico. A primeira versão saiu, de forma seriada, no jornal *Znamya*, "A Bandeira". Era provavelmente uma criação da polícia secreta do tsar, a *Okhrana*, com base em dois livros publicados nos anos 1860 e dirigidos contra o imperador francês Napoleão III (e sem qualquer ligação com os judeus). A versão mais conhecida, no entanto, foi publicada em 1905 como apêndice do livro *Os grandes e os pequenos: a vinda do anticristo e o domínio de satã na Terra*, do escritor e místico russo Sergei Nilus. Não demorou para que o livro fosse identificado como embuste, o que não impediu sua publicação em várias línguas e a propagação do antissemitismo. O tsar Nicolau II, que, como afirmou um assessor, tinha "ódio feroz aos judeus", continuou a acreditar na originalidade da obra e lê-la mesmo depois de sua abdicação, em 1917.

Uma família de judeus da Galícia fugindo do avanço do Exército russo. A Rússia tinha uma história recente de pogroms quando a Grande Guerra teve início em 1914. Desde o final do século XIX, milhões de judeus foram assassinados, desalojados e deportados em ações orquestradas pelo governo tsarista ou com a sua anuência.

GETTY IMAGES

Em fevereiro, maio e setembro de 1905, distúrbios e greves políticas sacudiram a Rússia. A dura repressão do governo provocou uma onda de matança. Pressionada, a autocracia, no entanto, aceitou a convocação de um parlamento e assinou a paz com o Japão, com quem o país estava em guerra desde o ano anterior. Na esteira da violência da revolução fracassada, 15 mil opositores do regime tsarista foram assassinados; os judeus estavam entre os principais alvos. O ministro do Interior, Piotr Stolípin, prometeu "afogar a revolução em sangue judeu". Em outubro, mais de 3 mil foram assassinados em quase setecentos pogroms. Em Odessa, a ação foi insuflada por panfletos antissemitas impressos pela própria polícia: oitocentos judeus morreram, 5 mil ficaram feridos e mais de 100 mil foram desabrigados. Segundo o primeiro-ministro conde Serguei Witte descobriu mais tarde, era o próprio ministério do Interior, com anuência do tsar, que editava e publicava os panfletos.

Em 1911, o corpo do menino Andrei Iuschiski foi descoberto nos arredores de Kiev e as Centúrias Negras alegaram que o sangue da criança fora drenado por ritualistas judeus. Mesmo sem provas, a polícia prendeu Mendel Beilis. Segundo a historiadora e biógrafa Miranda Carter, o governo do tsar forjou acusações "na expectativa de que o antissemitismo popular contribuísse para mobilizar os russos leais ao governo", e o próprio Nicolau II presenteou o juiz do caso com um relógio de ouro na tentativa de influenciar o veredito.[116] Após dois anos preso, Beilis foi inocentado, mas, com base em "especialistas científicos", um tribunal em Kiev atestou que o ritual de sangue de crianças cristãs era uma tradição judaica. Os treze ferimentos encontrados em Iuschiski, usados para drenar o sangue, confirmariam a teoria; o número treze era mágico para os judeus.

Apesar dos pogroms e da onda emigratória, quando a Grande Guerra estourou em 1914 ainda havia na Rússia quase 5 milhões de judeus. Do outro lado de sua extensa fronteira viviam muitos outros milhões. Na Galícia, então pertencente ao Império Austro-Húngaro, havia aproximadamente 1 milhão de judeus. Quando o gigantesco Exército russo começou a ofensiva contra as forças do imperador Francisco José, os civis judeus foram as principais vítimas dos saques e assassinatos. Os cossacos que compunham a cavalaria russa provocaram uma migração em massa já em agosto de 1914. Quem não conseguiu fugir sofreu as consequências da invasão: mortes, roubos e estupros. Teve início uma nova onda de pogroms. Vilarejos judaicos foram destruídos e propriedades judaicas confiscadas. O Exército russo aprisionou cerca de mil judeus ricos, tomados como reféns como meio de extorsão.

Outros 50 mil foram deportados para a Rússia, nos longínquos Turquistão ou Sibéria.[117] O mesmo ocorreu com os judeus que viviam na Polônia ou nos Países Bálticos, que então estavam sob o domínio do Império Russo. Em outubro de 1914, os judeus serviram de bode expiatório para o sucesso alemão na fronteira da Rússia com a Prússia Oriental. Judeus foram atacados em Vilna, Grodno e Bialystok. Em Tłuszcz, quando um trem que transportava um regimento russo parou na estação da cidade, antes de chegar à linha de frente, os soldados desceram e saquearam lojas de comerciantes judeus. Em Lublin, ocorreu o mesmo. "Os soldados sabiam que sua palavra valeria mais que a de um judeu, e mesmo o assassinato de judeus assaltados quase sempre ficava impune", observou o historiador Josh Samborn.[118]

Em janeiro de 1915, o grão-duque Nikolai Nikoláievitch, comandante em chefe do Exército russo, e o general Nikolai Ianuchkévitch, chefe do Estado-Maior do Stavka, o quartel-general supremo do Exército, ordenaram que todo o teatro de operações sofresse uma "faxina", limpando da área "todos os judeus e indivíduos suspeitos". Nikoláievitch, um gigante de dois metros de altura, apelidado de "Nicolacha, o terrível", tão antissemita quanto o tsar, afirmou que os judeus eram "elementos indesejáveis", de "mentalidade moral desagradável, eles são fracos, covardes e sem senso de dever".[119] Judeus falantes do iídiche foram aprisionados e os suspeitos de traição executados. Mais tarde, quando os exércitos do kaiser começaram a empurrar os russos de volta para o leste, a tática de "terra arrasada" promoveu a expulsão de aproximadamente meio milhão de judeus — além dos judeus, cerca de 740 mil poloneses, 300 mil lituanos e 250 mil letões foram deportados; no começo de 1917, havia quase 6 milhões de desalojados. Até mesmo Nicolau se comoveu ao ver "multidões de judeus" em trens abarrotados, com os restos de seus pertences e crianças pequenas.

Em 1916, a enfermeira inglesa Florence Farmborough, que atuava no Exército russo, comentando sobre a população civil na parte austríaca da Galícia, escreveu que "a situação dos judeus que vivem em Chortkov é lamentável. Eles são tratados com hostilidade vingativa".[120] O Exército invasor requisitou todas as casas de judeus possíveis. Às vezes, vinte ou trinta soldados cossacos ocupavam o mesmo lugar. "Até a palavra 'judeu' é algo obsceno para os soldados russos", observou Farmborough. E não é de estranhar, já que a própria família imperial russa costumava fazer piada e deboche dos judeus — a tsarina Alexandra tinha como hábito desdenhar dos "judeus odiosos e podres", e o tsar usava o termo "judeu" para adjetivar tudo o que era ruim.[121]

Na Palestina, quinhentos judeus russos emigrantes foram expulsos pelo comandante turco Djemal Paxá e deportados para o Egito. Em Jerusalém, Djemal prendeu e expulsou os principais líderes sionistas de um comitê que estava dando apoio aos otomanos: David Ben-Gurion e Yitzhak Ben-Zvi. Os dois foram enviados para o porto de Jafa com a recomendação de que fossem "banidos definitivamente do Império Turco". Depois de alguns anos nos Estados Unidos, ambos retornaram à Palestina — então sob domínio britânico, após a Primeira Guerra. Mais tarde, com o fim da Segunda Guerra, Ben-Gurion lideraria o movimento pela criação do Estado de Israel, sendo primeiro-ministro do novo país entre os períodos de 1948-1953 e 1955-1963.

Em 1917, os judeus saudaram a Revolução Bolchevique como o prenúncio da emancipação e o fim das perseguições. Muitos dos principais líderes bolcheviques russos eram judeus, entre eles Grigori Zinóviev, braço direito de Lênin, e Liev Trótski, criador do Exército Vermelho e um dos principais nomes da Revolução. Eram judeus também Iákov Sverdlov, presidente do Comitê Central do Partido Comunista; Maxim Litvinov, comissário das Relações Exteriores; Karl Radek, comissário de Imprensa; e Lazar Kagonovich, assessor de Stálin e mais tarde comissário da Indústria. (A avó materna de Lênin era judia, mas a informação era desconhecida na época e só foi confirmada muito tempo mais tarde.) Além da Rússia, nomes judeus lideraram movimentos ou governos de esquerda na Europa Central: Kurt Eisner e Rosa Luxemburgo na Alemanha, Victor Adler e Otto Bauer na Áustria e Béla Kun na Hungria.

O entusiasmo com o movimento revolucionário levou muitos judeus a aderir ao socialismo, a fazer parte da administração e da polícia soviéticas — em Kiev, na Ucrânia, por exemplo, aproximadamente 75% dos integrantes da Tcheka, a polícia política, tinham origem judaica. Embora, de modo geral, a maioria dos judeus não fizesse parte de movimentos e ações revolucionárias, com o tempo e a propaganda antissemita o judaísmo passou a ser associado ao bolchevismo e judeu virou sinônimo de comunista. O que não deixa de ser curioso, já que antes da revolução os judeus eram vistos como exploradores das massas trabalhadoras e a encarnação do capital financeiro.

Os pogroms não terminaram com a queda do tsar e o armistício de 1918. Com a guerra civil essas ações continuaram e em maior escala. "Os judeus são odiados em toda parte", escreveu um sociólogo russo, "são odiados independentemente de sua classe ou educação, opinião política, raça ou idade".[122] Na Ucrânia, mais de 1,3 mil pogroms assassinaram entre 50 mil e 60 mil judeus. A onda antissemita atingiu também a Hungria e regiões ao leste do rio Danúbio, onde mais de 3 mil judeus foram mortos em 1922. Na década seguinte, na Polônia, onde então se concentrava a maior população judaica da Europa, e na Alemanha nacional-socialista, o antissemitismo seria institucionalizado e um novo termo surgiria para o assassinato em massa: Holocausto. (Ver mais sobre o Holocausto em *Histórias não (ou mal) contadas: Segunda Guerra Mundial*.)

GENOCÍDIO ARMÊNIO

No final do século XIX, o que restara do outrora grandioso Império Otomano englobava uma pequena margem de terra no norte da África (principalmente o Egito, perdido para a Inglaterra em 1882), a parte sul dos Bálcãs (a Albânia e partes da Grécia e Bulgária atuais) e o Oriente Médio (os territórios atuais de Turquia, Síria, Palestina, Israel, Líbano, Iraque, Jordânia e partes da Arábia Saudita). Possessões turcas foram tomadas por Áustria-Hungria e Rússia, suas tradicionais inimigas, e, mais tarde, por franceses e ingleses. De qualquer forma, mesmo diminuído e espoliado, o Império comportava uma grande diversidade étnica e religiosa, o que invariavelmente era motivo de tensões e distúrbios.

O Império Otomano era composto principalmente por turcos e árabes muçulmanos, com minorias religiosas como judeus, ortodoxos gregos e siríacos e armênios cristãos — todos eles divididos em grupos menores, étnicos e tribais. Seguidores das religiões monoteístas que aceitavam o que o islamismo reconhecia como revelações anteriores ao profeta Maomé — os cristãos entre eles —, eram tolerados e agrupados no chamado *millet*. Essa comunidade político-religiosa não tinha os mesmos direitos dos cidadãos que seguiam o islã, mas estava sujeita aos próprios líderes desde que suas leis não conflitassem com as do Estado muçulmano. A liberdade religiosa e a autonomia comunal, no entanto, implicavam fidelidade ao Império, com obrigações como o serviço militar ou público compulsório.

Considerada a primeira nação cristã do mundo (em 301 d.C.), a Armênia fora subjugada ao longo do tempo por bizantinos, persas e, em um último momento, pelos turcos, no século XIV. No século XVIII, o país foi dividido entre Pérsia, Império Russo e Império Otomano. Dentro deste último, os armênios eram uma minoria bastante numerosa que vivia principalmente na parte oriental da Anatólia, entre os lagos Van e Sevan. A comunidade era considerada uma *millet-i Sadika*, uma "*millet* fiel" ao Estado muçulmano. Tanto que durante o século XIX os otomanos chegaram a indicar e ter como ministro de Relações Exteriores um armênio. Mas a decadência e a fragmentação do decrépito Império Otomano despertou na comunidade cristã o desejo de uma Armênia independente. Nos anos 1890, a crescente hostilidade étnica e religiosa, principalmente por parte de tribos curdas – com anuência otomana –, proporcionou o surgimento de ações armadas e rebeliões. Várias organizações, como a *Dashnak*, a "Federação Revolucionária Armênia", e o Partido Hunchak, passaram a mobilizar uma insurreição geral e a procurar apoio de potências estrangeiras, em especial da Rússia, onde vivia parte da comunidade armênia.

Os não muçulmanos começaram a ser chamados de "tumores" dentro do Império. Entre 1894 e 1896, uma repressão brutal assassinou mais de 80 mil armênios, muitos deles pelos *Hamidiye*, uma tropa irregular organizada com permissão do sultão Abdul Hamid II para combater os armênios e seus simpatizantes. "Os ataques de surpresa e a guerra entre cristãos, isto é, armênios, e muçulmanos, isto é, turcos, circassianos e aldeões e nômades curdos, tornaram-se endêmicos", escreveu o especialista em história do Oriente Médio Bernard Lewis.[123] Os massacres continuaram na década seguinte. Depois da derrubada do sultão pelos modernizadores "Jovens Turcos", em 1908, o Império seguiu o "racismo científico" baseado no positivismo do filósofo francês Augusto Comte e em teorias raciais que começavam a circular e se tornar populares no começo do século XX – o médico turco Mehmet Resid, por exemplo, acreditava que os armênios eram "micróbios perigosos" que deviam ser exterminados. O triunvirato de Mehmed Talaat, Ahmed Djemal e Ismail Enver, os "Três Paxás", instaurou um regime que tinha como proposta eliminar a influência da religião na vida política do país e criar um Estado étnico, puramente turco. Para a historiadora inglesa Karen Armstrong, Talaat, Djemal e Enver não eram fanáticos religiosos como comumente se costuma pensar, mas secularistas confessos.[124] Quando a ideia de independência armênia amadureceu em 1909, com a derrubada do sultão muçulmano, o Império dos Jovens Turcos reagiu assassinando 20 mil armênios no episódio conhecido como "Massacre de Adana", nome da província otomana que foi palco das atrocidades.

Após breve pausa, quando a Primeira Guerra estourou, as perseguições e massacres reiniciaram. Em dezembro de 1914, o tsar Nicolau II visitou a frente no Cáucaso e garantiu ao líder da Igreja armênia que "um futuro brilhante" esperava pelos cristãos armênios que viviam na Turquia. A derrota do Exército otomano diante das tropas russas na região foi vexatória e os Três Paxás atribuíram o desastre militar à traição armênia. De fato, pelo menos cinco batalhões de armênios voluntários lutaram ao lado dos russos. Insurreições de nacionalistas armênios nas localidades de Zeitun (Süleymanli) e Van aumentaram a ira dos governantes otomanos, que acusaram a população armênia de deslealdade para com o Império. Em Van, a catedral de São Paulo foi destruída por ordem do governador turco por abrigar atiradores armênios. O venezuelano Rafael de Nogales, voluntário servindo na cavalaria otomana, escreveu que "em apenas um dia, Van perdeu seus mais importantes templos, que durante novecentos anos estiveram entre os mais famosos monumentos históricos".[125]

Em 24 de abril de 1915, cerca de trezentos líderes políticos e intelectuais armênios foram presos e levados a Ancara para serem executados; entre eles estavam os redatores do *Azadamard*, o principal jornal em língua armênia no Império, deputados do parlamento, doutores e professores universitários. Os soldados armênios que serviam no Exército otomano foram obrigados a entregar rifles, pistolas e todas as armas em seu poder. Em seguida, foram deslocados para batalhões de trabalho – os chamados *amélés* – e enviados para cidades como Harpurt, onde deveriam construir estradas. Mas o envio de contingentes desarmados e desprotegidos para áreas ocupadas por muçulmanos apenas permitiu que execuções fossem levadas a cabo sem o menor controle do Estado. Em verdade, era essa a real intenção do projeto. O embaixador estadunidense no Império Otomano, Henry Morgenthau, escreveu que "não apenas os homens curdos desceram as montanhas para atacar aquele regimento faminto e enfraquecido, mas as mulheres também surgiram com seus facões para ganhar crédito junto a Alá por matar cristãos".[126]

No começo de maio, a Lei de Transferência e Reassentamento foi promulgada, mas a palavra "reassentamento" não passava de um eufemismo para deportações e assassinato em massa de *giaours*, como os muçulmanos designavam todos os infiéis. O governo otomano estimou que 2 milhões ou mais de armênios poderiam ser reassentados nas fronteiras do Império, mas o que se viu não foi o deslocamento de uma população, e sim uma limpeza étnica. No dia 18, os governos de Rússia, França e Grã-Bretanha denunciaram publicamente as deportações e massacres. O governo otomano foi responsabilizado por "crimes contra a humanidade e a civilização" — usada pela primeira vez, a expressão entraria para a história —, mas Istambul respondeu que estava apenas se defendendo de movimentos revolucionários instigados pela Tríplice Entente.

Em junho, o programa otomano já havia se transformado em barbárie. Em Bitlis, próximo ao lago Van, o massacre durou oito dias e matou 15 mil armênios. Em Siirt, mais ao sul, centenas de cristãos armênios foram assassinados. Nestorianos e jacobitas tiveram o mesmo fim. Nogales observou "montanhas de cadáveres", corpos seminus e ensanguentados, dispostos uns sobre os outros. "Das gargantas cortadas escorria sangue", escreveu ele. "Bandos de abutres bicavam os olhos dos mortos e dos moribundos, cujos olhares parados pareciam ainda refletir o horror e a dor que haviam sentido. Cães, com suas afiadas presas, devoravam corpos que ainda pulsavam de vida".[127] Localidades armênias nas províncias de Erzerum, Dyarbekir, Kastamonu, Sivas e muitas outras sofreram o mesmo infortúnio.

Os massacres e atrocidades assustaram os próprios aliados turcos; alemães e austríacos decidiram protestar. Walter Rossler, o cônsul alemão em Alepo, pressionou Berlim para que interviesse acionando autoridades otomanas contra a política cruel que estava sendo praticada na Anatólia. O protesto foi infrutífero. Durante toda a primavera e o verão de 1915 a população cristã foi deportada ou massacrada. De todos os lugares do Império — com exceção das grandes cidades, como Istambul, Esmirna, Alepo e Jerusalém — os armênios foram enviados em grupos para o deserto sírio e para a Mesopotâmia. Os *kaghakatsi*, como eram chamados os armênios residentes em Jerusalém, onde estava localizado o quartel-general do Oitavo Exército Otomano, foram destituídos dos cargos púbicos, mas permaneceram em aparente segurança. Quando os sobreviventes das deportações da Anatólia chegaram à cidade, foram residir no bairro armênio, onde receberam permissão para ficar no convento de são Tiago. No restante do Império, a polícia otomana espalhou cartazes por aldeias armênias indicando locais públicos onde as famílias, despojadas de seus pertences e propriedades, eram obrigadas a se entregar. A polícia caiu sobre eles "como a erupção do Vesúvio caiu sobre Pompeia", escreveu Morgenthau.

Corpos de crianças armênias, mortas em um projeto de "reassentamento" de minorias étnicas do governo otomano. Cerca de 1,5 milhão de armênios foram sistematicamente assassinados durante a Grande Guerra. "Não há palavras nos dicionários para qualificar o terror", escreveu um poeta armênio.
GETTY IMAGES

Igrejas foram saqueadas, altares destruídos, cerimônias cristãs ridicularizadas e religiosos espancados nas ruas. Pelo menos cinco bispos foram mortos, além de 126 dos 250 sacerdotes — das dezesseis dioceses, restaram apenas três; e após a guerra a sede do patriarcado em Cilícia foi transferida para Beirute, no Líbano. O tenente do Exército otomano Hasan Maruf relatou que forças imperiais reuniram os armênios em uma igreja e depois a incendiaram. Prisioneiros turcos que haviam presenciado o ocorrido ficaram horrorizados e enlouqueceram. Soldados russos afirmaram que após vários dias "o odor da carne humana queimada ainda impregnava o ar". Cristãos que escondiam armas ou eram suspeitos de manter armamento sofriam com torturas. Uma prática comum era bater nas solas dos pés dos detidos com um bastão; com o tempo, os pés inchavam e estouravam, necessitando de amputação. Outros métodos de tortura incluíam arrancar as sobrancelhas e a barba "quase fio por fio": "Arrancavam as unhas das mãos e dos pés, queimavam o peito da vítima com ferro, dilaceravam sua carne com alicates incandescentes e derramavam manteiga fervendo nas feridas". Como se isso não bastasse, os turcos pregavam as mãos e os pés das vítimas a pedaços de madeira, numa alusão à crucificação de Cristo.[128] Mulheres eram despidas, espancadas e constantemente estupradas. "Vi milhares de mulheres e crianças inocentes colocadas em barcos que foram emborcados no Mar Negro. Outras foram jogadas amarradas no Eufrates", escreveu Giacomo Gorrini, cônsul italiano em Trabzon.

Os que escaparam dos massacres foram enviados para o deserto, onde se transformavam em "esqueletos ambulantes e imundos" marchando para a morte. Com pouco acesso a comida ou água, dizimados pelo tifo, disenteria e cólera, milhares de armênios morreram pelo caminho. Os deportados eram constantemente assediados pela polícia otomana ou por grupos criminosos; mulheres, crianças e idosos passaram fome, foram envenenados, sufocados ou queimados. Uma das caravanas que deixou Harpurt em direção a Alepo, a quinhentos quilômetros de distância, contava inicialmente com cerca de 18 mil pessoas, mas só 150 chegaram a seu destino. O restante havia morrido pelo caminho; as mulheres e garotas mais atraentes haviam caído nas mãos de curdos e turcos para servirem como escravas sexuais ou, as que tiveram mais sorte, como esposas. Homens entre quinze e setenta anos eram amarrados em grupos de quatro e obrigados a marchar por horas até chegarem a vales isolados, onde camponeses turcos davam livre vazão à sede de matança, utilizando como armas de ataque porretes, martelos, ceifadeiras, machados, pás e serras. Os corpos mutilados eram deixados ao ar livre para que fossem devorados por animais selvagens. Um observador notou que na fronteira da Mesopotâmia, em *Tell Armeni*, além de cadáveres em decomposição em cisternas, poços e reservatórios, havia "corpos insepultos por todos os lados, alguns debaixo de pedras, de onde se via um braço ou uma perna já roídos pelas hienas". (*Tell Armeni* pode ser traduzido como "entulho de armênios".)

Em um relatório do governo norte-americano, uma sobrevivente de nome Zarouhi contou ao príncipe Argutinsky que "sentia arrepios ao pensar nas centenas de crianças mortas pelos turcos a golpes de baionetas e jogadas no Eufrates, e nos homens e mulheres que foram despidos, amarrados às centenas, mortos a tiros e, depois, atirados no rio". Eram tantos os mortos, descreveu ela, "que, em uma curva do rio perto de Erzinghan, os milhares de cadáveres criaram uma barragem tão grande que o Eufrates mudou de curso por cerca de cem metros".[129] Em seu livro de memórias, Morgenthau afirmou não revelar os "detalhes mais terríveis" do genocídio armênio, pois o relato completo das "orgias sádicas" sofridas por aquele povo não seria publicado em um livro na América. Os horrores foram documentados em fotografias pelo médico do Exército, e também escritor e defensor dos direitos civis alemão, Armin Wegner. Suas imagens estão entre as mais conhecidas do genocídio. Em 1933, Wegner travaria outra luta inglória: tentou persuadir Hitler a parar com a perseguição aos judeus.

Tentando salvar os refugiados, a França enviou cinco navios de guerra à costa síria, de onde 4 mil sobreviventes dos massacres foram levados em segurança até Port Said, no Egito. O gesto humanitário pouco pôde fazer. Em sete meses, 600 mil armênios foram assassinados e outros 400 mil pereceram durante as marchas forçadas. Para se livrarem das torturas e sofrimentos, aproximadamente 200 mil armênios converteram-se ao islã. "Tão grandes são a angústia e o sofrimento dos armênios, tão odiosos e sem precedentes, que se devem considerar a infinidade e a insondabilidade do universo para classificá-los", escreveu o poeta Avetik Isahakian. "Não há palavras nos dicionários para qualificar o terror; não há um único poeta que encontre palavras".

O governo otomano tentou conter os excessos — pelo menos algumas autoridades. Cerca de 1,4 mil julgamentos civis e militares condenaram alguns poucos à morte por crimes cometidos contra deportados. Nada que diminuísse o número de mortos. Cálculos modernos estimam que aproximadamente 1,5 milhão de armênios tenham sido massacrados. Documentos do próprio governo otomano da época estimam em 1 milhão o número de deportados. O historiador britânico Arnold Toynbee calculou em 1,1 milhão as vítimas, com 600 mil mortos e outro meio milhão de sobreviventes. Os governos aliados chegaram a números semelhantes, variando entre 1 milhão e 1,2 milhão. O número apresentado pela delegação armênia na Conferência de Paz de Paris, de 1919, apontava para algo em torno de 700 mil mortos. Morgenthau calculou que "pelo menos 600 mil pessoas foram aniquiladas, podendo esse número chegar a 1 milhão".

Em um congresso da *Dashnak*, de 1919, os armênios decidiram organizar uma operação de vingança. Shahan Natalie, cuja família havia sido assassinada nos massacres, foi encarregado de planejar e executar a "Operação Nêmesis" — uma alusão à deusa grega da justiça e da vingança. Em três anos, os principais responsáveis políticos pelo genocídio armênio foram mortos pela Nêmesis: o ex-grão-vizir Said Halim foi assassinado na Itália, Talaat em Berlim e Djemal executado em Tbilisi, na Geórgia. Dois deles, Talaat e Djemal, haviam feito parte do triunvirato que dirigiu o Império Otomano durante a Primeira Guerra Mundial. O terceiro membro do governo, Enver, morreu na Rússia, na mesma época, em circunstâncias nunca devidamente esclarecidas.

Depois da guerra, com a criação da República da Turquia, Mustafá Kemal completou a "modernização" do país. Embora admirado no Ocidente como um líder muçulmano esclarecido, Kemal era um ditador que detestava o islã — que ele descrevia como "cadáver putrefato". O político substituiu o fez turco pelo chapéu-coco, a escrita árabe do islã por outra adaptada do alfabeto latino, adotou o calendário gregoriano do Ocidente, confiscou as propriedades dos líderes religiosos, desautorizou suas ordens e aboliu a Sharia, que era a base legal da sociedade muçulmana, substituindo-a por um código civil semelhante ao de países europeus. Proibiu expressões e palavras em árabe e persa e as trocou por expressões populares turcas. Por fim, declarou o califado inválido. Ainda que não tivesse mais autoridade política, o califado estava historicamente ligado à comunidade muçulmana e ao profeta Maomé. Kemal completou o expurgo étnico-religioso iniciado antes da Primeira Guerra Mundial promovendo a deportação de cerca de 1,3 milhão de gregos cristãos que viviam na Turquia para a Grécia; 400 mil turcos muçulmanos foram obrigados a fazer o caminho inverso.

9. MULHERES NA GUERRA

Quando a Grande Guerra de 1914-1918 teve início, as mulheres já travavam a própria guerra havia décadas: ocupar seu lugar na sociedade. Aos poucos, a ideia da inferioridade feminina – física e intelectual – perdeu espaço. Com a chegada do novo século, elas conquistaram o direito de estudar, votar, trabalhar e até lutar em campos de batalha. Mas elas continuaram sofrendo, como acontece desde a Antiguidade, com estupros e prostituição.

Até 1903, os prêmios Nobel da Paz e da Literatura atraíam ampla cobertura da imprensa mundial, mas os dedicados às ciências (Física, Química e Medicina) tinham pouca repercussão porque eram considerados incompreensíveis para a população em geral. Naquele ano, no entanto, a indicação de uma mulher para a premiação mudou a imagem da ciência e da própria mulher.

Marya Skłodowska nasceu em Varsóvia, então parte do império dos tsares, em 1867. Em 1891, depois de deixar uma paixão da juventude e o trabalho como doméstica, ela chegou à França para se matricular na Universidade de Paris – tinha pouco dinheiro no bolso, um pequeno baú, a cadeira desmontável que usara para poder se sentar no vagão de quarta classe do trem que a trouxera e uma mente brilhante. Quatro anos depois, ela se casou com Pierre Curie, diretor de um laboratório de química e física, e passou a assinar Marie Curie, nome pelo qual passaria à história. O Prêmio de Física de 1903, por "pesquisas conjuntas sobre fenômenos da radiação", ela dividiu com o marido e Henri Becquerel. Virou uma celebridade, embora mais por ser mulher do que pelo intelecto. Em 1911, já viúva, ela recebeu o Prêmio Nobel de Química, devido à descoberta do rádio. Pela primeira vez um cientista era laureado com dois prêmios Nobel. Naquele momento, porém, a imprensa conservadora francesa estava ocupada em atacá-la, não obstante ela ter se transformado em uma respeitada cientista. Curie estava tendo um romance com um homem casado, o físico Paul Langevin. Em um país cada vez mais antissemita e nacionalista, ela foi acusada de ser judia (o que não era verdade) e estrangeira, e insultada como "a Vestal do Rádio" e "ladra de maridos!".[130] Langevin divorciou-se da esposa apenas para se reconciliar pouco depois; aos homens tudo era permitido. Curie seguiu seu próprio caminho.

Quando eclodiu a Grande Guerra, a cientista esqueceu as ofensas, reuniu seu estoque de rádio e percorreu Paris solicitando equipamentos em laboratórios e dinheiro às mulheres ricas. Com permissão do ministério da Guerra, ela deu início à montagem de um serviço móvel de raios-X. Em novembro de 1914 seu "petit Curie" estava pronto e a tempo de atender os feridos da batalha do Marne. Até o final do conflito ela conseguiria organizar duzentas estações de raios-X nas frentes de combate, treinaria 150 técnicas e atenderia um milhão de soldados. A França nunca reconheceu o trabalho dela durante a guerra. Curie morreu de leucemia, em 1934.

INCAPAZES?

Em 1848, na esteira das revoluções que varriam o continente europeu, um grupo de mulheres fundou, em Viena, a primeira associação democrática feminina. O objetivo era combater o assédio masculino e a perseguição que o movimento feminista sofria por parte de membros da imprensa. No mesmo ano, em Nova York, outro grupo de mulheres organizou uma entidade que tinha como finalidade protestar contra a exclusão feminina do sufrágio e do sistema educacional. Na América, as ações do então incipiente movimento feminista se multiplicaram, mas na Áustria-Hungria de Francisco José e em muitos países do Velho Mundo as mulheres foram proibidas de formar organizações e pertencer a sindicatos e partidos políticos. Para o senso comum, a mulher devia permanecer sob a tutela do homem, mas vozes contrárias já começavam a ser ouvidas, ainda que isoladas. Em 1861, o britânico John Stuart Mill defendeu a igualdade dos sexos em *A sujeição das mulheres*, afirmando que as diferenças eram uma consequência da criação do homem, não algo biológico ou natural. Mas a teoria revolucionária de Mill não vingou e a mulher continuou sendo vista como incapaz tanto pela sociedade quanto pela ciência, principalmente depois que, em 1894, Henry Havelock Ellis publicou *Man and woman* [Homem e mulher], uma defesa "científica" da inferioridade feminina com base em sua constituição biológica — somente três décadas mais tarde Ellis reconheceria o erro. No final do século XX, as mulheres austríacas haviam conseguido o direito de frequentar as universidades de medicina do país, e Bertha Papenheim liderava um bem articulado movimento feminista na Alemanha, mas a ideia de uma sociedade não patriarcal ainda causava mal-estar em muita gente. Em 1905, estudos sobre o cérebro humano e testes de QI não encontraram provas de que os homens fossem mais inteligentes que as mulheres. O determinismo biológico começou a declinar, mas ainda imperava em vários lugares e era defendido por muitos cientistas renomados. Em 1906, o médico alemão Wilhelm Fliess escreveu em *Der Ablauf des Lebens* [O curso da vida], sua obra mais importante, que "na vida mental da mulher a lei da indolência domina; ela recebe passivamente e nada acrescenta de si". Dois anos depois, Fritz Wittels, da Sociedade Psicanalítica de Viena, publicou um artigo intitulado "A posição natural das mulheres", repleto de ideias antiquadas e pseudocientíficas, mas que recebeu do amigo Freud total apoio. "Uma mulher não pode se sustentar e, ao mesmo tempo, educar os filhos", afirmou o pai da psicanálise.[131] Enquanto a ciência debatia se a mulher era ou não inferior ao homem, os direitos civis avançavam. Nos Estados Unidos, as mulheres de Wyoming tinham conquistado o direito ao voto em 1869, enquanto as de Colorado, Idaho e Utah haviam logrado sucesso no início dos anos 1890. Na Nova Zelândia o sufrágio feminino foi admitido em 1893, sendo o primeiro país a conferir esse direito político em termos nacionais. Na Europa pré-Grande Guerra, países como Finlândia e Noruega foram pioneiros na concessão do direito ao voto às mulheres. A Inglaterra, que fora um dos berços do movimento sufragista na década de 1830, só permitiu o voto feminino em 1918, ainda assim apenas às mulheres casadas, maiores de trinta anos e com nível universitário. Apenas em 1928 o Parlamento inglês aprovaria a igualdade de condições.

No mercado de trabalho as mudanças eram mais significativas. Durante a *Belle Époque* a mulher deixou de se dedicar apenas ao emprego doméstico e ao trabalho nas fábricas de tecidos e roupas, passando a ocupar espaços que se caracterizariam como femininos nas décadas seguintes: lojas e escritórios. Era um avanço e tanto. Na

Alemanha, havia 32 mil vendedoras de lojas no começo da década de 1880; em 1907 já eram 174 mil. Na Grã-Bretanha, funcionárias no comércio passarà m de 6 mil para 146 mil. Em 1917, quase 20% das mulheres alemãs casadas trabalhavam, enquanto quase metade das francesas na mesma situação tinham alguma ocupação fora de casa. As inglesas, por outro lado, avançaram de forma mais lenta, e só alcançaram essa porcentagem na década posterior à guerra. O aumento e a melhoria nos sistemas de educação primária também atraíram muitas mulheres para o magistério. Não obstante o baixo salário, a profissão era preferida aos serviços domésticos. A condição de professora garantia *status* e independência, principalmente às solteiras, já que a maioria era obrigada a deixar o cargo ao se casarem.[132] Em países como Estados Unidos e Inglaterra, lecionar passou a ser uma ocupação essencialmente feminina.

Mulheres trabalhando em uma fábrica de munição na Inglaterra, em 1916. O sexo feminino na indústria de armamentos quadriplicou durante a Grande Guerra.

Reprodução/National Army Museum

ESFORÇO DE GUERRA

A Primeira Guerra deu início a algumas transformações, embora as maiores mudanças viessem a ocorrer apenas na Segunda Guerra. A necessidade de enviar um número crescente de homens para as frentes de combate permitiu que as mulheres ocupassem cargos e postos antes exclusivamente masculinos. "Sem mulheres, não há vitória rápida", afirmou o político britânico Lloyd George. Apareceram, assim, as primeiras carteiras, bancárias, bombeiras e motorneiras (que atuavam nos bondes e na França receberam o nome de "*ponsinettes*", porque a empresa de transportes pertencia a um senhor de nome Pons). As francesas que trabalhavam em fábricas de munição eram chamadas de "*munitionettes*", e não eram poucas: em 1918 contavam cerca de 400 mil, um quarto do total. Em quase todos os setores houve incremento da mão de obra feminina. No começo da guerra, as fábricas da Renault em Billancourt empregavam apenas 190 mulheres de um total de quase 5 mil funcionários. Dois anos depois esse número havia saltado para 3.654 e, em 1918, era de mais de 6,7 mil mulheres. Na Inglaterra, o número de mulheres trabalhando em fábricas de munição passou de 412 mil para 1,65 milhão no período de quatro anos. Nos transportes, o número aumentou mais de seis vezes, passando de 18 mil para 117 mil. Em 1911, a força de trabalho feminina na metalurgia representava 5,5% do total; sete anos mais tarde, com o esforço de guerra, aumentara pera 25%.[133] Entre 1914 e 1918, o número de ferroviárias inglesas passou de mil para mais de 14 mil. No campo, elas também assumiram a liderança. Quase metade das granjas da Baviera era administrada por mulheres em 1916, enquanto 800 mil mulheres cuidavam de propriedades agrícolas na França.

Na Alemanha, às vésperas da guerra, 22% dos trabalhadores industriais eram do sexo feminino; no fim do conflito eram 34% do total. O aumento não foi tão significativo; a principal mudança se deu no local de trabalho. No lugar da indústria têxtil, mulheres passaram a atuar na indústria metalúrgica, na de engenharia mecânica e na de produtos químicos. Nas fábricas da Krupp, a maior produtora de armas da guerra, 38% dos funcionários eram mulheres. Os salários, no entanto, continuaram muito mais baixos que os dos homens: na metalurgia, a diferença era de quase 40%. Além disso, durante a guerra, mulheres e crianças passaram a trabalhar até quinze horas por dia em condições pouco saudáveis.[134] As mulheres também contribuíram como o esforço de guerra alemão atuando em hospitais. Em 1915, servindo ao lado dos soldados havia 92 mil enfermeiras militares. Na Grã-Bretanha, 80 mil mulheres serviram no Exército, na Marinha Real e na RAF. Somente o Corpo de Enfermagem do Exército Real Rainha Alexandra contou com mais de 10 mil enfermeiras. O nome de Edith Cavell virou exemplo de heroína de guerra e sinônimo de patriotismo. Ela prestava assistência médica aos combatentes em Bruxelas ao mesmo tempo em que ajudava soldados ingleses e franceses feridos a escapar da Bélgica ocupada para a neutra Holanda. Civis também eram escondidos por Cavell, recebiam passaportes falsos do príncipe Réginald de Croÿ e auxílio para a fuga. Presa pelos alemães, ela foi executada por um pelotão de fuzilamento em outubro de 1915. A doutora Elsie Inglis também prestou relevantes serviços à causa humanitária. Em 1914, ela fundou o Hospital de Mulheres Escocesas no Exterior. Até o final da guerra, a entidade conseguira montar e equipar com enfermeiras, médicos e ambulâncias catorze unidades hospitalares na França e em diversos países balcânicos e do Leste Europeu.[135] Nos Estados Unidos, as mulheres podiam servir em hospitais militares dentro e fora do país, bem como atuar em escritórios — o que, a partir de 1917, permitiu que mais homens seguissem para a linha de frente. Aproximadamente 13 mil mulheres foram alistadas para trabalhar em serviços administrativos antes destinados somente aos homens. Ao todo, cerca de 1 milhão de mulheres estavam no mercado de trabalho nos Estados Unidos. A Cruz Vermelha norte-americana, fundada por Clara Barton, contava com 28 milhões de membros em 1918, e a França recebeu mais voluntárias norte-americanas do que soldados. Mais de 21 mil enfermeiras atuaram no Exército e outras 1,4 mil serviram na Marinha estadunidense.

O armistício em 1918, no entanto, representou drástica queda no trabalho feminino, principalmente nos cargos administrativos, de escritório ou considerados tipicamente masculinos. No Reino Unido, o "Ato de Restituição das Práticas Pré-Guerra" obrigou as mulheres a ceder espaço aos soldados que voltavam da França e a aceitar o trabalho em fábricas, onde ganhavam bem menos. Demitidas em massa, em maio de 1919 elas representavam três quartos dos desempregados do país. Passaram a receber, dessa forma, o que se chamava de "doação de desemprego", uma espécie de seguro-desemprego, e só podiam se candidatar às "tradicionais ocupações femininas", essencialmente na indústria têxtil. Situação semelhante ocorreu na Alemanha, onde as mulheres empregadas durante a guerra foram obrigadas a assinar um contrato no qual se comprometiam a abandonar o trabalho tão logo o conflito terminasse; tudo para que os homens não ficassem desempregados. Em um mundo ainda misógino, a situação da mulher no pós-guerra não era nada encorajadora. Em 1918, a França tinha 600 mil viúvas e a Alemanha meio milhão delas.

DE UNIFORME

Na Europa oriental não era incomum mulheres atuarem em exércitos combatentes. Das tropas recrutadas na Galícia, o general austríaco Conrad von Hötzendorf contava com quarenta mulheres disfarçadas de homem atuando como soldados. Entre elas, Zofia Plewińska, uma artista vienense de origem polonesa que servia com o nome de Leszek Pomianowski. Mesmo descoberta, ela foi enviada para o front, em Lipnica Murowana (no sul da Polônia atual). Parecia claro aos comandantes militares que, se as mulheres fossem boas como soldados, não havia motivos para dispensá-las.

Os russos também tinham as suas guerreiras. Uma delas foi Olga Kokovtseva, que alcançou o posto de coronel do 6º Regimento de Cossacos do Ural, além de receber a Cruz de São Jorge por ato de bravura, em 1915. Outra é Maria Bochkareva, filha de um camponês que lutara nas guerras russo-turcas. Depois de abusada por dois maridos, ela se alistou quando a Primeira Guerra teve início. Ferida quatro vezes e condecorada por bravura em três ocasiões, chegou à patente de sargento. Em 1917, quando as deserções no Exército russo no front ocorriam em massa — principalmente porque os homens queriam se juntar à revolução que acontecia em casa —, "Yashka", como era conhecida, organizou um grupo de trezentas mulheres, o Primeiro Batalhão de Mulheres Russas, também chamado de "Batalhão Feminino da Morte". "Se os homens se recusam a lutar pelo país, nós, mulheres, mostraremos a eles do que somos capazes", disse ela. Depois da queda do tsar, o governo provisório russo e a sufragista britânica Emmeline Pankhurst deram apoio ao batalhão. As ações das combatentes de Bochkareva teriam aprisionado cerca de 2 mil soldados austríacos. Mas os bolcheviques, receosos de represálias do inimigo, espancaram sua líder e desfizeram o batalhão. A enfermeira inglesa Florence Farmborough atendeu algumas delas em Seret e não viu heroísmo: "Em honra dessas mulheres voluntárias, constará que entraram em combate e que 'subiram às trincheiras', ainda que nem todas. Algumas ficaram nas trincheiras, a desmaiar e mostrar-se histéricas; outras correram ou arrastaram-se para a retaguarda. Bochkareva retirou-se com seu dizimado batalhão. Estava muito zangada, de coração destroçado, mas aprendera uma grande lição: as mulheres não estão aptas a serem soldados".[136] Envolvida com o Exército Branco (forças ligadas ao antigo regime tsarista), Bochkareva fugiu da Rússia por Vladivostok, no Extremo Oriente, no vapor *Sheridan* – o mesmo navio que levava Farmborough para casa. Esteve nos Estados Unidos e na Inglaterra, mas, ao retornar ao seu país, foi capturada e executada pelos comunistas, em 1920. Fiéis a Aleksandr Kérenski, *premier* do governo provisório russo, muitas das sobreviventes do batalhão de Bochkareva guarneciam o Palácio de Inverno quando ele foi tomado pelos vermelhos em outubro de 1917.

O Estado-Maior do "Batalhão Feminino da Morte", organizado por Maria Bochkareva (1889-1920) para lutar no Exército russo. "Se os homens se recusam a lutar pelo país, nós, mulheres, mostraremos a eles do que somos capazes", disse ela.
UNIVERSAL HISTORY ARCHIVE/UIG VIA GETTY IMAGES

A história de Milunka Savic também é um caso ímpar. Nascida no povoado de Koprivnica, então Reino da Sérvia, hoje na Croácia, Savic iniciou sua ligação com os campos de batalha quando começaram as convocações para a luta contra a Bulgária, na Segunda Guerra dos Bálcãs. Aos 24 anos ela cortou o cabelo, vestiu uniforme e se apresentou no lugar do irmão. Ferida na batalha de Bregalnica, Savic foi levada a um hospital, onde o embuste foi descoberto. Seu oficial superior, no entanto, permitiu que ela continuasse como soldado. Quando a Grande Guerra iniciou, ela voltou para o front, participando de ações de alto risco e sendo ferida diversas vezes ao longo de quatro anos — em 1916, ela capturou sozinha mais de vinte soldados inimigos. Além da Ordem da Estrela de Karadordeve, a mais alta condecoração outorgada pelos sérvios, Savic foi laureada com honrarias estrangeiras, como a Ordem de São Jorge (Rússia), a Ordem de São Miguel e São Jorge (Reino Unido) e a Legião de Honra e a Cruz de Guerra (da França) — única mulher a receber essa última distinção durante a Primeira Guerra Mundial. Ela morreu em Belgrado, em 1973, aos 84 anos. Os sérvios a consideram a mulher mais condecorada da história.

Foi no país de Savic que a única mulher britânica a se alistar oficialmente como soldado na Primeira Guerra Mundial atuou. Filha de irlandeses, Flora Sandes nasceu em Nether Poppleton, norte da Inglaterra, e já tinha quase quarenta anos quando se alistou como voluntária em um grupo de enfermeiras que seria enviado para os Bálcãs em 1914, a fim de ajudar a Cruz Vermelha Sérvia. Ao chegar a Kragujevac, a unidade de Sandes se juntou ao 2º Regimento de Infantaria do Exército sérvio, que, pouco depois, pressionado pelos austro-húngaros, iniciou uma retirada rumo à Albânia. Para sobreviver, Sandes pegou em armas e se juntou às tropas que combatiam os invasores. Depois de ferida em combate, ela foi promovida a sargento e recebeu a Ordem da Estrela de Karadordeve. Em 1916, com base em suas cartas e diários, ela escreveu *An English woman-sergeant in the Serbian army* [Uma sargento inglesa no Exército sérvio]. Sandes se manteve no Exército mesmo com o fim da guerra, sendo desmobilizada somente em 1922. Ela faleceu em 1956, aos oitenta anos.[137]

A LUZ VERMELHA (E A AZUL)

Quando o tenente galês William Noel Morgan morreu aos 92 anos, em 1983, a família encontrou em uma lata de biscoitos alguns rolos de negativos velhos.[138] Aos serem revelados, surgiram mais de cem fotografias da época da Grande Guerra, quando Morgan servira na França, na 175ª Companhia de Engenheiros Reais. Para surpresa da neta que fizera a descoberta, entre as fotografias de uma namorada francesa que o avô mantivera entre 1917 e 1918, foram reveladas também algumas fotos tiradas dentro de um bordel – conhecido na França por *maison tolérée* ou *maison close*. É bem provável que sejam as únicas imagens de oficiais britânicos durante a guerra em um bordel "lâmpada azul" – como ficou conhecida a refinada categoria de bordéis reservada pelo edito secreto do Exército britânico para uso exclusivo de oficiais. As lanternas azul-celeste identificavam os bordéis na antiga China, onde eram chamados de "alcovas azuis" ou "casas azuis", e, além de distinguir as casas de prostituição, também deram origem ao termo inglês *Blue Movie*, usado para designar o cinema erótico e pornográfico.[139] O príncipe de Gales, mais tarde rei Eduardo VIII, deixou registradas as suas primeiras impressões "dessas coisas" durante visita a um bordel de lâmpada azul em Calais, mas fotografias desses locais nunca haviam sido encontradas.

A prostituição organizada na Frente Ocidental sempre foi um grande tabu na Grã-Bretanha. Um dos poucos a quebrar a regra de silêncio foi o poeta e autor Robert Graves em sua famosa autobiografia *Goodbye to all that* [Adeus a tudo isso], publicada em 1929. "Não houve restrições na França", escreveu ele. "Esses meninos tiveram dinheiro para gastar e sabiam que eles tinham uma boa chance de serem mortos dentro de algumas semanas de qualquer forma. Eles não queriam morrer virgens." A miséria das trincheiras e o medo da morte iminente parece ter dissolvido as inibições sexuais de dezenas de milhares de jovens. Se os oficiais tinham acesso a lugares luxuosos e higienizados, com direito a quarto exclusivo, os soldados comuns formavam enormes filas nos bordéis identificados por "lâmpadas vermelhas", que se espalhavam por diversas cidades francesas. De acordo com um relatório, em pouco mais de um ano 171 mil soldados britânicos visitaram bordéis localizados em uma única rua em Le

Havre. Mas com milhares de soldados chegando todos os dias a Paris, era para a capital que se dirigiam prostitutas de toda a França — fossem por gosto ou necessidade. Mesmo para um país onde o sistema de bordéis era legalizado havia muito tempo, a prisão pela prática ilegal da prostituição aumentou em mais de 40%. O socialista e pacifista Michel Corday, funcionário público francês do ministério do Comércio e do Correio, contou como as prostitutas andavam pelas ruas e avenidas parisienses: “Com chapéus grandes como guarda-sóis, saias até os joelhos, seios à mostra, meias transparentes e muita maquiagem”.[140] Muitas publicações ajudavam os mais abastados, principalmente oficiais, a encontrar diversão segura. A revista *La Vie Parisienne* era famosa tanto por suas ilustrações de mulheres seminuas quanto por seus anúncios de “viúvas” à procura de um “novo marido” e soldados em busca de uma “madrinha”, o que na realidade eram códigos usados para marcar encontros ocasionais entre militares abonados e mulheres que não tinham outra coisa a vender senão o próprio corpo.

Com uma das populações mais duramente atingidas pela guerra, a França se transformou em um bordel gigantesco, com todos os seus dissabores. Em 1917, mais de 15% dos soldados estadunidenses recém-chegados à França havia contraído sífilis ou gonorreia. Entre os canadenses, 22% sofreram com algum tipo de doença venérea. No verão daquele ano, de todos os soldados aliados que visitaram Paris, 20% foram contaminados. Quase todos os exércitos distribuíam preservativos aos soldados em licença, mas não eram raros os casos em que a doença era contraída por opção. Muitas prostitutas infectadas cobravam mais do que as colegas que gozavam de boa saúde, pois atraíam soldados dispostos a adquirir uma doença que os levasse de volta para casa. A procura era tal que nasceu um comércio de fluidos corporais contaminados com secreção de gonorreia. Os que não conseguiam adoecer por meio de sexo compravam a secreção e a esfregavam em seus órgãos genitais — há relatos de casos de cegueira de soldados que a haviam aplicado nos olhos. Na Áustria-Hungria, combatentes contaminados por doenças sexualmente transmissíveis eram punidos. Na Grã-Bretanha, a solução foi fazer com que os soldados passassem vergonha. Muitos anos após a guerra, Thomas McIndoe, do 12º Batalhão de Infantaria do Regimento de Middlesex, contou em depoimento que ao chegar ao "Campo de Descanso Número Um", em Le Havre, França, descobriu o motivo de muitos soldados de unidades diferentes estarem no mesmo local cavando buracos como loucos: para serem curados das doenças venéreas, os rapazes recebiam injeções de mercúrio a fim de lhes aumentar a temperatura do corpo e fazer suar muito, pois, segundo McIndoe foi informado, isso aumentava a eficácia do tratamento, que era chamado de "606". Por fim, um memorando foi afixado nos quadros de avisos: "Os pais do doente, sua mulher ou seus parentes serão avisados se algum soldado se tornar incapaz de prestar serviço militar por haver contraído doença venérea".[141]

Para dar conta da demanda e impedir o avanço das doenças venéreas, as prostitutas que serviam aos soldados germânicos eram registradas e monitoradas. Em 1915, quando os alemães invadiram Varsóvia, passaram a registrar e controlar as mulheres que praticavam "fornicação remunerada". Para facilitar o controle, o Exército alemão instituiu até mesmo bordéis móveis, não mais do que carroções com uma cama simples de campanha – os britânicos os chamavam de *Military Campaign Brothels* ou *BMCs*, "Bordéis Militares de Campanha". Ali, mulheres atendiam pelo menos trinta homens por dia, recebendo um marco alemão por soldado – como comparação, na França ocupada, uma cerveja custava 1,50 marco. Na retaguarda, o valor cobrado por alguns minutos de sexo era maior. E a procura também. Prostitutas francesas e belgas atendiam uma vasta clientela, tanto britânicos e franceses quanto alemães, nos mais diversos lugares: em aldeias, em quartos improvisados em celeiros, castelos abandonados ou em bairros dentro das grandes cidades. O preço variava entre 2,50 a dez francos franceses e não raro se viam filas com centenas de homens a esperar a vez e ter, em média, dez minutos para satisfazer-se. Os relatos desses encontros afirmam que havia uma única posição sexual. A mulher aguardava o cliente nua e de pé; quando ele chegava, ela apenas inclina-se para receber o homem. A atividade era tão esgotante que a maioria das prostitutas permanecia apenas três semanas na lida antes de se retirar em licença.

Em julho de 1917, autoridades alemãs em Bruxelas e Louvain arrolaram a presença de 3.855 prostitutas nas duas cidades – quatro vezes mais do que antes da guerra. A explicação, nesse caso, não estava ligada ao aumento da procura masculina por sexo. Mulheres e meninas, muitas com catorze e quinze anos de idade, e não raro com dez, eram forçadas a se prostituir devido à miséria, conforme o custo de vida aumentava e o desemprego se generalizava.[142] Na Frente Oriental a situação não era diferente. A enfermeira Florence Farmborough, que servia no Exército russo, relatou o caso de uma jovem ucraniana de dezoito anos que sobrevivia vendendo o corpo aos soldados em Chortkov: "Seu corpo cheio de feridas, contava sua triste história de prostituição".[143]

"Somente para soldados alemães!", diz o letreiro na porta de um bordel na Frente Ocidental. Para impedir o avanço das doenças venéreas, as prostitutas que serviam aos soldados germânicos eram registradas e monitoradas.
ARCHIV GERSTENBERG/ ULLSTEIN BILD VIA GETTY IMAGES

Mas bordéis que atendiam soldados não eram uma exclusividade da Europa. No Cairo, Egito, proliferaram casas de jogos e dançarinas nuas para atender os milhares de combatentes britânicos estacionados ali, que tinham recursos financeiros e estavam à procura de diversão. William Henry Dawkins, um jovem engenheiro australiano de apenas 21 anos de idade, relatou que na Sexta-Feira Santa de 1915 centenas de soldados australianos e neozelandeses promoveram distúrbios na "zona de meretrício" quebrando bordéis e bares, jogando os móveis na rua e ateando fogo neles. Tanto a polícia local quanto a própria cavalaria britânica tiveram dificuldade em conter os arruaceiros impacientes e ávidos por mulheres.

A prostituição não era o único problema ligado ao sexo durante a Grande Guerra. Na França houve um intenso debate sobre os estupros perpetrados por soldados alemães ou a chamada "prostituição de guerra". Algumas mulheres exigiram o direito de abortar o feto, apoiadas por médicos, alergistas e eugenistas que argumentavam que o "filho de um *Boche*", como eram chamados os soldados alemães, seria um "inimigo interno". Os filhos nascidos dos estupros foram chamados também de "filhos de bárbaros". Soldados alemães e austro-húngaros igualmente cometeram estupros durante a invasão da Itália. Pelo menos 735 casos foram reportados à comissão real de investigação pós-guerra sobre violações dos direitos humanos, mas muitos casos nunca foram denunciados e o número provavelmente é bem maior. A prática do estupro de populações de países ocupados não era algo novo na história e não se restringiu às Potências Centrais. Os estupros cometidos por russos e cossacos na invasão da Áustria-Hungria, principalmente em comunidades judaicas, tinham como objetivo "punir" quem resistisse. Quando a Primeira Guerra acabou e o Tratado de Versalhes foi assinado, a França enviou suas tropas coloniais (negras) para ocupar a Renânia a fim de humilhar e ferir os orgulhosos alemães. Dos aproximadamente 25 mil negros que viviam na Alemanha na década de 1930, grande parte era o resultado da presença de tropas africanas no país.

NASCER DO SOL

A presença de oficiais militares em bordéis sempre fez dos lupanares centros importantes de espionagem. Uma mulher atraente e inteligente podia conseguir, na cama, segredos que de outra forma nem os espiões mais experientes poderiam obter. Quando o tema envolve sexo, espionagem e Primeira Guerra, não há nome de maior expressão do que o da dançarina holandesa Mata Hari. Ela soube, como poucas de sua época, inovar e apostar no erótico e no mito da sensualidade oriental para alcançar dinheiro e sucesso. Sua atuação como espiã, porém, esteve muito aquém do que a propaganda antigermânica criou no imaginário popular francês e mundial.

Mata Hari nasceu Margaretha Geertruida Zelle, em 1876, na pequena Leeuwarden, distante 130 quilômetros de Amsterdã, na Holanda, filha de um chapeleiro holandês e uma javanesa (a origem de sua beleza exótica). Quando Margaretha tinha treze anos de idade, seu pai fugiu de casa e da família com uma amante e ela logo aprendeu que o sexo poderia servir como moeda de troca. Principalmente porque sua pele escura contrastava com a pele clara e os cabelos louros da maioria das meninas holandesas — uma amiga a comparou a uma orquídea entre dentes-de-leão. Aos catorze anos Margaretha perdeu a virgindade; aos dezesseis se envolveu com o diretor casado de uma escola; e aos dezoito se casou com o capitão Rudolf MacLeod após ele ter anunciado em jornal a vontade de desposar uma jovem. "Eu queria viver como uma borboleta no sol", afirmou ela mais tarde. Na viagem para as Índias Orientais Holandesas (atual Indonésia), Margaretha descobriu que MacLeod, vinte anos mais velho que ela, era portador da sífilis e que a doença fora transmitida aos dois filhos do casal. Depois dos dissabores vividos no Oriente, ela retornou para a Europa em 1902, divorciou-se do esposo e criou a identidade que a marcaria pelo resto da vida: a dançarina Mata Hari, expressão em malaio que significa "nascer do sol".

Em 1905, Mata Hari realizou sua primeira apresentação pública no *Musée Guimet*, um museu de arte asiática, em Paris. Tudo foi pensado nos mínimos detalhes. Seiscentos convites foram entregues à elite parisiense e a coreografia apresentou danças em trajes transparentes, barriga à mostra e seios quase nus, com um sutiã cravejado de joias. Era algo totalmente novo e bastante atraente para os olhares curiosos dos europeus da *Belle Époque*. Mata Hari rapidamente conquistou para si a atenção de ricos e poderosos, tornando-se a mulher mais fascinante e desejável de Paris. O antropólogo Pat Shipman escreveu que ela se destacou por ser "chamativa, marcante em sua aparência, ousada, brilhante e talentosa em idiomas" — além do holandês, falava francês, inglês, italiano e alemão.[144] Para escapar da censura, ela marcava suas performances com explicações sobre a história e as origens sagradas da dança e das roupas que usava. Fotografias suas em poses sensuais e trajes eróticos eram cuidadosamente distribuídas e percorreram as principais capitais da Europa, atraindo aristocratas, diplomatas, empresários ricos e militares, que a presenteavam com casacos de pele, joias, móveis, quartos luxuosos e muito dinheiro.

A dançarina e cortesã holandesa Margaretha Geertruida Zelle (1876-1917), mais conhecida por Mata Hari. Sua "beleza exótica" e apresentações em trajes transparentes, barriga à mostra e seios quase nus, a transformaram na mulher mais fascinante e desejada da Europa pré-Grande Guerra.
Reprodução/Fries Museum

Quando a Grande Guerra teve início, Mata Hari estava com quase quarenta anos de idade e suas atuações já não tinham mais o esplendor dos primeiros anos. Mas ela ainda era procurada como cortesã, mantendo perto de si homens ricos e poderosos, o que a deixava em posição de destaque e um alvo perfeito a ser atraído para o mundo da espionagem de guerra. Em 1915, ela estava em Haia quando foi procurada pelo cônsul alemão que lhe ofereceu dinheiro a fim de que espionasse para a Alemanha. Mata Hari aceitou o dinheiro – visto como pagamento pelo sequestro de seus bens pelos alemães — mas não se comprometeu com a espionagem, pelo menos nunca se provou algo a esse respeito.[145] Fato é que suas viagens constantes chamaram a atenção do *Deuxième Bureau*, serviço de espionagem francês, comandado por Georges Ladoux. No *Grand Hotel*, onde ela morava, tudo passou a ser vigiado, desde correspondência e conversas telefônicas a saídas a restaurantes, parques, butiques e boates.

Nessa mesma época ela se apaixonou por Vladimir de Massloff, um capitão russo que lutava no Exército francês. Com a ajuda do ex-amante Jean Hallaure, ela tentou um salvo-conduto para chegar até Massloff, que, atingido por um ataque a gás alemão, ficara cego de um olho e estava se tratando em um balneário do interior francês. Para azar de Mata Hari — ou exatamente por isso —, Hallaure trabalhava para Ladoux. Ele levou a dançarina até o bulevar Saint-Germain, 282, sede Departamento Militar de Estrangeiros e onde também funcionava o *Deuxième Bureau*. Ladoux lançou a isca, permitiria que ela visitasse Massloff desde que concordasse em trabalhar como espiã a serviço da França — ela ainda receberia como recompensa 1 milhão de francos, uma verdadeira fortuna. Agora, pelo menos em teoria, ela era uma agente dupla trabalhando para alemães e franceses. De Paris, Mata Hari deveria voltar para Haia via Espanha e aguardar por instruções do *Deuxième Bureau*. Atrapalhada, ela partiu para Madri sem perguntar quem seria seu agente de ligação na Holanda, como faria comunicações com Paris e quem deveria espionar. Ladoux também não lhe informou nada, apenas enviou-lhe uma carta pelo correio regular avisando que ela receberia dinheiro para reformar seu guarda-roupa espoliado pelos alemães. Na Espanha, Mata Hari embarcou no *SS Hollandia*, mas o navio parou em um porto inglês. Interrogada, ela foi presa e enviada para Londres. Ansiosa para ser liberada, confessou aos ingleses que era uma agente francesa sob ordens de Ladoux. Consultado, o chefe do *Deuxième Bureau* pediu que a enviassem de volta para a Espanha.

Em Madri, Mata Hari decidiu por conta própria descobrir segredos militares alemães, aproveitando que um diplomata germânico, o major Arnold von Kalle, se apaixonara por ela. Não precisou muito para que ele desse com a língua nos dentes, deixando escapar os planos de um desembarque no Marrocos. Mata Hari transmitiu a informação a Ladoux, mas não obteve resposta. Ela aproveitou, então, o contato com o coronel francês Joseph Denvignes, outro que caíra em seus encantos, para informar Paris sobre detalhes dos planos alemães. A pouca habilidade de Mata Hari com os segredos de espionagem, porém, haviam feito o major alemão suspeitar que ela fosse uma espiã, avisando Berlim sobre o fato. Como desde o final de 1916 Ladoux ordenara que todas as mensagens de rádio entre Madri e Berlim fossem interceptadas, quando a embaixada alemã na Espanha começou a se referir a um espião de codinome H-21 os franceses imediatamente o identificaram como sendo Mata Hari. Quando ela retornou a Paris, Ladoux recusou-se a vê-la e o serviço secreto francês negou que mantivesse contato com Denvignes. Segundo Pat Shipman, biógrafo de Mata Hari, Ladoux provavelmente foi a única pessoa a ter acesso às mensagens trocadas entre Madri e Berlim e foi ele, quase com certeza, quem as falsificou, levando o *Deuxième Bureau* a fundamentar a ideia de que Mata Hari era uma espiã alemã. As mensagens originais desapareceram e mais tarde o próprio Ladoux foi preso, acusado de ser um agente duplo.

Em fevereiro de 1917, Mata Hari foi presa pelo investigador e capitão Pierre Bouchardon. O moralista Bouchardon acreditava que ela era uma "devoradora de homens" e a enviou para a prisão de Saint Lazare, em uma cela infestada de pulgas e ratos, onde Mata Hari não teve acesso a sabonetes, banhos, roupas limpas e tampouco a tratamento médico adequado. Seu advogado, Edouard Clunet, era um ex-amante com mais desejo de ajudar do que capacidade para libertá-la das garras dos militares. Quando teve início o julgamento, Ladoux já havia sido desmascarado e as mensagens que comprometiam Mata Hari eram tidas como falsificações. Não havia uma única prova concreta da traição de Mata Hari, mas os jurados eram todos militares nacionalistas e xenófobos, e pesava contra ela o mito que sempre fizera questão de explorar: o de mulher fatal. Assim, entre as acusações que lhe foram feitas estavam a de ter tido uma conduta imoral, de realizar gastos extravagantes em tempos de guerra e de ter dormido com os inimigos da França, além de ter "causado a morte de cerca de 50 mil de nossos filhos" com as informações repassadas para a inteligência alemã – uma boataria típica dos jornais patrióticos e do sentimento popular antigermânico da época. Ladoux testemunhou contra Mata Hari, afirmando que ela era mesmo espiã, embora não tivesse repassado informações importantes aos alemães. Mais tarde, o próprio promotor do caso também admitiu que não havia provas suficientes para condená-la. Ainda assim, ela recebeu como sentença a pena de morte.

Na prisão, à espera para ser fuzilada, ela escreveu ao capitão Bouchardon. Durante toda a sua vida como dançarina, ela tinha vivido como Mata Hari, pensava e agia como tal, havia perdido a noção dos gastos, das viagens, das distâncias e dos perigos, "mas peço-lhe que acredite que nunca trabalhei como espiã contra a França. Nunca. Nunca".[146] Foi em vão. Em 15 de outubro de 1917, no castelo de Vincennes, Mata Hari enfrentou o pelotão de fuzilamento com altivez e olhos descobertos. Segundo o jornalista britânico Henry Wales, que acompanhava a execução, ela ainda teve a ousadia de jogar um beijo aos doze soldados que se preparavam para atirar. Depois dos disparos, seu corpo tombou; um oficial se aproximou e deu-lhe um último tiro na cabeça.

HOJE
A NOITE
HOJE
EM ESTADO DE GUERRA
DO CONGRESSO NACIONAL

10. O BRASIL VAI À GUERRA

A colaboração brasileira com o esforço de guerra Aliado foi pequena, é verdade, mas o país foi o único da América Latina a participar efetivamente do conflito. E a história do Brasil na guerra vai além da vexatória e mitológica Batalha das Toninhas ou da gripe espanhola que assolou a Marinha; aviadores brasileiros lutaram com a RAF e um tenente do Exército liderou um pelotão francês composto por soldados coloniais de origem muçulmana.

Na América Latina oito países declararam guerra à Alemanha, entre eles o Brasil — os outros foram Cuba, Panamá, Guatemala, Costa Rica, Nicarágua, Honduras e Haiti. Outras quatro nações romperam relações diplomáticas com Berlim e Viena (Bolívia, Peru, Uruguai e Equador) e sete decidiram permanecer neutras (Argentina, México, Chile, Colômbia, Venezuela, Paraguai e El Salvador). O México tinha razões de sobra para não entrar em um conflito ao lado dos Estados Unidos, que declarou guerra às Potências Centrais em 6 de abril de 1917. As relações entre os dois países eram tensas desde meados do século anterior, quando os estadunidenses tomaram dos mexicanos extensas porções de seu território. O presidente Venustiano Carranza foi inclusive tentado pelos alemães com uma proposta de dinheiro e armas para que invadisse o país vizinho caso os estadunidenses entrassem na guerra contra a Alemanha. Carranza, porém, manteve-se neutro durante todo o conflito. O mesmo fizeram os presidentes argentinos Victorino de la Plaza e Hipólito Yrigoyen. Mesmo quando os alemães fuzilaram o vice-cônsul argentino em Dinant, Remy Himmer, após a invasão da Bélgica, e submarinos germânicos torpedearam navios de Buenos Aires, a Argentina manteve a neutralidade. Em 1917, um telegrama sigiloso da Alemanha para seu embaixador no país, Karl von Luxburg, foi interceptado pela inteligência britânica, que o tornou público. Luxburg chamava Yrigoyen de "asno anglófilo". Foi o suficiente para ser expulso de Buenos Aires, mas não para que a Argentina entrasse na guerra. O país lucrava muito mais mantendo a neutralidade do que se engajando na luta. Um exemplo da vantagem de se manter isento foi dado pela Holanda, que, apesar de ter metade de sua frota mercante afundada pelos alemães, permaneceu neutra e fez fortunas comercializando com várias nações, incluindo a própria Alemanha.

O BRASIL VAI À GUERRA

No começo dos anos 1910 o Brasil era um país essencialmente agrário, com uma população rural e praticamente analfabeta — oito em cada dez brasileiros não sabia ler e escrever; em todo o país havia apenas dezesseis cursos de direito, que formavam aproximadamente quatrocentos profissionais por ano. O principal produto de exportação era o café, que correspondia a mais de 60% das exportações brasileiras. A safra de 1906-1907 havia sido a maior da história, mais de 20 milhões de sacas. Outro importante produto nacional era a borracha, que representava 20% das exportações. A incipiente produção industrial brasileira estava centrada no Rio de Janeiro (33% do total), em São Paulo (com pouco mais de 16%) e no Rio Grande do Sul (cerca de 15%). A capital paulista tinha então mais de 1,7 mil automóveis e uma boa parte da indústria estava nas mãos de imigrantes; em muitos setores eles passavam dos 75%. Somente entre 1900 e 1915 haviam aportado ao Brasil mais de 1,2 milhão de estrangeiros, a maioria portugueses, espanhóis e italianos. No Sul, os alemães haviam chegado em massa no século anterior e correspondiam a uma parcela significativa da população. Em muitas cidades gaúchas e catarinenses a língua alemã era mais falada que a língua portuguesa.[147]

Mesmo passadas duas décadas desde o golpe militar que derrubara a monarquia, no entanto, as condições políticas ainda eram instáveis. Duas guerras civis haviam abalado o país no final do século XIX, Canudos (1893-1897) e a Revolução Federalista (1893-1895), e uma revolta popular, a Revolta da Vacina, em 1904, abrira o novo século. A república ainda engatinhava e já patinava na corrupção. O marechal Hermes da Fonseca fora eleito presidente em 1910 fraudando as eleições. No mesmo ano, uma insurreição na Armada, como era chamada a Marinha brasileira então, pôs o Rio de Janeiro em xeque. Liderados por João Cândido, o "Almirante Negro", aproximadamente 2 mil marinheiros que se rebelaram contra a aplicação de castigos físicos, como a chibata – daí o nome da rebelião, Revolta da Chibata –, tomaram navios importantes, dispararam contra a capital e só foram vencidos após dias de negociações e a promessa de que a punição física seria abolida da Marinha.

Em agosto de 1914, enquanto declarações de guerra corriam a Europa e o mundo, no Brasil o governo de Hermes da Fonseca declarou que o país se manteria neutro. O que não impediu que um intenso debate fosse criado entre intelectuais e políticos sobre qual posicionamento o país deveria tomar diante do conflito. Principalmente porque, com a guerra, exportações e importações despencaram, o poder de compra da população decaiu e o custo de vida aumentou. Até o final da guerra, os preços do varejo registraram alta de mais de 150%, o que aumentou a insatisfação popular com o governo e proporcionou o fortalecimento da classe operária, das greves e dos movimentos sindicais – em 1917, uma greve geral com mais de 50 mil pessoas paralisou a capital paulista e cidades vizinhas, alastrando-se por vários estados brasileiros.

Os que defendiam um alinhamento com a Tríplice Entente eram chamados de "aliadófilos". A favor da Alemanha e seus coligados estavam os germanófilos. E ainda havia os defensores da manutenção da neutralidade, os denominados "neutrais", que temiam que um possível compromisso com uma ou outra aliança poria o país em condição delicada no cenário internacional. O nome mais expressivo desse grupo, que apostava na tradição pacifista do Brasil para manter o país longe da guerra, era o jornalista Assis Chateaubriand, o Chatô.

A elite brasileira nutria simpatia pela cultura da França desde os tempos do Império. Da mesma forma, a influência inglesa na política nacional vinha desde os tempos de d. João VI. Era natural, dessa forma, que o Brasil tivesse inclinação para a causa anglo-francesa. Assim, em 1915 surgiu a Liga Brasileira pelos Aliados, que tinha como presidente Rui Barbosa e nomes como Olavo Bilac, Pandiá Calógeras, Assis Brasil, Miguel Lemos, José Veríssimo, Graça Aranha, Manuel Bonfim e Barbosa Lima. Com apoio da imprensa, principalmente do *Jornal do Comércio*, a liga levantou fundos para a Cruz Vermelha internacional, organizou manifestações públicas e petições ao Congresso Nacional. Entre os que militavam por um alinhamento com as Potências Centrais, o nome mais importante era o do deputado João Dunshee de Abranches Moura, ex-presidente da Associação Brasileira de Imprensa e então presidente da Comissão de Diplomacia da Câmara. Destacado jornalista e escritor, intelectual que havia estudado medicina e direito, Abranches era professor de química, física e história natural no Instituto H. Höpker e no Colégio Brasileiro-Alemão, além de professor honorário na Universidade de Heidelberg, na Alemanha. Para Abranches, a origem do conflito estava ligada a questões econômicas. Inglaterra e França pretendiam se livrar de um poderoso inimigo, não passando de ingenuidade brasileira a ideia de que britânicos e franceses lutavam em defesa da civilização e contra a barbárie.

Em um primeiro momento, no entanto, o recém-eleito presidente Wenceslau Braz preferiu manter a neutralidade declarada por seu antecessor, causa apoiada tanto pela imprensa quanto pela população. Em março de 1915, no Rio de Janeiro, chegou a ser criada uma "Comissão Popular de Agitação contra a Guerra". Em São Paulo, a "Comissão Internacionalista contra a Guerra", organizada por socialistas, reuniu quatrocentas pessoas na Praça da Sé por ocasião do Dia do Trabalho. Um "Manifesto pela Paz" foi distribuído nas ruas, e cartazes com dizeres como "Abaixo a Guerra. Viva a Internacional dos Trabalhadores!" e "Abaixo a Guerra, Queremos a Paz!" eram vistos por toda parte. A guerra, no entanto, chegou ao país um ano depois. No dia 1º de maio de 1916 um submarino alemão afundou o navio *Rio Branco*, que transportava madeira da Noruega para o norte da Inglaterra usando a bandeira brasileira. Tão logo as notícias chegaram ao Brasil, em uma onda de patriotismo a população se revoltou contra os imigrantes alemães, demonstrando pela primeira vez hostilidade a jornais de língua alemã, comércios e fábricas de brasileiros com origem germânica. De forma injustificada, o navio, que não pertencia mais a brasileiros havia seis meses, era tripulado por escandinavos, transportava carga ilegal e navegava em águas restritas usando a bandeira do Brasil para despistar os U-boots — além disso, o submarino abordara o navio, consultara a documentação, dera tempo para que a tripulação desocupasse o barco e só depois o afundou.[148] A opinião pública, no entanto, tinha tomado partido e a campanha brasileira pela causa aliada começou a ganhar dimensão internacional. Por ocasião das celebrações pelo centenário da independência argentina, em 14 de julho daquele ano, discursando na Faculdade de Direito de Buenos Aires, Rui Barbosa protestou duramente contra os métodos de guerra empregados pelos alemães. Em setembro de 1916, Olavo Bilac, Pedro Lessa, então ministro do Supremo Tribunal Federal, e Miguel Calmon, criaram a Liga de Defesa Nacional, cujo objetivo era estimular o patriotismo e valorizar as Forças Armadas do país.

Em 3 de abril de 1917, o navio mercante brasileiro *Paraná*, que transportava 95 mil sacas de café e de feijão para a França, foi torpedeado pelo UB-32 próximo a Barfleur, na costa francesa. Três brasileiros morreram. "A alma brasileira, solidária e unida, vibra de indignação e patriotismo, diante da selvageria alemã", escreveu o cronista da revista *A cigarra*. Oito dias mais tarde, o Brasil rompeu relações diplomáticas com a Alemanha, mas manteve uma posição de neutralidade. O povo foi às ruas. Lojas, escritórios e restaurantes alemães ou de imigrantes alemães foram depredados e incendiados. Em Porto Alegre, 5 mil pessoas reunidas no Café Colombo atacaram a sede do jornal *Deutsche Zeitung*, apedrejaram estabelecimentos comerciais alemães, como a Casa Voeckler, e só não conseguiram destruir o Clube Turnerbund porque uma força da Brigada Militar as impediu.

O ataque ao *Paraná* derrubou o ministro das Relações Exteriores Lauro Müller, descendente de alemães, ex-governador catarinense e ministro desde 1912. Em seu lugar assumiu Nilo Peçanha. Em 20 de maio, outro navio brasileiro foi a pique: o *Tijuca* foi afundado nas proximidades de Brest, no litoral francês. Dois dias depois foi a vez do *Lapa*, torpedeado nas proximidades de Trafalgar. O presidente Wenceslau Braz encaminhou um pedido ao Congresso Nacional para a revogação da neutralidade brasileira e o aprisionamento dos mais de quarenta navios mercantes alemães ancorados em portos do país, medida que foi aprovada pelos parlamentares. Trinta navios o Brasil cederia à França, como empréstimo, com tripulações brasileiras e a um custo de 105 milhões de francos.

Em 18 de outubro, o cargueiro *Macau* foi atacado em águas espanholas — o navio, fabricado na Alemanha em 1912, era um dos navios alemães aprisionados que passou a ter bandeira brasileira. O U-93, do capitão Helmuth Gerlach, abordou o navio e ordenou que o capitão Saturnino Furtado de Mendonça e o taifeiro Arlindo subissem a bordo do submarino, enquanto os demais 47 tripulantes eram retirados do *Macau*. Então o cargueiro foi torpedeado e os tripulantes salvos, mas o U-93 desapareceu com os dois prisioneiros brasileiros — o submarino alemão foi afundado, provavelmente em janeiro de 1918. Quando a notícia chegou ao Brasil cinco dias mais tarde, revoltas populares por todo o país saquearam e destruíram jornais, fábricas, armazéns, restaurantes e clubes germânicos. Em Florianópolis, a sede do Club Germania foi destruída, assim como a do Tiro Germania. Em Porto Alegre, empregados da Livraria Krahe foram obrigados a dar "vivas" ao Brasil e "morras" à Alemanha. Em São Paulo, as fachadas do Hotel Suíço e dos salões Lyra e Germânia foram apedrejadas, assim como foram atingidos a Casa Lemcke, o Bar Alemão e a Relojoaria Bamberg, entre outros locais identificados como alemães ou austríacos.

Pressionado pelas circunstâncias, em 25 de outubro de 1917 Wenceslau Braz enviou ao Congresso Nacional o pedido de rompimento de neutralidade. No dia seguinte a solicitação foi aprovada e "reconhecido e proclamado o estado de guerra, iniciado pelo Império Alemão contra o Brasil".[149] Apenas o senador Joaquim Pires, do Piauí, votou contra, alegando inconstitucionalidade. No mês seguinte, o governo decretou estado de sítio no Rio de Janeiro e em São Paulo, bem como nos três estados sulistas, com grande presença de imigrantes alemães. Na França, o ministro plenipotenciário brasileiro Olinto Máximo de Magalhães participou da Conferência Interaliada, realizada em Paris a 30 de janeiro de 1918, e definiu a participação do Brasil no conflito com o envio de missões militares.

MISSÃO ACHÉ

Com um exército de menos de 20 mil homens, o Brasil não podia enviar para a Europa um efetivo significativo — não obstante os Estado Unidos acreditassem, baseados em dados da National Geographic Society, que o país pudesse enviar 500 mil homens para a Europa, ou seja, 25 vezes o tamanho real das forças brasileiras.[150] O que fez o governo, então, foi enviar uma Comissão de Estudos de Operações de Material. Criada em 21 de dezembro de 1917 sob a liderança do general Napoleão Felippe Aché, um veterano da Guerra de Canudos, a "Missão Aché", como ficou conhecida, tinha como objetivo reunir conhecimento militar e adquirir armamento para remodelagem do Exército brasileiro. Na época, o país seguia o modelo do Exército alemão e as principais peças da artilharia e armas da cavalaria e infantaria haviam sido importadas da Alemanha, em 1908, por Hermes da Fonseca, então ministro militar – eram 10 mil lanças Erhardt, 400 mil fuzis Mauser e 38 canhões e obuses da Krupp, mais os canhões de 305 milímetros que equipariam o Forte de Copacabana.

Além do general Napoleão, a Missão Aché era composta por 24 oficiais: um tenente-coronel, treze tenentes, quatro majores e seis capitães. Alguns entraram em combate e receberam condecorações francesas por bravura. Um dos mais destacados foi o tenente paraibano José Pessoa Cavalcanti e Albuquerque, sobrinho do futuro presidente da República Epitácio Pessoa. Ele comandou um pelotão do 4º Regimento de Dragões da 2ª Divisão de Cavalaria francesa, composto por soldados coloniais franceses de origem muçulmana. Por sua ação em Flandres entre setembro e novembro de 1918, ele recebeu a Cruz de Guerra francesa e o posto de capitão. Sobre ele, o comandante do regimento escreveu: "Conduziu seu pelotão sob o fogo em condições particularmente delicadas e perigosas. Distinguiu-se pela bravura e sangue-frio, tendo solicitado permissão, por várias vezes, para reconhecer as primeiras linhas inimigas, o que levou a efeito debaixo de fogos extremamente violentos".[151] Ao retornar ao Brasil, Cavalcanti e Albuquerque foi o responsável pela introdução de uma nova arma bélica, surgida durante a guerra: o tanque blindado. Ele trouxe também uma enfermeira inglesa da Cruz Vermelha, Blanche Mary Edward, que o atendera em um hospital de campanha e que se tornaria sua esposa. Outros nomes também se destacaram, como o capitão médico João Afonso de Souza Ferreira, condecorado com a Medalha Militar francesa por prestar auxílio em campo de batalha. O tenente-coronel José Fernandes Leite de Castro, mais tarde ministro da Guerra com a Revolução de 1930, participou como adido em um regimento de artilharia pesada. A única baixa da "Missão Aché" foi o tenente de artilharia Carlos de Andrade Neves, que a gripe espanhola matou em Meaux um mês antes do fim da guerra.

A BATALHA DAS TONINHAS

À época da eclosão da Grande Guerra, a Marinha brasileira era um misto de navios velhos e outros não tão velhos, quase todos ultrapassados se comparados com as novas tecnologias – o mais antigo fora construído havia mais de duas décadas; o mais novo tinha cinco anos. Ao todo, a Esquadra de Alto-Mar, baseada no Rio de Janeiro, tinha quatro encouraçados, seis cruzadores, dez contratorpedeiros, um torpedeiro, dois navios-varredores, dois tênderes, um navio-escola, três brigues, quatro iates, um rebocador e três submarinos.[152] As duas joias da Marinha eram os encouraçados *São Paulo* e *Minas Gerais*, construídos em 1909 pela Armstrong Whitworth em Elswick, Inglaterra, e palcos do motim liderado por João Cândido em 1910. A exemplo dos poderosos navios ingleses, tinham 165 metros de comprimento, 23 metros de largura, doze canhões de doze polegadas e 22 de cinco polegadas. Mas esses nem seriam enviados à guerra.

Vista área do Arsenal da Marinha, na Ilha das Cobras, Rio de Janeiro, em 1918. Em primeiro plano é possível identificar o encouraçado Minas Gerais, um dos mais importantes navios da esquadra brasileira. Fotografia de Jorge Kfuri (1893-1965).

REPRODUÇÃO/BIBLIOTECA NACIONAL

Com os ataques de submarinos a navios mercantes, o Brasil reestruturou sua esquadra a fim de defender melhor a costa, dividindo sua força em três divisões navais: a do Norte, baseada em Natal; a do Sul, em São Francisco; e a do Centro, mais bem equipada, tendo a capital como centro de operações. Após a declaração de guerra e as deliberações da Conferência Interaliada, o Brasil criou a Divisão Naval de Operações em Guerra, conhecida pela sigla DNOG. A missão dessa esquadra brasileira, que operaria vinculada ao 9º Esquadrão de Cruzadores da Marinha Real, que estava sob as ordens do contra-almirante Dawson Lees Sheppard, seria patrulhar a costa ocidental africana, entre Dakar, no Senegal, e o estreito de Gibraltar, no sul da Espanha.

A DNOG era composta pelos cruzadores *Rio Grande do Sul* e *Bahia* (pouco menores do que os encouraçados), os contratorpedeiros *Paraíba*, *Rio Grande do Norte*, *Piauí* e *Santa Catarina*, o rebocador *Laurindo Pitta* e o tênder *Belmonte* — um navio de apoio. O comando da divisão foi concedido ao contra-almirante Pedro Max de Frontin, um fluminense de 51 anos de idade. Frontin escolheu como navio capitânia da DNOG o *Rio Grande do Sul*, que ele comandara anos antes. Ao todo, o efetivo da divisão era de 1.502 homens, sendo 702 marinheiros, 481 foguistas, 84 taifeiros, 75 oficiais de Marinha, cinquenta oficiais maquinistas, um submaquinista, cinco oficiais intendentes, 41 suboficiais, 43 sargentos mecânicos, quatro médicos, um farmacêutico, um dentista, um capelão, um pedreiro e três barbeiros. As belonaves foram reunidas no Arsenal da Marinha e somente após quatro meses é que começaram a zarpar para Fernando de Noronha, de onde seguiriam para a África. Mais reparos e três meses de espera foram necessários até que, em 1º de agosto, a DNOG finalmente conseguiu deixar o Brasil.

Na véspera da chegada a Dakar, um U-boot atacou o *Belmonte*. O *Rio Grande do Norte* contra-atacou o submarino alemão e, ao que parece, conseguiu afundá-lo.[153] A DNOG aportou na colônia francesa no dia 26 de agosto e começou a travar uma guerra inesperada. Duas semanas após a chegada, uma gripe assolou o cruzador *Bahia*. Duzentos marinheiros manifestaram os sintomas da doença que era conhecida por "espanhola", uma pandemia do vírus influenza que logo mataria mais de 20 milhões de pessoas ao redor do mundo, incluindo o presidente brasileiro eleito em 1918, Rodrigues Alves. A primeira vítima foi um dos médicos da esquadra, o capitão-tenente Pedro Monteiro Gondin Júnior. Em pouco tempo, a gripe se espalhou pelos navios e 55 brasileiros da DNOG morreram. A epidemia só foi controlada em outubro, mas vitimara mais de 150 brasileiros; outros 140 doentes precisaram retornar ao Brasil. Dos oitos navios originais, apenas quatro tiveram condições de seguir para Gibraltar a fim de patrulhar a costa. Durante a viagem, efetuaram duas únicas ações de guerra. Confundindo um cardume de toninhas com o rastro de telescópio de um submarino alemão, o *Bahia* teria disparado contra os cetáceos e só notou o equívoco quando observou enorme quantidade de sangue no mar. A "Batalha das Toninhas" passou para a história como um vexame, mas segundo o jornalista Marcelo Monteiro, autor de um livro sobre a participação do Brasil na guerra, a narrativa "pode ter sedimentado ao longo dos anos após ter surgido de um causo narrado à época da guerra". Uma das razões do ocorrido seria o contato visual do contratorpedeiro *Rio Grande do Norte* – e não o *Bahia* – com um "objeto flutuante, com oscilações, que poderia tratar-se de um submarino". O navio brasileiro, segundo o diário de bordo, fez o "sinal de submarino pressentido" e tomou as "providências adequadas". Outro fato semelhante aconteceu com o *Piauí*, sob o comando do capitão Alfredo de Andrade Dodsworth, que quase afundou um caça-submarinos estadunidense – também confundido com um U-boot.[154] De qualquer forma, a DNOG chegou a seu destino no dia 10 de novembro de 1918; no dia seguinte, os alemães assinaram o armistício em Compiègne.

AVIAÇÃO DE GUERRA

Quando o arquiduque Francisco Ferdinando foi assassinado em Sarajevo – e embora um dos pioneiros da aviação fosse brasileiro –, o país ainda não tinha uma escola de formação de aviadores. Em 1911, um grupo de entusiastas havia criado o Aeroclube Brasileiro, no Campo dos Afonsos, no Rio de Janeiro. Entre eles estavam os jornalistas Irineu Marinho e Victorino de Oliveira e o almirante Jose Carlos de Carvalho. Santos Dumont era o presidente de honra.[155] Foi no jornal *A Noite*, de propriedade de Marinho (pai do jornalista Roberto Marinho, do Grupo Globo), que surgiu a ideia de que o Exército brasileiro usasse aviões como armas de guerra. Uma escola de aviação em parceria com o ministério da Guerra foi imaginada, mas não concretizada. O Exército preferiu contratar a Escola Brasileira de Aviação, criada por três italianos. Nove aviões foram comprados na Europa e a escola começou a funcionar sob orientação do tenente da Marinha João Henrique Moller, o primeiro brasileiro a receber brevê de piloto internacional, em abril de 1911 — o segundo foi o tenente da cavalaria Ricardo João Kirk, em outubro de 1912; ambos haviam sido enviados à França para a formação. A escola, porém, fechou antes que alguém pudesse receber o brevê de piloto. A oportunidade de empregar o avião como arma de guerra, no entanto, surgiu em 1915, na insurreição do Contestado, em Santa Catarina. O general Fernando Setembrino de Carvalho, responsável pelas operações militares que visavam acabar com o levante sertanejo, solicitou ao ministério da Guerra que expedisse as novas armas. Kirk foi enviado para o sul com três aviões e o piloto italiano Ernesto Darioli. Ao chegar ao teatro de operações, os dois foram incumbidos de bombardear o reduto de Santa Maria, mas, pouco depois de decolar, o piloto brasileiro se chocou contra um pinheiro e morreu no acidente.[156]

Antes da declaração de guerra à Alemanha, em 1917, Marinha e Exército brasileiros acabaram criando suas escolas de aviação de forma independente e enviaram diversos pilotos para especialização nos Estados Unidos e na Itália. Com a Conferência Interaliada, Brasil e Inglaterra acordaram que nove oficiais brasileiros seguiriam para a Europa a fim de receber treinamento de guerra. O primeiro grupo com cinco homens partiu para o Reino Unido em 8 de janeiro de 1918. O restante seguiu dezoito dias mais tarde. Em Eastbourne, os brasileiros receberam treinamento em aviões bipostos Avro 504 e Airco DH6 e monopostos Sopwith Pup e Camel. Ainda na fase de provas, o tenente Eugênio Possolo morreu em um acidente com um Camel e três outros oficiais contraíram a gripe espanhola, ficando incapacitados até o fim da guerra. O restante dos brasileiros, depois de formados, seguiu para a base da RAF em Cattewater, próximo a Plymouth, onde passaram a integrar os esquadrões 237 e 238, com aviões Felixstowe F5, Short 184 e 240, da 10ª Força de Defesa Costeira. Em companhia de pilotos britânicos e estadunidenses, eles atuaram na patrulha antissubmarina e na busca por minas magnéticas no Canal da Mancha, recebendo ordens para voltar ao Brasil somente em março de 1919, quatro meses após o fim da guerra.

O primeiro-tenente brasileiro Eugênio Possolo (1894-1918), integrante da missão brasileira enviada à Inglaterra para treinamento de guerra. Possolo morreu em um acidente aéreo de instrução, em setembro de 1918.

Reprodução do jornal *O Espelho*, 15 de junho de 1918

MISSÃO MÉDICA

O último grupo brasileiro enviado à França, em conformidade com o acordo firmado na conferência de novembro de 1917, foi uma missão de assistência médica. Criada em 10 de julho de 1918, a Missão Médica Militar Brasileira estava subordinada inicialmente ao general Aché. Era composta por mais de 130 homens, com mais de oitenta médicos, entre oficiais do Exército e da Marinha, além de civis e acadêmicos de medicina. A coordenação técnica da Missão Médica ficou sob a responsabilidade do cirurgião mineiro José Nabuco de Gouveia. Em Paris, parte do grupo brasileiro ficou responsável por um hospital para atendimento de mais de quinhentos leitos; o restante dos médicos foi enviado para hospitais em Marselha, Nice, Renens, Montpellier, Nantes e Bordeaux, entre outras cidades com carência de atendimento médico.[157] A Missão Médica foi extinta quando o armistício foi assinado, mas se manteve atuante na França por vários meses. Em novembro de 1919, um ano após o fim da guerra, as instalações do Hospital Brasileiro foram entregues à Faculdade de Medicina de Paris.

Embora Inglaterra e França não concordassem inicialmente, o Brasil foi aceito na Conferência de Paz de Paris, mas somente como uma potência aliada de "interesses limitados". Depois da recusa de Rui Barbosa, a liderança da delegação brasileira foi entregue a Epitácio Pessoa. Junto com ele, como delegados plenipotenciários, estavam Pandiá Calógeras, Olinto Magalhães e Raul Fernandes. Armando Burlamaqui, Malan d'Angrogne, Rodrigo Otávio de Langaard Meneses e Hélio Lobo atuaram como consultores técnicos e secretário-geral. Outros sete secretários e oito adidos completavam o grupo. Mesmo com uma atuação modesta, como único país da América Latina a participar efetivamente do conflito, o Brasil recebeu como recompensa os navios alemães apreendidos nos portos nacionais e o direito de ser membro da Liga das Nações.

11. REVOLUÇÕES E GUERRA CIVIL NA RÚSSIA

O líder bolchevique era um homem de emoções intensas e ações virulentas. Seus verbos preferidos eram atacar, incendiar, purgar e exterminar. Lênin foi financiado pelos alemães para instaurar o caos na Rússia, o que ajudaria o kaiser a vencer a guerra. Após a tomada do poder, Lênin criou um eficiente sistema de repressão e um novo modelo econômico. Nem a Grande Guerra foi responsável por tantas mortes; somente de fome, mais de 8 milhões de pessoas pereceram.

Iekaterinburg, madrugada de quarta-feira, 17 de julho de 1918. Um dos líderes bolcheviques locais, Iákov Iuróvski, acorda a família imperial, que dormia no segundo andar da Casa Ipátiev, onde os Románov são mantidos prisioneiros desde abril. O ex-tsar Nicolau, a esposa Alexandra Fiódorovna, as quatro filhas do casal — Olga, Tatiana, Maria e Anastássia — e o pequeno Alexei, de apenas treze anos de idade, descem as escadas acompanhados do médico da família, dr. Bótkin, do cozinheiro Kharitonov, da criada Demidova e de Trupp, valete do imperador. Iuróvski é filho de um vidraceiro judeu, trabalhara como relojoeiro e fotógrafo antes de se juntar aos Vermelhos, tornar-se ordenança médico, membro do Soviete dos Urais e chefe da Tcheka, a temida polícia secreta de Lênin. Três décadas antes, aos treze anos de idade, um Iuróvski deslumbrado vira o então tsarévich Nicolau passar por Tomsk, sua cidade natal, ao voltar de uma viagem ao redor do mundo. Agora, com o Exército Branco se aproximando de Iekaterinburg, antes que o monarca fosse resgatado, ele recebera autorização do Krêmlin para que o "assassino coroado", "culpado diante do povo por inumeráveis crimes sangrentos", e a família fossem eliminados. Iuróvski reuniu o grupo de condenados em um porão dizendo-lhe apenas que seriam removidos dali. Com ele estavam cerca de dez homens armados com rifles, pistolas e revólveres. Alexandra sentou-se em uma das cadeiras dispostas no recinto enquanto, na outra, Nicolau acomodou Alexei. O restante da família e os serviçais se postaram de pé, encostados à parede.

Então Iuróvski leu um papel que trazia à mão: "Em vista do fato de que seus camaradas continuaram sua ofensiva contra a Rússia soviética, o Comitê Executivo do Soviete Regional dos Urais decidiu condená-los à morte". Um Nicolau aturdido protestou. Houve confusão, Iuróvski sacou uma arma e disparou contra o peito do tsar. Na sequência, como previamente combinado, os executores começaram a disparar e um tiroteio intenso encheu o quarto de fumaça. Quando a fuzilaria cessou, ouviram-se "gemidos, gritos e soluços baixinhos". Alexei e as meninas ainda viviam. Foram executados com mais disparos e transpassados violentamente por baionetas. "Jaziam corpos numa pavorosa desordem, olhos cheios de horror filtrando o vazio, roupas banhadas em sangue. O chão estava liso e escorregadio como um rinque de patinação com sangue, miolos e coágulos", lembrou Piotr Vóikov, um dos carrascos. O cãozinho Jemmy e o buldogue Órtino, de Tatiana, também foram mortos por estocadas de baionetas. Apenas Joy, o cão de Alexei, sobreviveu; fugindo durante o tiroteio, ele retornou mais tarde à procura do dono, foi adotado por um guarda Branco e enviado para a Inglaterra. Às três horas, os corpos foram levados a um caminhão que aguardava do lado de fora da casa — Maria e Anastássia começaram a chorar e foi preciso golpeá-las outras vezes até que estivessem realmente mortas — e transportados até uma velha mina, dezenove quilômetros dali. Os corpos foram despidos, e as roupas, incineradas. Na esperança de uma possível fuga, a família escondera diamantes em quepes, corpetes e meias; oito quilos de joias foram encontrados nas roupas. Depois de jogados numa cova rasa, Iuróvski jogou ácido sulfúrico sobre os cadáveres e ateou fogo. Um telegrama, em código, foi enviado a Moscou: "Toda a família teve o mesmo destino do chefe".[158]

Maria, Olga, Anastásia e Tatiana, grã-duquesas da Rússia e filhas de Nicolau II (1868-1918), como prisioneiras, após o trabalho nos jardins de Tsárskoie Seló, em 1917. No ano seguinte, o tsar e toda sua família seriam executados em Iekaterinburg, nos Urais. "Uma revolução sem pelotão de fuzilamento não significa nada", declarou Lênin (1870-1924).

REPRODUÇÃO/PIERRE GILLIARD/LIBRARY OF CONGRESS

LÊNIN

"O nome de Lênin é como uma estrela orientadora para os trabalhadores de todo o mundo", escreveram os autores de uma hagiografia do líder bolchevique, publicada pelo Instituto de Marxismo-Leninismo.[159] Para Anatoli Lunacharski, nomeado comissário para Instrução Popular após a Revolução de Outubro, cargo que ocuparia por mais de uma década, Lênin tinha um encanto pessoal único: "Esse magnetismo é colossal", atestou. "As pessoas que entram em sua órbita não só o aceitam como líder político, mas ficam de uma estranha maneira apaixonadas por ele". Isso incluía intelectuais, como o escritor Máximo Gorki, e Trótski, o criador do Exército Vermelho, que o conheceu em 1902, em Londres. Não obstante terem se desentendido em várias oportunidades ao longo dos anos pré-Revolução de Outubro, Trótski "enamorou-se perdidamente" de Lênin, observou o historiador estadunidense Bertrand Patenaude; ele foi "incapaz de resistir à força do encanto pessoal de Lênin". "Ele foi meu mestre", afirmou Trótski, já exilado no México.[160]

Para Angélica Balabanoff, uma ex-secretária, Lênin "era desprovido de qualquer egocentrismo, era totalmente indiferente ao que se dissesse ou escrevesse dele". Com notável talento para a síntese e a análise crítica, Lênin tinha uma memória aguçada e uma autoconfiança ímpar. Certa vez, a líder política dos socialistas alemães Rosa Luxemburgo teria confidenciado a Clara Zetkin, feminista e marxista, em uma conferência internacional: "Aquele é Lênin. Veja a cabeça obstinada e teimosa. Uma cabeça de verdadeiro camponês russo com alguns suaves traços asiáticos. Aquele homem tentará derrubar montanhas. Talvez seja esmagado por elas, mas nunca se renderá".[161]

Lênin nasceu Vladímir Ilítch Uliánov em Simbirsk, às margens do rio Volga, a mais de oitocentos quilômetros de Moscou, a 10 de abril de 1870, segundo o calendário juliano; 22 de abril pelo calendário ocidental. Em homenagem a Lênin, mais tarde Simbirsk foi rebatizada como Ulianovsk. Seu pai, Iliá Nikoláievich Uliánov, professor de matemática e física, pertencia a uma família de pequenos burgueses com origem em Astracã, próxima ao Mar Cáspio. A mãe, Maria Alexándrovna, era filha de um médico. Lênin era o quarto de uma família de oito filhos, dos quais dois morreram ainda pequenos. "Volódia", como era então chamado, estudou dos nove aos dezessete anos em Simbirsk. "O melhor aluno", segundo sua biografia oficial, bom nadador, patinador e enxadrista. Teria sido seu irmão mais velho, Aleksandr Uliánov, o "Sacha", quem lhe apresentou *O capital*, do filósofo alemão Karl Marx. Sacha era estudante em São Petersburgo e foi preso em março de 1887 por participar do atentado contra o tsar Alexandre III, pai do futuro Nicolau II. Aos 21 anos de idade, julgado e condenado à forca, o irmão de Lênin foi executado em maio do mesmo ano. Enquanto isso, Volódia entrava na Universidade de Kazan, a antiga capital tártara, como estudante de direito. "Estudante excepcionalmente talentoso, diligente e preciso", o descreveu Fiódor Kérenski, diretor escolar e pai do futuro primeiro-ministro do governo provisório de 1917. Pouco tempo após ingressar na faculdade, porém, Lênin se envolveu com grupos marxistas ilegais, sendo preso e banido da universidade. Foi durante a vigilância policial, entre os anos de 1888 e 1889, que Lênin dedicou-se a ler *O capital*. Era um leitor voraz, e, não obstante se dedicasse à leitura de filósofos e teóricos políticos, apreciava a literatura de Tolstói, embora divergisse de suas posições filosóficas; o escritor russo mais citado em seus artigos era Saltikov-Shchedrin. Admirava ainda Krílov, Gógol, Púchkin e Nekrássov, Shakespeare, Molière e Schiller. Vyacheslav Molotov, um dos poucos líderes bolcheviques da primeira hora a sobreviver aos expurgos da era stalinista, dizia que, além de extremamente pontual, Lênin era "preciso e infernalmente organizado". Era uma marca pessoal que, segundo a irmã, herdara da mãe de origem germânica. No campo pessoal, era frugal e reservado, adorava a companhia de cães e principalmente de gatos, com quem se deixou fotografar inúmeras vezes. Depois de casado, saía constantemente de bicicleta com a esposa, frequentavam o teatro e iam a concertos.

A primeira ação de natureza política em que Lênin se envolveu mais seriamente aconteceu em 1891, quando tinha 21 anos de idade. Ele se negou a participar da organização de bailes e concertos que estavam sendo realizados no intuito de angariar fundos para atender camponeses famintos. Lênin acreditava que ações voltadas a aliviar consciências não eram a melhor forma de acabar com o problema, serviam apenas para ocultá-lo. Além do mais, ele pensava que tais ações não passavam de desperdício de dinheiro. Para Lênin, "as discussões sobre ajuda aos famintos não passavam, psicologicamente falando, de expressões de sentimentalismo patético, bem típico de nosso povo instruído", relatou Vassíli Vassílevitch Vodovózov. "Além disso, a fome não somente destruiu a fé no tsar, como também a fé em Deus".[162] Como para ele qualquer cooperação com as autoridades era inaceitável, Lênin fez os próprios protestos de forma independente.

Com ajuda da mãe, depois de ser rejeitado em várias universidades, Lênin foi aceito pela Universidade de São Petersburgo, em 1891. No ano seguinte, foi-lhe concedida permissão para trabalhar – ainda que sob vigilância policial. Entre 1892 e 1893 atuou como advogado, atendendo 24 casos ao todo. Deixando a advocacia, Lênin se estabeleceu como intelectual independente – embora não fosse muito, suas publicações lhe rendiam alguma coisa. Para o historiador húngaro Tamás Krausz, porém, foi o bom nível econômico da família o "fator relevante em seu desenvolvimento intelectual". Sem a ajuda financeira vinda da mãe, ele dificilmente teria conseguido sobreviver e financiar os estudos. Em 1895, viajou por Suíça, Alemanha e França. Conheceu sociais-democratas importantes, como Georgi Plekhanov e Wilhelm Liebknecht. Ao voltar, Lênin foi preso em razão de seu trabalho com a União da Luta pela Emancipação da Classe Operária. Condenado a catorze meses de prisão e três anos de exílio em Chúchenskoie, uma aldeia de 1,5 mil habitantes na Sibéria, mais uma vez foi a mãe que lhe prestou auxílio. Ali Lênin se casou com Nadejda Krúpskaia, também presa por atividade política, em 10 de julho de 1898.

O nome "Lênin" apareceu em 1901, em um artigo para o *Iskra*, "A centelha", e pouco depois no *Zariá*, "Aurora", um diário teórico e científico da social-democracia russa publicado na Alemanha. Nem mesmo Krúpskaia sabia a origem e o motivo do nome. Lênin usara mais de 150 pseudônimos em seus artigos. A bibliografia soviética associa Lênin ao rio Lena, da mesma forma que associa o pseudônimo de Plekhanov, "Vólguin", ao rio Volga. De toda forma, já nessa época Lênin admitia que nunca renunciaria ao terror para alcançar seus objetivos. "Que posição você toma na revolução? Você é a favor ou contra? Se ele é contra, nós o colocaremos no paredão!" Ele adorava rechear seus textos com metáforas e termos militares: "estado de sítio", "ofensivas", "marchas", "lâminas de aço", "círculo de ferro", "pelotão de fuzilamento". Verbos como "atacar", "incendiar", "purgar" e "exterminar" apareciam com frequência. Nutria prazer incomum em se utilizar de um linguajar virulento, um "ódio verbal", como observou um historiador. Fazia questão de atacar seus opositores atribuindo-lhes supostos defeitos morais, mesmo aqueles que discordavam minimamente de suas ideias e teorias. Já como chefe de governo, expressões e ordens como "contra o paredão" e "fuzile-os" continuaram comuns.

Não é por menos que Lênin observava com contentamento e inveja o movimento de Mussolini na Itália — o professor de escola primária e jornalista político era um dos socialistas mais lidos da Europa de então. Com 29 anos de idade, Mussolini tomou o poder no Partido Socialista Italiano em 1912, insistindo para que a organização seguisse uma orientação "marxista, internacionalista e inflexível". Escrevendo para o *Pravda* em julho daquele ano, Lênin afirmou que os italianos tomavam "o rumo certo". A Grande Guerra, no entanto, mudaria o direcionamento do líder socialista italiano; em 1919, envolvido com o ultranacionalismo, Mussolini deixou o marxismo de lado e fundou um novo partido, o Partido Nacional Fascista — que não era completamente alheio a suas antigas ideias.

A escritora Vera Zasulitch, niilista e colaboradora do *Iskra*, afirmou que a ideia de Lênin para o partido era a de uma ditadura personalizada nos moldes do rei francês Luís XIV ("o Estado sou eu") e não muito diferente da de Mussolini na Itália. Também usando a França como comparação, Trótski afirmou que Lênin era um Robespierre, um ditador terrorista, "uma caricatura da intransigência trágica do jacobinismo". "O partido é substituído pela organização do partido, a organização do partido pelo comitê central e, finalmente, o comitê central pelo ditador".[163] Lênin acreditava que revoluções deveriam ser feitas por um pequeno grupo de homens, com um líder absoluto e inconteste. Exatamente o contrário do que imaginavam os marxistas alemães, mais inclinados a acreditar que o triunfo do proletariado dar-se-ia quase que como uma evolução. "A prática é cem vezes mais importante que a teoria", afirmava Lênin. "O que vale é vencer". Ele próprio nunca visitara o interior de uma fábrica ou pisara em uma fazenda. Somente em 1906, após anos de publicações teóricas, é que ele discursou pela primeira vez diante de trabalhadores, em um comício. Foi a única aparição pública de Lênin antes de 1917. Ele fez o discurso diante de 3 mil pessoas, em São Petersburgo, sob o pseudônimo de "Kárpov".

Quando o Segundo Congresso de Sovietes, em outubro de 1917, suprimiu a pena de morte, Lênin disparou: "É um erro, uma fraqueza inadmissível, uma ilusão pacifista". Em meio às disputas pelo poder, em junho de 1918, um dirigente bolchevique foi morto por um militante socialista-revolucionário em São Petersburgo — o que não era incomum; mais de setenta incidentes antibolcheviques haviam acontecido até aquele mês, inclusive um contra o próprio Lênin, ocorrido em janeiro de 1918, quando um radical desiludido disparou contra seu carro. Lênin respondeu afirmando que a hora era "ultramarcial"; na visão dele, era tempo de apoiar o "terror de massa": "É indispensável encorajar a energia e o caráter de massa do terror dirigido contra os contrarrevolucionários".[164] Para Rosa Luxemburgo, estava ficando claro que Lênin cada vez mais se aproximava daquilo que afirmava combater: "O 'ego' esmagado e pulverizado pelo absolutismo russo reapareceu na forma do 'ego' do revolucionário russo" que "continua teimosamente a se proclamar de novo o mais absorvente consumidor da história". A notável marxista alemã afirmou que a ideia de Lênin contrariava a base científica da teoria marxista, chamando-a de "elitista". O que para Luxemburgo conduziria inevitavelmente ao "ultracentralismo militar". Assustada com o terror pós-Outubro Vermelho, ela escreveu no programa do Partido Comunista Alemão, em dezembro de 1918: "A revolução proletária não precisa de terror para cumprir seus propósitos, ela detesta e abomina o assassinato".[165] Já às vésperas da Revolução de Outubro, o militante socialista franco-russo Charles Rappaport observou que Lênin considerava que "só ele é um socialista" e que uma "guerra é declarada a quem quer que discorde dele". Para Georgi Plekhanov, o verdadeiro fundador do marxismo russo e do *Iskra*, Lênin "confundia a ditadura do proletariado com a ditadura sobre o proletariado".[166]

A REVOLUÇÃO DE FEVEREIRO

Muito embora a revolução de 1905 tivesse fracassado, os bolcheviques não foram completamente derrotados — o termo vem do russo *bol'shinstivo*, "maioria", e surgira em 1903, em Londres, durante o II Congresso do Partido Operário Social-Democrata Russo, o *Posdr*; os adversários de Lênin ficaram conhecidos como mencheviques, de *men'shinstvo*, "minoria". (A repressão ao levante de 1905 foi brutal, números oficiais citam 1,2 mil execuções e 70 mil presos, mas é provável que o número de mortos passe de 15 mil, com outros 45 mil deportados.) O tsar conseguira manter-se de pé, não obstante tenha sido forçado a convocar eleições gerais para o parlamento, a Duma (do russo *dumat*, "pensar"), que seria encarregada de elaborar uma constituição para a Rússia e, teoricamente, limitar seus poderes de autocrata. O que nunca ocorreu. Passado o período de crise, Nicolau não atendeu as reivindicações da Duma e, em 1913, comemorou, inclusive, com toda pompa possível, os trezentos anos de sua dinastia. Mas a fragilidade do governo permanecera presente no interregno 1906-1914. Nos dois últimos anos, mais de 9 mil greves tinham sacudido o país sem que o governante conseguisse encontrar soluções para problemas básicos. Em 1914, às vésperas da Grande Guerra, havia 1,5 milhão de trabalhadores em greve e a condição econômica da Rússia era grave. Quando Nicolau declarou guerra à Alemanha, em agosto daquele ano, Lênin a saudou como o "melhor presente" que o tsar poderia dar aos revolucionários.[167]

O parlamento russo declarou apoio incondicional à guerra e imprudentemente aprovou um imenso orçamento militar, mas, na Alemanha, os socialistas se mantiveram fiéis às resoluções da Segunda Internacional, posicionando-se contra o que consideravam uma "guerra imperialista". Mais tarde, a social-democracia votaria contra os créditos de guerra, sendo expulsa do parlamento alemão. Em agosto de 1914, Lênin, que vivia exilado em Neumarkt, na Galícia Ocidental, foi preso pela polícia austríaca. O líder dos sociais-democratas austríacos Victor Adler conseguiu libertar Lênin, garantindo às autoridades que, se fosse libertado, o líder bolchevique russo faria uma campanha contra o tsar. Como Adler e a bancada socialista da Áustria-Hungria haviam apoiado a declaração de guerra, sua influência no governo garantiu a libertação de Lênin, que teve permissão para seguir para a Suíça — um país neutro. Em Genebra, Lênin escreveu artigos sobre os caminhos do socialismo e suas famosas teses sobre a guerra, conclamando os trabalhadores do mundo a se oporem ao conflito.

Em janeiro de 1915, o filósofo e político socialista russo-germânico Alexander Helphand procurou o embaixador alemão em Istambul, na Turquia. Segundo ele informou ao diplomata, os revolucionários russos tinham o mesmo interesse que os alemães: derrotar o tsar Nicolau II. Helphand, que militava na social-democracia alemã, explicou que o objetivo bolchevique era destruir o tsarismo e dividir a Rússia em estados menores. A Alemanha, lembrou Helphand, não conseguiria derrotar o gigantesco império Románov se não houvesse uma revolução interna que desestruturasse a nação. O kaiser assentiu e, em abril, o governo alemão transferiu dinheiro a um intermediário estoniano para que fosse entregue a Lênin. O líder bolchevique deveria prosseguir com suas atividades contrárias à guerra e, tão logo fosse possível, retornar à Rússia para promover uma revolução.

Em setembro de 1915, uma Conferência da Internacional Socialista se reuniu em Zimmerwald, na Suíça. Além de Lênin, também estavam presentes Trótski, os socialistas alemães Luxemburgo e Liebknecht, e o belga Émile Vandervelde. O resultado, de efeito quase nulo, foi a apresentação de um manifesto público contra a guerra e uma petição pela paz imediata. Em abril do ano seguinte, também na Suíça, a Segunda Internacional Socialista se reuniu em Kienthal. Os socialistas acreditavam que a guerra havia sido criada como uma conspiração capitalista com o objetivo de beneficiar industriais fabricantes de armas e governos interessados em ganhos territoriais — o que, de certo modo, era verdadeiro. Mas Lênin não conseguiu convencer os delegados alemães e franceses de que a Grande Guerra era um prelúdio necessário e inevitável para a queda do capitalismo.

Enquanto a Grande Guerra prosseguia e os socialistas tentavam se articular, na Rússia a autoridade e a imagem de Nicolau II eram destruídas não apenas pela incompetência do monarca em gerir as questões políticas e econômicas. Fofocas corriam por toda a Rússia dando conta de que o monge Raspútin dormia com a tsarina e sua dama de companhia, Anna Virubova, além de ter estuprado as filhas de Nicolau. Em 1915, ao chegar bêbado ao Yar, um famoso restaurante em Moscou, Raspútin deu início a uma briga, pôs o pênis sobre a mesa e afirmou que podia fazer o que bem entendesse com a "velha menina" — a tsarina Alexandra Fiódorovna.

Grigóri Raspútin era considerado pelos Románov um *stárets*, um homem santo. Mas o siberiano não tinha nada de santo; não sabia ler ou escrever e fora ladrão de cavalos, além de se envolver com prostitutas e orgias regadas a álcool, cantos e fornicações. "Homem de traços toscos, malcheiroso e rude, gostava de mulheres e as entendia, e elas formavam a maioria de seus adeptos", escreveu o historiador Simon Montefiore.[168] Seu pênis, de "escala equina", fazia sucesso entre a nobreza, mas sua ascensão junto à família imperial deu-se pelo fato, aparentemente milagroso, de fazer parar as sangrias do tsaréviсh Alexei. Em dezembro de 1916, Raspútin foi assassinado pelo príncipe Félix Iussúpov com ajuda de um agente secreto britânico. Durante a Revolução, o corpo de Raspútin foi desenterrado e seu pênis decepado. O corpo ficou exposto em um salão em Tsárskoie Seló, depois removido por ordens de Kérenski, enterrado e novamente desenterrado para ser incinerado com gasolina. Seu pênis, no entanto, reapareceu na França tempos mais tarde (pelo menos um, dos muitos a ele atribuídos).

O inverno de 1916-1917 foi especialmente rigoroso. O frio e a escassez de alimentos contribuíram para piorar as condições de vida, o que concorreu para o aumento de manifestações e greves. Georgi Zhukov, então sargento de um esquadrão de cavalaria e mais tarde mundialmente famoso por sua atuação como general durante a Segunda Guerra, escreveu que muitos soldados estavam desertando das linhas de frente e retornando para casa, onde suas famílias passavam fome. Em fevereiro de 1917, ele participou de uma "assembleia" em que ouviu um oficial declarar: "O povo russo quer que se ponha fim à chacina de uma guerra imperialista. O povo quer paz, terra e liberdade" – eram palavras escritas por Lênin, que se encontrava no exílio. Após pedir pelo fim da guerra e do tsar, a reunião terminou com os soldados se integrando às manifestações. No dia 23 de fevereiro, 8 de março no calendário ocidental, para celebrar o Dia Internacional da Mulher, fixado pela Segunda Internacional Socialista, trabalhadoras de São Petersburgo entraram em greve e em passeata dirigiram-se para o centro da então capital russa. Driblaram a repressão e conseguiram apoio dos operários que tomaram a cidade no dia seguinte. No dia 25, uma greve geral paralisou a velha cidade de Pedro, O Grande. Os manifestantes exigiam o fim da guerra, a renúncia do tsar e uma política que acabasse com a fome. O presidente da Duma, Mikhail Rodzianko, apelou a Nicolau para que organizasse um governo aprovado pelo parlamento. O tsar, porém, aferrado ao poder e incapaz de ver que o império de três séculos dos Románov ruía, ordenou que as tropas do governo passassem à repressão, como feito, com sucesso, em 1905. No dia seguinte, combates resultaram em centenas de mortes e o estado de sítio foi decretado. Contudo, as tropas já não nutriam mais respeito pela autoridade. No dia 27, manifestantes, operários, mulheres e soldados tomaram as ruas e praças de São Petersburgo. Amotinados, os soldados se apossaram do arsenal e distribuíram armas aos manifestantes, que incendiaram o Palácio da Justiça. No dia seguinte, as últimas tropas fiéis a Nicolau renderam-se. Em 1º de março, os deputados da Duma formaram um Governo Provisório com apoio do Soviete de Operários e Soldados (eleito pelas fábricas e regimentos da capital). "Quatro dias espontâneos e sem liderança na rua puseram fim a um Império", escreveu Eric Hobsbawm.[169] Pelo menos 1.433 pessoas morreram e outras 6 mil ficaram feridas.

Soldados do Exército russo nas ruas de São Petersburgo, durante a Revolução de Fevereiro de 1917, que acabou por derrubar o tsar Nicolau II (1868-1918). Pouco depois e com apoio alemão, o líder bolchevique Vladímir Lênin (1870-1924) chegou à Rússia para liderar um golpe, derrubar o Governo Provisório e tomar o poder.

Reprodução/Library of Congress

Em 2 de março de 1917 (dia 15, segundo o calendário ocidental), por mera formalidade, o tsar abdicou. Seis dias mais tarde, tanto ele quanto a família foram feitos prisioneiros no próprio palácio, em Tsárskoie Seló, sendo depois enviados pelos bolcheviques para Tobolsk, a mais de 3 mil quilômetros de São Petersburgo, agora renomeada pelos revolucionários de Petrogrado, e finalmente para

Iekaterinburg, a seiscentos quilômetros de Tobolsk, onde seriam assassinados no ano seguinte. Depois da guerra, Guilherme II jurou que tinha tentado salvar Nicolau: "Fiz tudo que era humanamente possível pelo desgraçado tsar e sua família".[170] Um acordo com Kérenski, então líder do Governo Provisório, levaria a família imperial em um trem com salvo-conduto. O rei Jorge V também planejara pessoalmente resgatar Nicolau com um cruzador britânico. Anos mais tarde, ele confidenciou ao filho ter ficado magoado que a Grã-Bretanha não tivesse levantado um único dedo para salvar seu primo.

O GOLPE DE OUTUBRO E A GUERRA CIVIL

Em julho de 1917, Aleksandr Kérenski assumiu como segundo (e último) primeiro-ministro do Governo Provisório. Kérenski enfrentou os mesmos problemas de seu antecessor, o príncipe Lvov: a Rússia entrara em ebulição política, não havia como formar um governo de coalizão. Três meses antes, enviado pelos alemães em um trem com salvo-conduto, Lênin chegara a São Petersburgo como um "bacilo da peste", disposto a solapar qualquer organização governamental. Em suas famosas Teses de Abril, atacava liberais e sociais-democratas e conclamava os sovietes — os conselhos de trabalhadores — a tomarem o poder. "Todo poder aos sovietes!" virou um grito de guerra.

Na noite de 24 de outubro (6 de novembro pelo calendário ocidental), Lênin escreve a seus camaradas: "Se tomarmos o poder hoje, não o faremos contra os soviéticos, mas para eles. O povo tem o direito de decidir pela força e não pelo voto. O governo está balançado. Cabe a nós dar-lhe o golpe de morte a qualquer custo".[171] No dia seguinte, Kérenski mal podia defender a si próprio; às dez horas, o Comitê Militar Revolucionário, organizado por Trótski e que tinha entre seus comandantes Josef Stálin, depôs o governo e o primeiro-ministro fugiu para Gatchina. No começo da tarde, Trótski confirmou a deposição de Kérenski no plenário do Soviete de Petrogrado, mas o ministério do Governo Provisório ainda estava reunido no Palácio de Inverno, emitindo ordens e acusando os bolcheviques de golpe de Estado — o que era verdade. Às 20h30, depois de um ultimato, o palácio que servira aos tsares desde o século XVIII, e que abrigava a sede do Governo Provisório, foi atacado por forças bolcheviques após o disparo de canhão do cruzador *Aurora*, que estava ancorado no porto da cidade e se juntara aos revolucionários. Alguns poucos soldados e o Batalhão da Morte, de Bochkareva, nada puderam fazer. O Palácio de Inverno caiu às duas horas da madrugada do dia 26 de outubro.

Com o sucesso do golpe, Lênin e seus revolucionários haviam triunfado. Restava, então, deixar a "guerra imperialista" e destruir os inimigos internos. Cinco meses depois, em março de 1918, o governo bolchevista assinou o Tratado de Brest-Litovski com os alemães. A Rússia saía da Grande Guerra com pesadas perdas: aproximadamente 25% de seu território e 26% de sua população; mais de 30% da produção agrícola e 23% da industrial; 75% da produção de carvão e 80% da de açúcar. A Polônia ganhou independência, enquanto Ucrânia, Países Bálticos e Finlândia passavam ao controle alemão, e Kars e Batum para domínio otomano. A Alemanha provaria do mesmo veneno que servira à Rússia pouco mais de um ano depois, em Versalhes.

Depois de assinada a paz com os alemães, o Partido Bolchevique passou a se chamar Partido Comunista da Rússia — crescera de pouco mais de 23 mil afiliados para mais de 585 mil. Embora tivesse prometido que polícia e burocracia de Estado desapareceriam com a "revolução proletária", pois seriam instituições de uma "sociedade burguesa", após o golpe Lênin não apenas manteve um sistema burocratizado como criou uma nova e mais eficiente polícia política secreta, a Tcheka, abreviatura em russo para "Comissão Extraordinária de Combate à Contrarrevolução e à Sabotagem". A *Okhrana*, polícia secreta do tsar, chegou a manter 15 mil homens em operação, sendo a maior organização desse tipo na Europa, mas a polícia de Lênin reuniu em pouco tempo mais de 250 mil agentes. A máquina burocrática comunista, como o próprio Lênin observou, se multiplicara. Em 1919 havia quase 530 mil funcionários no país; no ano seguinte esse número alcançaria incríveis 5,8 milhões de servidores. Os tsares executavam, em média, dezessete pessoas por ano, somando todos os tipos de crimes. Entre 1825 e 1917, a autocracia Románov condenou à morte por questões políticas 6.360 pessoas — das quais 3.932 foram executadas, mais de 3,7 mil nos anos 1906-1910. Somente entre 1917 e 1918, a Tcheka executou mil pessoas por mês, unicamente por razões políticas.

Em janeiro de 1918, Trótski criou um novo exército, que seguiria as diretrizes do partido e combateria os contrarrevolucionários brancos: o "Exército Vermelho Operário e Camponês", conhecido simplesmente por "Exército Vermelho". O braço armado da revolução, inicialmente formado com voluntários, aos poucos foi sendo constituído por meio do serviço militar obrigatório – depois de doutrinados, cerca de 40 mil dos 130 mil oficiais do antigo exército tsarista foram incorporados à nova força militar do país. "Nós não entraremos no reinado do socialismo com luvas brancas e sobre um chão polido", afirmou Trótski.

Não obstante controlassem as principais cidades, como Petrogrado e Moscou, os bolcheviques ainda não dominavam inteiramente o país. "O que temos é uma tigela de mingau, não uma ditadura", lamentou Lênin quando os Brancos tomaram Kazan e Simbirsk. Insurreições camponesas e levantes contrarrevolucionários apoiados por países estrangeiros ameaçavam restaurar a autocracia ou pelo menos derrubar os revolucionários. O Exército Branco era formado por oficiais adeptos do tsarismo ou cossacos (aproximadamente 300 mil homens), e também por generais e tropas aliadas (180 mil soldados britânicos, franceses, estadunidenses, italianos, gregos, japoneses, tchecos e eslovacos).

Como retaliação a um levante ocorrido em Penza, Lênin telegrafou ao Comitê Executivo local para que fossem aprisionados "os kulaks, os padres, os soldados do Exército Branco e outros elementos duvidosos num campo de concentração". Como exemplo da "luta final", deviam ser enforcados "não menos de cem kulaks" – além do confisco dos grãos e da publicação dos nomes dos insurgentes. "Façam isso de maneira que a cem léguas em torno as pessoas vejam, tremam, compreendam e digam: eles matam e continuarão a matar os kulaks sedentos de sangue". Para Lênin, kulaks eram o "camponês rico e predador", o "usurário", o "burguês rural" e o "bebedor de sangue".

A insurreição dos marinheiros da cidade portuária de Kronstadt, no golfo da Finlândia, a poucos quilômetros de Petrogrado, entre fevereiro e março de 1921, encerrou o ciclo das revoluções russas (a de 1921 somou-se à de 1905 e às de fevereiro e outubro de 1917). Em junho de 1921, os últimos destacamentos brancos foram derrotados.

No ano seguinte, foi criada a União das Repúblicas Socialistas Soviéticas — URSS, uma composição política com quinze "repúblicas" sob a liderança de Moscou e do Secretário-Geral do Comitê Central do Partido Comunista da URSS, o cargo máximo do novo Estado. Para Paul Johnson, "Lênin foi o primeiro de uma nova espécie: o organizador profissional de políticos totalitários". "O demagogo típico", disparou o biógrafo húngaro Victor Sebestyen.[172] O tsarismo foi substituído pelo marxismo-leninismo e a autocracia pela ditadura comunista. A "revolução do proletariado", prevista pelo marxismo para acontecer em um país industrializado, foi levada a cabo em uma nação de camponeses. A Rússia tinha mais de 103 milhões de camponeses e apenas 3,5 milhões de operários e mineiros (ou 15 milhões se a ideia de "proletário" for ampliada).

Em 1921, em meio à guerra civil que se instaurara na Rússia, Lênin passou a sofrer de insônia e terríveis dores de cabeça. Por insistência do Politburo, o Comitê Central do Partido Comunista, ele deixou Moscou para uma licença em Gorki.[173] Em maio de 1922, Lênin sofreu um acidente vascular cerebral, ficando parcialmente paralisado e inteiramente incapacitado para trabalhar durante meses a fio. Em outubro, retornou ao trabalho, mas foi impedido de ter acesso a documentos. Começou então a ditar seu testamento político, em que apontava Trótski e Stálin como os mais eminentes líderes bolcheviques. Trótski, segundo ele, era o "mais capaz". Para Lênin, Stálin era "rude demais", e era recomendável que fosse removido do cargo de Secretário-Geral do Partido Comunista. Em março de 1923, Lênin sofreu um segundo derrame, perdeu a capacidade de falar e os movimentos. Em 21 de janeiro de 1924, ele entrou em coma e morreu em sua *dacha* em Gorki. O velório durou quatro dias e mais de 1 milhão de pessoas de toda a Rússia correram para lhe prestar homenagens. Seu corpo foi mumificado e guardado em um mausoléu na Praça Vermelha. Passado quase um século, sua múmia ainda permanece lá como exemplo original do culto à personalidade, típico dos regimes comunistas que Lênin ajudara a construir.

Em pouco mais de três anos, cerca de 4,5 milhões de pessoas pereceram. Simultaneamente, quase 30 milhões de habitantes foram atingidos pela fome, vítimas do modelo econômico implantado à força — estatização da economia e confisco de mais de 150 milhões de hectares de propriedade privada. Na pior fase da crise, entre os anos de 1921 e 1922, o país só conseguia prestar assistência a 3 milhões de pessoas; a Cruz Vermelha e os *quakers* alimentavam cerca de 11 milhões. Aproximadamente 5 milhões morreram nesses dois anos. Somente Petrogrado perdeu dois terços de sua população; Moscou, a metade. A última grande fome na Rússia acontecera no ano de 1891 — a fome que Lênin se negara a combater — e havia causado menos de 500 mil mortes.[174] Agora, uma vez mais, ele parecia à vontade em usar o número de famintos para seus propósitos. Em carta ao Politburo, Lênin explicou que a fome servia para "dar um golpe mortal na cabeça" de um inimigo perigoso: a Igreja ortodoxa. O confisco dos bens da Igreja chegara ao auge em 1922, quase ao mesmo tempo em que a fome atingira seu pico. Mais de 2,6 mil padres, 1,9 mil monges e 3.440 freiras foram mortos naquele ano. Em Petrogrado, 76 eclesiásticos foram enviados a campos de concentração e quatro foram executados, entre eles o bispo metropolitano. Em Moscou, 148 foram confinados em campos de trabalhos forçados e seis foram assassinados; o patriarca Tikohn escapou da morte e dos campos, mas foi posto em cárcere privado. Em 1922, também teve início uma série de execuções de intelectuais e professores. Quase duzentos foram expulsos do país, sendo-lhes permitido apenas levar vinte dólares e uma pequena trouxa de roupas. Todos foram obrigados a assinar um documento atestando ciência de que se retornassem à Rússia seriam fuzilados.

O historiador russo Vadim Kozhinov estima em 20 milhões o total de vítimas da revolução — crianças abandonadas e órfãs seriam 7 milhões. O historiador russo Viktor Danilov acredita que 8 milhões seja o número de mortos, e o alemão Manfred Hildemeier calcula algo entre 9 e 10 milhões. Segundo estimativas realizadas por uma equipe de historiadores franceses, todos ligados à esquerda e liderados por Stéphane Cortois, o número de mortos por regimes comunistas ao redor do mundo desde a Revolução de Outubro chegou a 100 milhões (com números maiores na China, 65 milhões; e 20 milhões na União Soviética; na América Latina foram pelo menos 150 mil). Em uma única palavra: genocídio.[175]

12. OS ERROS DE VERSALHES

Realizada após o encerramento das hostilidades, a Conferência de Paz de Paris era a oportunidade certa para corrigir os erros do passado e pôr fim a qualquer possibilidade de um novo conflito armado entre nações. O que se viu, no entanto, foi um dos maiores equívocos diplomáticos de todos os tempos, a repetição do revanchismo nacionalista que marcara o século anterior: o Tratado de Versalhes foi a semente da Segunda Grande Guerra Mundial.

Em setembro de 1918 estava claro para os militares alemães que, mesmo tendo vencido a guerra no Leste, não podiam vencer no Oeste. O país estava exaurido e não tinha mais condições de continuar lutando, nem econômica nem militarmente. Seu enorme exército de 9 milhões de soldados recuava de forma ordenada dos territórios francês e belga, apenas aguardando um milagre. Enquanto isso, do outro lado do Atlântico, ao longo daquele ano o presidente norte-americano Woodrow Wilson havia fundamentado algo totalmente novo. Seus "Catorze Pontos" e "Quatro Princípios" norteariam uma nova política mundial. "Povos e províncias não devem ser trocados e destrocados de uma soberania a outra como permuta de mobiliário ou de peões num jogo de xadrez", escreveu o presidente no segundo princípio que deveria reger as nações modernas.[176] Não haveria mais "anexações, contribuições e danos punitivos", tampouco acordos e cláusulas secretas. Uma clara tentativa de evitar outro tratado como o de Viena, de 1815, marcado pela política de compensações e que moldara a Europa moderna. Quando Wilson tornou público os últimos detalhes de seus "princípios", o general Erich Ludendorff anunciou ao kaiser que a Alemanha não podia vencer a guerra, "a condição exige um armistício imediato para evitar uma catástrofe", afirmou ele. A ideia dos militares era jogar o peso e a desonra da derrota no colo dos políticos civis, seguros que estavam de que a Alemanha, ainda ocupando territórios inimigos, não seria punida nem despedaçada em suas fronteiras — tudo com base nas ideias divulgadas pelo presidente norte-americano. Foi com esse pensamento que o chanceler príncipe Max de Baden iniciou negociações para um armistício com os Aliados, em outubro. Os austríacos fizeram o mesmo.

Em 5 de novembro, Wilson ofereceu a paz aos alemães tendo como base os "Catorze Pontos" e apenas dois requisitos: a liberdade dos mares e a compensação pelos danos causados pela guerra. "Os alemães concordaram em deixar as armas sob essas condições", observou o historiador britânico Paul Johnson, e seis dias depois assinaram um armistício.[177] O que eles não sabiam é que uma reunião secreta, realizada em 29 de outubro entre um representante de Wilson, o primeiro-ministro francês Georges Clemenceau e o premiê britânico Lloyd George, afastara a possibilidade de que os europeus aceitassem acordos guiados pelos princípios idealizados pelo presidente estadunidense. Lloyd George queria, inclusive, que o kaiser Guilherme II fosse julgado e enforcado com outros mil criminosos de guerra. Os ingleses pressionaram o governo da rainha Guilhermina dos Países Baixos (casada com um príncipe alemão) para que Guilherme fosse entregue, mas os holandeses rechaçaram todas as tentativas. Os jornais britânicos também fizeram parte da campanha "Enforquem o kaiser!". Somente o rei Jorge, mesmo tendo se distanciado do primo alemão durante a guerra, achou a ideia abominável.

VERSALHES

Em 18 de janeiro de 1919, no Salão dos Relógios do ministério das Relações Exteriores francês, às margens do Sena, no Quai d'Orsay em Paris, teve início a sessão plenária da Conferência de Paz. Os vencedores reuniam-se para elaborar o acordo que deveria ser a continuação do armistício firmado em Compiègne, em novembro do ano anterior, e que marcara o fim da Grande Guerra. O que se viu, no entanto, não foi nada disso. A Alemanha não foi convidada a sentar-se à mesa de negociações e seus representantes receberam o mesmo tratamento dispensado a prisioneiros. Os vencidos também não tiveram o direito de apresentar contrapropostas. Os métodos norte-americanos, justificavam-se os detratores de Wilson, não se ajustavam à velha Europa, com seus problemas particulares, fatores históricos e geopolíticos. Anglo-americanos, afirmavam os franceses, estavam protegidos pelo canal e pelo oceano, enquanto a França, a eterna inimiga da Alemanha, precisava de garantias maiores de que não sofreria com uma nova invasão alemã no futuro. Em 7 de maio de 1919, os alemães tomaram conhecimento dos termos do tratado. A esperança de que os vencedores agiriam conforme o idealismo do presidente Wilson não se confirmou. Lloyd George e principalmente Clemenceau foram implacáveis. Os vencedores imporiam aos vencidos, principalmente à Alemanha, reparações gigantescas.

No leste, a Alemanha seria obrigada a ceder a Silésia Superior e um grande pedaço da Prússia Ocidental, Dantzig e Memel – o que cortava o país em dois para que a Polônia tivesse uma saída para o mar. No ocidente, a Alemanha teria que devolver a Alsácia-Lorena à França e entregar Eupen-Malmedy à Bélgica. O Sarre seria colocado sob a jurisdição da Liga das Nações por quinze anos, e a margem ocidental do Reno seria permanentemente desmilitarizada. A Renânia, o coração industrial da Alemanha, seria também ocupada por quinze anos. O império colonial alemão seria dissolvido e dividido entre os vencedores. O tratado exigia mais do que perdas territoriais. O efetivo militar seria reduzido a 100 mil homens e o desenvolvimento ou a manutenção de aviões, submarinos ou tanques estavam vetados. Todos os navios da Armada deveriam se render (mas foram postos a pique pelos próprios alemães antes mesmo que chegassem à Grã-Bretanha). A marinha mercante teria de entregar 90% de seus navios. A Alemanha teria que ceder ainda 10% de seu gado e uma proporção substancial do material circulante em suas ferrovias. Os vencedores exigiam também 40 milhões de toneladas de carvão anualmente e cerca de 270 bilhões de marcos alemães, valor equivalente a 96 toneladas de ouro. Dois artigos, em especial, feriram profundamente o orgulho alemão: a união com a Áustria (agora desmembrada da Hungria e seus territórios eslavos) estava expressamente proibida e, segundo o artigo 231, a Alemanha ainda seria considerada culpada pela eclosão da guerra.[178] Uma tradução equivocada do tratado para o alemão aumentou o desconforto: a Alemanha era considerada a única culpada.

Em carta ao pai, o diplomata britânico Harold Nicolson escreveu, em meio à conferência, que o capítulo das reparações e indenizações do tratado era criminoso, "imoral e insensato".[179] "O historiador", escreveu ele em 1933, em seu livro sobre os acontecimentos de 1919, "com toda razão, chegará à conclusão de que fomos uns idiotas". O próprio Winston Churchill, o grande líder Aliado durante a Segunda Guerra, reconheceu que Versalhes significou "uma colisão ruidosa de demagogos atrapalhados". Para ele, as cláusulas econômicas do tratado eram "malévolas e tolas".[180] O historiador alemão Joachim Fest escreveu: "Os vencedores se arvoravam a padre eterno do mundo e apresentavam legítimas reivindicações como a forma de expiar os pecados, lá, onde, na realidade, os interesses estavam em jogo. Mas foi sobretudo o aspecto perfeitamente absurdo, ainda que compreensível em parte, de uma moral vingativa que provocou ódio e sarcasmos grosseiros". "A maneira com que esses termos foram cravados nos alemães teria um efeito calamitoso", disparou Paul Johnson.[181]

O novo governo alemão, agora uma república depois da revolução e da abdicação do kaiser, inclinou-se a declarar que os termos eram, na verdade, a continuação da guerra, porque inaceitáveis. E eram. Com a economia arrasada e milhares de civis morrendo de fome, as condições se mostravam impagáveis. O chanceler Philipp Scheidemann, que havia proclamado a "República de Weimar", demitiu-se. Os vencedores aceitaram fazer pequenas concessões quanto à Silésia e à ocupação da Renânia, mas o pedido para que o artigo sobre a culpa da Alemanha pela guerra fosse excluído foi recusado. Gustav Bauer assumiu como chanceler e a Assembleia Nacional, em votação secreta, decidiu aceitar os termos.[182] O próprio povo alemão nunca entendeu como os políticos acataram exigências tão duras, já que o conflito terminara com os exércitos alemães ocupando o território inimigo e nem um único soldado adversário em solo alemão. Anos mais tarde, a retórica nazista usaria tanto a imposição do tratado pelos vencedores quanto a sua aceitação por políticos alemães como provas da ação do judaísmo internacional. A Alemanha, segundo Hitler, havia sido traída, "apunhalada pelas costas" pelo *diktat* de Versalhes.

UM ARMISTÍCIO DE VINTE ANOS

Em 28 de junho de 1919, os plenipotenciários alemães Hermann Müller e Johannes Bell assinaram o que ficou conhecido como "Tratado de Versalhes", o resultado da Conferência de Paz de Paris. Os vencedores festejaram. A Alemanha fora alijada de seu poderio bélico e econômico. Em verdade, franceses e ingleses nunca tiveram o desejo de solucionar os velhos problemas da Europa; sua intenção era destruir um inimigo poderoso. Grã-Bretanha e França não tinham por princípio promover uma paz baseada em nacionalidades – a "autodeterminação dos povos" proposta por Wilson. Eram países com impérios além-mar, multirraciais e multilíngues, que iam da América à Ásia. Tanto Lloyd George quanto Clemenceau estavam arraigados ao velho estilo europeu, baseados nos conceitos de equilíbrio e compensação que marcaram o Congresso de Viena um século antes.

Da esquerda para a direita: o marechal Ferdinand Foch (1851-1929), o primeiro-ministro francês Georges Clemenceau (1841-1929), o premiê britânico Lloyd George (1863-1945), o primeiro-ministro italiano Vittorio Orlando (1860-1952) e o ministro de Relações Exteriores da Itália barão Sonnino (1847-1922), reunidos em 1919. Foch discordou dos termos do Tratado de Versalhes. "Isso não é paz. É um armistício de vinte anos", afirmou ele.

REPRODUÇÃO/LIBRARY OF CONGRESS

A França ainda amargava a derrota de 1870 e a perda da Alsácia-Lorena, naquela época província francesa, embora a maioria da população falasse o idioma alemão. A região de fronteira entre os dois países sempre fora motivo de disputas. A Alsácia-Lorena havia sido entregue à França em 1648, como compensação, ao término da Guerra dos Trinta Anos. No século XVIII, a Renânia fora ocupada pelos franceses durante o período napoleônico e só devolvida à Confederação Alemã em 1815 com a queda de Napoleão. Além do mais, durante a Grande Guerra, britânicos e franceses haviam assinado vários acordos secretos: a França conseguira aprovação da Rússia em sua intenção de se apoderar da Renânia em troca de deixar o tsar incorporar a Polônia. Em 1916, Grã-Bretanha e França também acordaram em dividir entre si as províncias árabes da Turquia — o que de fato ocorreu: a Síria ficou com a França e o Egito, a Jordânia e o Iraque foram concedidos ao Reino Unido. Com os italianos ficara acertada a cessão do território dos tiroleses de origem alemã, assim como a dos territórios sérvios e croatas da Dalmácia, ambos pertencentes à Áustria-Hungria. A Romênia seguira linha semelhante, requerendo regiões cuja população não falava romeno. A recusa do imperador austro-húngaro em assinar um acordo em separado, em 1916, e a queda do tsar russo, em 1917, é que forçaram franceses e britânicos a mudar sua posição inicial.

Harold Nicolson acreditava que as ideias de Wilson eram um caminho mais seguro para a paz definitiva e deveriam ter sido respeitadas. "Para cama, enjoado da vida", escreveu em seu diário como últimas palavras para aquele sábado de junho. Ele não foi o único na delegação britânica a discordar do tratado. John M. Keynes, que viria a ser um dos maiores economistas do século XX, então funcionário do Tesouro Britânico, não apenas discordou como renunciou ao cargo e escreveu suas críticas no livro *As consequências econômicas da paz*. Keynes foi duramente criticado na época. Ele supostamente teria defendido a Alemanha depois de ter se apaixonado por Carl Melchior, banqueiro e membro da delegação alemã em Versalhes. Ainda que casado com uma bailarina russa, Keynes era conhecido por seus casos homossexuais. Ele escreveu sobre o que aconteceria com a economia alemã após a aplicação das imposições: "Nem sempre as pessoas aceitam morrer de fome em silêncio: algumas são dominadas pela letargia e o desespero, mas outros temperamentos inflamam-se, possuídos pela instabilidade nervosa da histeria, podendo destruir o que resta da organização social".[183] Suas previsões mostraram-se acertadas. Na década seguinte a Alemanha estava à beira da bancarrota, com a população passando fome, taxa de desemprego em 44% e uma hiperinflação que, em novembro de 1924, fez o valor da moeda alemã despencar: para comprar um dólar era preciso desembolsar 4,2 trilhões de marcos.[184]

O marechal Ferdinand Foch, chefe do Estado-Maior do Exército francês, também discordou dos termos. "Isso não é paz. É um armistício de vinte anos", declarou profeticamente — a Segunda Grande Guerra teve início exatamente duas décadas depois. Versalhes foi um fracasso. Não apenas pelo que impôs à Alemanha. Os novos países criados para manter a paz no Leste deixaram a Europa parecida com um caldeirão de nacionalismos irreconciliáveis, mais fervilhante e barulhento do que antes da Grande Guerra. A Polônia livre dos tsares atacou os ucranianos e os tchecos, tornando-se tão ambiciosa e belicosa quanto seus antigos opressores russos. Em 1921, o país tinha duas vezes o tamanho demarcado em 1919. De seus 27 milhões de habitantes, um terço era de minorias étnicas (além dos judeus): rutenos, bielorrussos, lituanos e alemães. A Tchecoslováquia, reunião dos antigos territórios austríacos da Boêmia e da Morávia e de partes da Hungria, era habitada por tchecos e eslovacos (mais de 8,7 milhões), alemães (3,1 milhões), magiares e rutenos (1,2 milhão). Nem mesmo a relação entre as duas maiores etnias foi pacífica: os eslovacos consideram-se perseguidos pelos tchecos e ambos nutriam ressentimentos antigos para com os alemães. A Iugoslávia, criada com territórios não germânicos do antigo Império Habsburgo, era governada pela Sérvia, mas abarcava uma infinidade de etnias, entre as quais eslovenos, macedônios, sérvios, croatas, montenegrinos e bósnios. Aqui, a questão religiosa também era um problema insolúvel. Os sérvios ortodoxos mantinham a liderança militar e administrativa; croatas e eslovenos católicos detinham o poder econômico. Os primeiros esperavam "balcanizar" os outros grupos, enquanto esses acreditavam poder "europeizar" os balcânicos.

Além das questões territoriais, o Tratado de Versalhes estabelecia ainda a criação da "Liga das Nações", uma organização internacional com sede em Genebra, na Suíça, cujo papel seria o de assegurar a paz. A proposta oficial fora formulada em 20 de março de 1918 por dois políticos britânicos. Walter Phillimore era uma jurista de renome internacional, advogado eclesiástico e presidente do Comitê das Relações Exteriores. Seu aliado no Parlamento, Robert Cecil, era membro do Partido Conservador e subsecretário do ministério das Relações Exteriores. Cecil também era o responsável pelo bloqueio imposto à Alemanha. Para Paul Johnson, os idealizadores da Liga "eram quase pacifistas que a viam não como um instrumento de resistência à agressão através da força coletiva, mas como uma substituta dessa força atuando principalmente pela 'autoridade moral'".[185] Mas a organização, também chamada de Sociedade das Nações, nasceu morta. Os Estados Unidos jamais ratificaram o tratado assinado em Versalhes, e mesmo tendo como base as ideias de Wilson, o país nunca fez parte da nova entidade. Em momento algum a Liga conseguiu impedir ou mediar conflitos armados. Japão e Itália deram início a uma expansão imperialista durante os anos 1920 e 1930, invadindo outros países na África e na Ásia, sem que os diplomatas de Genebra pudessem fazer algo de efetivo para refrear suas ações.

O Tratado de Versalhes, resultado da conferência que na visão idealista de Wilson deveria definitivamente pacificar o mundo, acabou por se tornar um instrumento de humilhação, responsável pela crise econômica e pela exacerbação do sentimento revanchista dos alemães. Como previra Keynes, o acordo proporcionou condições para a ascensão do nazismo na Alemanha e para a eclosão de uma segunda grande guerra apenas vinte anos depois. Opinião compartilhada pelo presidente norte-americano Franklin D. Roosevelt. Em discurso de rádio, em 1938, ele afirmou: "A democracia já desapareceu em muitas outras grandes nações, não porque elas ou seu povo não gostassem de tal regime, e sim porque haviam se cansado de desemprego e falta de assistência social, de ver seus filhos com fome, enquanto permaneciam inermes em face de confusão e fraqueza de um governo sem liderança. Acabaram, em desespero, escolhendo o sacrifício da liberdade com a esperança de conseguir alguma coisa para comer".[186]

O "vagão do armistício", onde os alemães assinaram a rendição na floresta de Compiègne, em 1918, em um museu construído especialmente para ele, o Memorial do Armistício. Em 1940, durante a Segunda Guerra, Hitler fará com que os franceses assinem a rendição no mesmo vagão.

Reprodução de um cartão postal francês de 1927

Para os franceses, o tratado assinado no Palácio de Versalhes também satisfez, em parte, o desejo de vingança para com os alemães, fruto da humilhação sofrida pela derrota na Guerra Franco-Prussiana. (Em 1871, no mesmo palácio, no Salão dos Espelhos, após invadir a França e conquistar Paris, os prussianos haviam proclamado a criação do Império Alemão.) O mesmo sentimento de vingança alimentaria Hitler. No poder após uma década de agitação política, fazendo do tratado assinado em Versalhes a fonte de suas vociferações, ele fez questão de derrubar e pisar em cada um dos artigos impostos aos alemães na França. Em 1940, o *Führer* alemão obrigou os franceses a assinarem a rendição em Compiègne no mesmo vagão — o de número 2.419 da Wagons-Lits — em que os alemães capitularam no fim da Grande Guerra. O vagão e a placa com a inscrição "Aqui, em 11 de novembro de 1918, sucumbiu o orgulho criminoso do Império Alemão, vencido pelos povos livres que pretendia escravizar" foi levado para a Alemanha durante a Segunda Guerra.[187] Vinte e seis anos após a sua assinatura, os ecos do Tratado de Versalhes ainda ressoavam em Berlim. Em 1945, com o Terceiro Reich ruindo, Hitler deu ordens para que o vagão fosse destruído. A última parcela da dívida original foi paga pela Alemanha em outubro de 2010, mais de nove décadas depois do fim da Grande Guerra.

BIBLIOGRAFIA DE REFERÊNCIA

ABREU, Alzira Alves de (org.). *Dicionário histórico-biográfico da Primeira República 1889-1930*. Rio de Janeiro: FGV/CPDOC, 2015.

ARMSTRONG, Karen. *Campos de sangue*: religião e a história da violência. São Paulo: Companhia das Letras, 2016.

ARTHUR, Max. *Vozes esquecidas da Primeira Guerra Mundial*. Rio de Janeiro: Bertrand Brasil, 2011.

ATWOOD, Kathryn J. *Women heroes of World War I*: 16 remarkable resisters, soldiers, spies, and medics. Chicago: Chicago Review Press, 2017.

BANDEIRA, Luiz Alberto Moniz. *Lenin*: vida e obra. Rio de Janeiro: Civilização Brasileira, 2017.

BERNSTEIN, Peter L. *O poder do ouro*. Rio de Janeiro: Campus, 2001.

BODANIS, David. *Einstein*: biografia de um gênio imperfeito. Rio de Janeiro: Zahar, 2017.

BOURNE, Stephen. *Fighting proud*: the untold story of the gay men who served in two World Wars. Londres: I.B. Tauris, 2017.

BREGER, Louis. *Freud*: o lado oculto do visionário. Barueri: Manole, 2002.

BRUYÈRE-OSTELLS, Walter. *História dos mercenários*. São Paulo: Contexto, 2012.

BRUPPACHER, Paul. *Adolf Hitler und die Geschichte der NSDAP*. 2 vol. Norderstedt: Books on Demand, 2014.

CAAMAÑO, J. Eduardo. *Manfred von Richthofen, o Barão Vermelho*. A Coruña: Denied Books, 2014.

CARNEIRO, Glauco. *História das revoluções brasileiras*. 2ª ed. Rio de Janeiro: Record, 1989.

CARTER, Miranda. *Os três imperadores*. Rio de Janeiro: Objetiva, 2013.

CARROL, Andrew. *Cartas do front*. Rio de Janeiro: Zahar, 2007.

CHURCHILL, Winston. *Memórias da Segunda Guerra Mundial*. 2 vol. 4ª ed. Rio de Janeiro: Nova Fronteira, 2015.

CLARK, Christopher. *Os sonâmbulos*: como eclodiu a Primeira Guerra Mundial. São Paulo: Companhia das Letras, 2014.

CLODFELTER, Micheal. *Warfare and armed conflicts*: statistical encyclopedia of casualty and other figures, 1492-2015. 4ª ed. Jefferson: McFarland & Company, 2017.

COMPAGNON, Olivier. *O adeus à Europa*: a América Latina e a Grande Guerra. Rio de Janeiro: Rocco, 2014.

CORTOIS, Stéphane et al. *O livro negro do comunismo*. Rio de Janeiro: Bertrand Brasil/Biblioteca do Exército, 2000.

CORVISIER, André. *A guerra*. Rio de Janeiro: Biblioteca do Exército, 1999.

CRAIG, John S. *Peculiar liaisons*: in war, espionage, and terrorism in the twentieth century. Nova York: Algora, 2005.

DARÓZ, Carlos. *O Brasil na Primeira Guerra Mundial*. São Paulo: Contexto, 2016.

DE SYON, Guillaume. *Zeppelin!*: Germany and the airship, 1900-1939. Baltimore: John Hopkins University Press, 2002.

DEUTSCHER, Isaac. *The prophet armed*: Trotsky, 1879-1921. Nova York: Verso, 2003.

DONATO, Hernâni. *Dicionários das batalhas brasileiras*. Rio de janeiro: Bibliex, 2001.

DOYLE, Arthur Conan. *História do espiritismo*. São Paulo: Pensamento, 2004.

ENGLUND, Peter. *A beleza e a dor*. São Paulo: Companhia das Letras, 2014.

FAUSTO, Boris. *História do Brasil*. 12ª ed. São Paulo: EdUSP, 2007.

FEILDING, Rowland. *War letters to a wife*. Uckfield: Naval & Military Press, 2006.

FERGUSON, Niall. *Civilização*. São Paulo: Planeta, 2012.

____. *A ascensão do dinheiro*. São Paulo: Planeta, 2017.

FERNANDES, Florestan (org.). *Lenin*: política. 2ª ed. São Paulo: Ática, 1978.

FERRO, Marc. *A verdade sobre a tragédia dos Romanov*. Rio de Janeiro: Record, 2017.

FEST, Joachim. *Hitler*. 2 vol. Rio de Janeiro: Nova Fronteira, 2005.

FRANCK, Dan. *Paris boêmia*: os aventureiros da arte moderna (1900-1930). Porto Alegre: L&PM, 2015.

FRIEDRICH, Ernst. *Krieg dem Kirege! Guerre à la guerre! War against war! Oorlog ann den Oorlog!* Berlim: Conrad, 1999.

GARAMBONE, Sidney. *A Primeira Guerra Mundial e a imprensa brasileira*. Rio de Janeiro: Mauad, 2014.

GILBERT, James L. *World War I and the origins of U.S. military intelligence*. Maryland: Scarecrow Press, 2012.

GILBERT, Martin. *A Primeira Guerra Mundial*. Rio de Janeiro: Casa da Palavra, 2017.

GIRARDET, Raoul. *A sociedade militar*. Rio de Janeiro: Biblioteca do Exército, 2000.

HARARI, Yuval Noah. *Sapiens*. 3ª ed. Porto Alegre: L&PM, 2015.

HASTINGS, Max. *Catástrofe: 1914*: a Europa vai à guerra. Rio de janeiro: Intrínseca, 2014.

HAYS, Robert A. *Nação armada*: a mística militar brasileira. Rio de Janeiro: Bibliex, 1991.

HECHT, Emmanuel; SERVENT, Pierre (org.). *O século de sangue*: 1914-2014. São Paulo: Contexto, 2015.

HOBSBAWM, Eric. *A era do capital*: 1848-1875. 4ª ed. Rio de Janeiro: Paz e Terra, 1988.

____. *A era dos extremos*: o breve século XX, 1914-1991. 2ª ed. São Paulo: Companhia das Letras, 1995.

____. *A era dos impérios*: 1875-1914. 17ª ed. Rio de Janeiro: Paz e Terra, 2014.

HUSSEY, Andrew. *A história secreta de Paris*. Barueri: Amarilys, 2011.

INCAER. *História geral da aeronáutica brasileira*. Belo Horizonte: Itatiaia, 1988.

INSTITUTO MARXISMO-LENINISMO. *Lénine*. Lisboa: Avante!, 1984.

JACOMY, Bruno. *A era do controle remoto*. Rio de Janeiro: Zahar, 2004.

JOHNSON, Dave. *One soldier and Hitler, 1918*: the story of Henry Tandey. Stroud: History Press, 2012.

JOHNSON, Paul. *Tempos modernos*: o mundo dos anos 20 aos 80. Rio de Janeiro: Biblioteca do Exército/ Instituto Liberal, 1994.

____. *História dos judeus*. Rio de Janeiro: Imago, 1995.

JOLL, James. *The origins of the First World War*. Londres: Longman, 1984.

JONES, Gareth Stedman. *Karl Marx*: grandeza e ilusão. São Paulo: Companhia das Letras, 2017.

KAMIENSKI, Lukasz. *Shooting up*: a short history of drugs and war. Nova York: Oxford University Press, 2016.

KEEGAN, John. *Uma história da guerra*. São Paulo: Companhia das Letras/Biblioteca do Exército, 1995.

KERSHAW, Ian. *De volta do inferno*: Europa, 1914-1949. São Paulo: Companhia das Letras, 2016.

____. *Hitler*: a biography. Nova York: W.W. Norton & Company, 2008.

KÉVORKIAN, Raymond. *The Armenian genocide*: a complete history. Londres: I.B. Tauris & Co Ltd., 2011.

KEYNES, John M. *As consequências econômicas da paz*. São Paulo: Imprensa Oficial do Estado/UnB/Instituto de Pesquisa de Relações Internacionais, 2002.

KING, Greg; WOOLMANS, Sue. *O assassinato do arquiduque*. São Paulo: Cultrix, 2014.

KITCHEN, Martin. *História da Alemanha moderna*. São Paulo: Cultrix, 2013.

KRAMER, Alan. *Dynamic of destruction*: culture and mass killing in the First World War. Oxford: University Press, 2007.

KRAUSZ, Tamás. *Reconstruindo Lênin*: uma biografia intelectual. São Paulo: Boitempo, 2017.

LACEY, James; MURRAY, Williamson. *As batalhas mais decisivas da história*. São Paulo: Cultrix, 2017.

LANDES, David S. *A riqueza e a pobreza das nações*. 3ª ed. Rio de Janeiro: Campus, 1998.

LE COUTEUR, Penny; BURRESON, Jay. *Os botões de Napoleão*. Rio de Janeiro: Zahar, 2006.

LEWIS, Bernard. *O Oriente Médio*. Rio de Janeiro: Zahar, 1996.

MACMILLAN, Margaret. *A Primeira Guerra Mundial*. São Paulo: Globo Livros, 2014.

MAGALHÃES, J.B. *A evolução militar do Brasil*. Rio de Janeiro: Biblioteca do Exército, 1998.

____. *Civilização, guerra e chefes militares*. 2ª ed. Rio de Janeiro: Biblioteca do Exército, 2000.

MAGNOLI, Demétrio. *Uma gota de sangue*. São Paulo: Contexto, 2009.

MARHOEFER, Laurie. *Sex and the Weimar Republic*: German homosexual emancipation and the rise of the Nazis. Toronto: Universty of Toronto Press, 2015.

MARIE, Jean-Jacques. *História da guerra civil russa*: 1917-1922. São Paulo: Contexto, 2017.

MASSIE, Robert K. *Os Romanov*: o fim da dinastia. Rio de Janeiro: Rocco, 2017.

MASON, Antony. *O surgimento da era moderna*: 1900-1914. Rio de Janeiro: Reader's Digest, 2003.

MAZOWER, Mark. *O império de Hitler*. São Paulo: Companhia das Leras, 2013.

MCGRAYNE, Sharon Bertsch. *Mulheres que ganharam o prêmio Nobel em ciências*. São Paulo: Marco Zero, 1994.

MEREDITH, Martin. *O destino da África*. Rio de Janeiro: Zahar, 2017.

MILLER, Louise. *A fine brother*: the life of captain Flora Sandes. Londres: Alma Books, 2012.

MONTEFIORE, Simon Sebag. *Os Románov*. São Paulo: Companhia das Letras, 2016.

MONTEIRO, Marcelo. *U-93*: a entrada do Brasil na Primeira Guerra Mundial. Porto Alegre: BesouroBox, 2014.

MORGENTHAU, Henry. *A história do embaixador Morgenthau*. São Paulo: Paz e Terra, 2010.

MOTTA, Jehowah. *Formação do oficial do exército*. Rio de Janeiro: Bibliex, 1998.

MUKHERJEE, Siddhartha. *O gene*: uma história íntima. São Paulo: Companhia das Letras, 2016.

MURPHY, Emmett. *História dos grandes bordéis do mundo*. Porto Alegre: Artes e Ofícios, 1994.

NICOLSON, Harold. *O tratado de Versalhes*. São Paulo: Globo Livros, 2014.

OHLER, Norman. *High Hitler*. 2ª ed. São Paulo: Planeta, 2017.

PATENAUDE, Bertrand M. *Trótski*: exílio e assassinato de um revolucionário. Rio de Janeiro: Zahar, 2004.

PERROT, Michele (org.). *História da vida privada 4*: da Revolução Francesa à Primeira Guerra. São Paulo: Companhia das Letras, 2009.

PICCININI, Pedro Salomão et al. "História da cirurgia plástica: Sir Harold Gillies, pioneiro da cirurgia plástica reconstrutiva". In: *Revista Brasileira de Cirurgia Plástica*. Porto Alegre, 2017. Vol.32, n.4, p.608-615.

PINSKY, Jaime; PINSKY, Carla Bassanezi (org.). *História da cidadania*. São Paulo: Contexto, 2008.

PONSONBY, Arthur. *Falsehood in war-time*: containing an assortment of lies circulated throughout the nations during the Great War. Londres: Bradford & Dickens, 1942.

PRIORE, Mary del (org.). *História das mulheres no Brasil*. São Paulo: Contexto, 2006.

PROCTOR, Tammy M. *Female intelligence*: women and espionage in the First World War. Nova York: New York University Press, 2003.

REIS, Daniel Aarão. *A revolução que mudou o mundo*. São Paulo: Companhia das Letras, 2017.

RICHTHOFEN, Manfred von. *The Red Baron*. Yorkshire: Pen & Sword Books, 2013.

RIGG, Bryan Mark. *Os soldados judeus de Hitler*. Rio de Janeiro, Imago, 2003.

ROCHA, Roberta da. *O direito à vida e a pesquisa com células-tronco*. Rio de Janeiro: Elsevier, 2008.

RÖHL, John C. G. *The kaiser and his court*: Wilhelm II and the government of Germany. Cambridge: Cambridge University Press, 1999.

RÖHL, John C. G.; SOMBART, Nicolaus (org.). *Kaiser Wilhelm II*: new interpretations, the Corfu papers. Cambridge: Cambridge University Press, 2005.

ROMMEL, Erwin. *Attacks*. Provo: Athena Press, 1979.

ROUDINESCO, Elisabeth. *Sigmund Freud na sua época e em nosso tempo*. Rio de Janeiro: Zahar, 2016.

SCHELP, Diogo; LIOHN, André. *Correspondente de guerra*. São Paulo: Contexto, 2016.

SEBESTYEN, Victor. Lênin: um retrato íntimo. Rio de Janeiro: Globo Livros, 2018.

SEGALL, Jacob. *Die deutschen Juden als im Krieg 1914/18*. Berlim: Hilo-Verlag, 1922.

SERGE, Victor. *Memórias de um revolucionário*. São Paulo: Companhia das Letras, 1987.

SHIPMAN, Pat. *Femme fatale*: love, lies and the unknown life of Mata Hari. Londres: Phoenix, 2008.

SIMMS, Brendan. *Europa – a luta pela supremacia*: de 1453 aos nossos dias. Lisboa: Edições 70, 2015.

SMITH, Angela K. *The second battlefield*: women, modernism and the First World War. Manchester: Manchester University Press, 2000.

SMITH, Robert B.; YADON, Laurence. *The greatest air aces stories ever told*. Guilford: Lyons Press, 2017.

SONDHAUS, Lawrence. *A Primeira Guerra Mundial*. São Paulo: Contexto, 2013.

STEVENSON, David. *1914-1918*: a história da Primeira Guerra Mundial. 4 vol. São Paulo: Novo Século, 2016.

STOLTZENBERG, Dietrich. *Fritz Haber*: chemist, Nobel laureate, German, jew. Filadélfia: Chemical Heritage Foundation, 2004.

STOREY, Neil R. *Animals in the First World War*. Nova York: Bloomsbury Publishing, 2014.

SUNY, Ronald Grigor; GÖÇEK, Fatma Müge; NAIMARK, Norman. *A question of genocide*: Armenians and Turks at the end of the Ottoman empire. Oxford: Oxford University Press, 2011.

TRESPACH, Rodrigo. *Histórias não (ou mal) contadas*: Segunda Guerra Mundial. Rio de Janeiro: HarperCollins Brasil, 2017.

____. *Histórias não (ou mal) contadas*: revoltas, golpes e revoluções no Brasil. Rio de Janeiro: HarperCollins Brasil, 2017.

____. *Histórias não (ou mal) contadas*: escravidão, do ano 1000 ao século XXI. Rio de Janeiro: HarperCollins Brasil, 2018.

____. "A mente por trás de Hitler". In: *Aventuras na História*, São Paulo, SP, n.171, p.26-35, 2017.

____. "Alemanha humilhada: os erros do tratado de Versalhes". In: *Leituras da História*, São Paulo, SP, n.96, p.58-62, 2016.

TUCKER, Spencer C. (ed.). *The European powers in the First World War*: an encyclopedia. Nova York: Garland, 1996.

VITAL, David. *A people apart*: a political history of the Jews in Europe, 1789-1939. Oxford: Oxford University Press, 2001.

VOLKOGONOV, Dmitri. *Lenin*: life and legacy. Londres: HarperCollins, 1994.

WASSERSTEIN, Bernard. *Na iminência do extermínio*. São Paulo: Cultrix, 2014.

WEST, Nigel. *Historical dictionary of World War I intelligence*. Maryland: Rowman & Littlefield, 2014.

WILLIAMS, Anne; HEAD, Vivian. *Ataques terroristas*: a face oculta da vulnerabilidade. São Paulo: Larousse, 2010.

ZWEIG, Stefan. *Autobiografia:* o mundo de ontem. Rio de Janeiro: Zahar, 2014.

ARQUIVOS, INSTITUIÇÕES, FUNDAÇÕES, ORGANIZAÇÕES, JORNAIS E PERIÓDICOS CONSULTADOS

Armenian National Institute, armenian-genocide.org

Acervo *Folha de S. Paulo*, acervo.folha.uol.com.br

BBC Brasil, www.bbc.com/portuguese

BN – BIBLIOTECA Nacional, www.bn.gov.br

Câmara dos Deputados, www2.camara.leg.br

CPDOC-FGV – Centro de Pesquisa e Documentação de História Contemporânea do Brasil da Fundação Getulio Vargas, cpdoc.fgv.br

Deutsche Welle, www.dw.com

El País, brasil.elpais.com

Europeana Collections, www.europeana.eu

Acervo *O Globo*, acervo.oglobo.globo.com

Hemeroteca Digital – Biblioteca Nacional, memoria.bn.br

International Encyclopedia of the First World War, encyclopedia.1914-1918-online.net

Marxists Internet Archive, www.marxists.org

Morashá, www.morasha.com.br

National Geographic, www.nationalgeographic.com

Reuters, br.reuters.com

Revista Brasileira de História Militar, wwwhistoriamiliatar.com.br

Revista de História da Biblioteca Nacional, RJ
Revista *História Viva*
ONU, nacoesunidas.org
Österreichische Nationalbibliothek, anno.onb.ac.at
The Armenian Genocide Museum-Institute, www.genocide-museum.am
The Independent, www.independent.co.uk
The Internet Archive, archive.org
The Guardian, www.theguardian.com

NOTAS

1. UMA ÉPOCA (NÃO TÃO) BELA

1. Stefan Zweig, *Autobiografia: o mundo de ontem*, p.19.
2. Martin Kitchen, *História da Alemanha moderna*, p.199.
3. Eric Hobsbawm, *A era dos impérios*, p.402.
4. Elisabeth Roudinesco, *Sigmund Freud*, p.120.
5. Demétrio Magnoli, *Uma gota de sangue*, p.22-26; Siddhartha Mukherjee, *O gene*, p.85.
6. Renata da Rocha, *O direito à vida e a pesquisa com células-tronco*, p.86-87.
7. Siddhartha Mukherjee, *O gene*, p.98 e 107.
8. Louis Breger, *Freud, o lado oculto de um visionário*, p.310-311.
9. Margaret MacMillan, *A Primeira Guerra Mundial*, p.274.
10. James Joll, *The origins of the first world war*, p.207.
11. Margaret MacMillan, *A Primeira Guerra Mundial*, p.290.
12. Stefan Zweig, *Autobiografia: o mundo de ontem*, p.178 e p.184.
13. Margaret MacMillan, *A Primeira Guerra Mundial*, p.465.
14. Christopher Clark, *Os sonâmbulos*, p.272.
15. Eric Hobsbawm, *A era dos impérios*, p.467; Margaret MacMillan, *A Primeira Guerra Mundial*, p.536.

2. OS TRÊS PRIMOS

16. Lamar Cecil, "History as family chronicle", em John Röhl e Nicolaus Sombart, *Kaiser Wilhelm II*, p.94.
17. Margaret MacMillan, *A Primeira Guerra Mundial*, p.76.
18. Miranda Carter, *Os três imperadores*, p.110.
19. Max Hastings, *Catástrofe*, p.43.
20. John Röhl, "The emperor's new clothes", em John Röhl e Nicolaus Sombart, *Kaiser Wilhelm II*, p.48 e seg.; Miranda Carter, *Os três imperadores*, p.43.
21. Miranda Carter, *Os três imperadores*, p.243.
22. John Röhl, *The kaiser and his court*, p.75-76.

23. Margaret MacMillan, *A Primeira Guerra Mundial*, p.346.
24. Miranda Carter, *Os três imperadores*, p.461; Margaret MacMillan, *A Primeira Guerra Mundial*, p.63; David Stevenson, *1914-1918*, vol.1, p.26.
25. Max Hastings, *Catástrofe*, p.51.
26. Simon Sebag Montefiore, *Os Románov*, p.595.
27. Margaret MacMillan, *A Primeira Guerra Mundial*, p.182.
28. Marc Ferro, *A verdade sobre a tragédia dos Romanov*, p.26.
29. Simon Sebag Montefiore, *Os Románov*, p.661.
30. Miranda Carter, *Os três imperadores*, p.408.
31. Miranda Carter, *Os três imperadores*, p.467 e p.517.

3. O IMPERADOR, O ARQUIDUQUE E O NACIONALISTA

32. Ver relatos sobre o dia do assassinato em Greg King e Sue Woolmans, *O assassinato do arquiduque*, p.223-235; Christopher Clark, *Os sonâmbulos*, p.395-403; Margaret MacMillan, *A Primeira Guerra Mundial*, p.544-574; e Anne Williams e Vivian Head, *Ataques terroristas*, p.97-102.

33. Margaret MacMillan, *A Primeira Guerra Mundial*, p.218; David Stevenson, *1914-1918*, vol.1, p.19; Paul Johnson, *Tempos modernos*, p.29.
34. David Stevenson, *1914-1918*, vol.1, p.20.
35. Greg King e Sue Woolmans, *O assassinato do arquiduque*, p.45.
36. Margaret MacMillan, *A Primeira Guerra Mundial*, p.229.
37. David Stevenson, *1914-1918*, vol.1, p.15.
38. Christopher Clark, *Os sonâmbulos*, p.406.
39. Max Hastings, *Catástrofe*, p.27.
40. Stefan Zweig, *Autobiografia: o mundo de ontem*, p.198.
41. Greg King e Sue Woolmans, *O assassinato do arquiduque*, p.77 e p.97.
42. Margaret MacMillan, *A Primeira Guerra Mundial*, p.233.
43. Max Hastings, *Catástrofe*, p.27; Margaret MacMillan, *A Primeira Guerra Mundial*, p.536 e p.645; Eric Hobsbawm, *A era dos impérios*, p.471.
44. David Landes, *A riqueza e a pobreza das nações*, p.523.
45. Ian Kershaw, *De volta do inferno*, p.26.

4. INVENÇÕES DO DIABO

46. Miranda Carter, *Os três imperadores*, p.465; Eric Hobsbawm, *A era dos impérios*, p.495.
47. Penny Le Couteur e Jay Burreson, *Os botões de Napoleão*, p.92-93 e p.96.
48. Emmanuel Hecht e Pierre Servent, *O século de sangue*, p.12; John Keegan, *Uma história da guerra*, p.322-323, p.371-373.
49. Louis Breger, *Freud: o lado oculto do visionário*, p.313.
50. David Stevenson, *1914-1918*, vol.2, p.147.
51. Martin Gilbert, *A Primeira Guerra Mundial*, p.631.
52. Dietrich Stoltzenberg, *Fritz Haber*, p.235.
53. Peter Englund, *A beleza e a dor*, p.116.
54. Andrew Carrol, *Cartas do front*, p.112.
55. Martin Gilbert, *A Primeira Guerra Mundial*, p.574.
56. Guillaume de Syon, *Zeppelin!*, p.33.
57. Micheal Clodfelter, *Warfare and armed conflicts*, p.430.
58. Max Hastings, *Catástrofe*, p.498.
59. Micheal Clodfelter, *Warfare and armed conflicts*, p.429.
60. Robert Smith e Laurence Yadon, *The greatest air aces stories ever told*, p.91; Micheal Clodfelter, *Warfare and armed conflicts*, p.429.
61. Micheal Clodfelter, *Warfare and armed conflicts*, p.429.
62. Micheal Clodfelter, *Warfare and armed conflicts*, p.423-424; David Stevenson, *1914-1918*, vol.2, p.270.
63. David Stevenson, *1914-1918*, vol.2, p.278.

5. NO FRONT: A GUERRA DE TRINCHEIRAS

64. Ver relatos diversos, por exemplo, em Max Arthur, *Vozes esquecidas da Primeira Guerra Mundial*; Andrew Carrol, *Cartas do front*; e Lawrence Sondhaus, *A Primeira Guerra Mundial*.
65. David Stevenson, *1914-1918*, v.2, p.144-146; Andrew Carroll, *Cartas do front*, p.59.
66. Andrew Carroll, *Cartas do front*, p.129-130.
67. Peter Englund, *A beleza e a dor*, p.256-257.
68. Max Arthur, *Vozes esquecidas da Primeira Guerra Mundial*, p. 132 e p.332.

69. Laurie Marhoefer, *Sex and the Weimar Republic*, p.40. Sobre os soldados britânicos homossexuais nas duas guerras, ver Stephen Bourne, *Fighting proud*.
70. Max Hastings, *Catástrofe*, p.466.
71. Ian Kershaw, *Hitler*, p.48.
72. Joachim Fest, *Hitler*, v.1, p.69.
73. Paul Bruppacher, *Adolf Hitler und die Geschichte der NSDAP*, vol.1, p.31-44.
74. Dave Johnson, *One soldier and Hitler*, p.150. Para uma história completa de Henry Tandey, ver Dave Johnson, *One soldier and Hitler, 1918*, publicação de 2012. Ver também Ian Kershaw, *Hitler*, p.58-59.
75. Erich Schaake, *Todas as mulheres de Hitler*, p.27-29.
76. "Suposto retrato de amante pintado por Hitler irá a leilão com preço inicial de 60 mil euros", reportagem de Charley-Kai John para a Reuters, 5 abr. 2018. Disponível em https://br.reuters.com.

6. MISCELÂNEA DE SOLDADOS

77. David Stevenson, *1914-1918*, vol.2, p.175-181; Martin Gilbert, *A Primeira Guerra Mundial*, p.333.
78. Jacques Rouzet, "Índios vestem a farda", em *Revista História Viva*, Ano 3, n.28, p.70.
79. Walter Bruyère-Ostells, *História dos mercenários*, p.107-108.
80. Micheal Clodfelter, *Warfare and armed conflicts*, p.416.
81. Louis Breger, *Freud: o lado oculto de um visionário*, p.30.
82. Ian Kershaw, *De volta do inferno*, p.66.
83. Max Arthur, *Vozes esquecidas da Primeira Guerra Mundial*, p. 101.
84. Peter Englund, *A beleza e a dor*, p.61.
85. Ian Kershaw, *De volta do inferno*, p.81.
86. David Stevenson, *1914-1918*, vol.2, p.191.
87. Pedro Salomão Piccinini e outros, "História da cirurgia plástica", em *Revista Brasileira de Cirurgia Plástica*, p.609.
88. Lukasz Kamienski, *Shooting up*, p.103.
89. Lukasz Kamienski, *Shooting up*, p.95.
90. David Stevenson, *1914-1918*, vol.2, p.200-201.

91. Jacob Segall, *Die deutschen Juden als im Krieg 1914/18*, p.10, 14 e p. 35.
92. Bryan Rigg, *Os soldados judeus de Hitler*, p.98-99.
93. Micheal Clodfelter, *Warfare and armed conflicts*, p.387.
94. Peter Englund, *A beleza e a dor*, p.194.
95. Spencer Tucker, *The european powers in the First World War*, p.170.

7. ATRÁS DAS LINHAS: A GUERRA EM CASA

96. Andrew Hussey, *A história secreta de Paris*, p.388.
97. Arthur Ponsonby, *Falsehood in war-time*, p.67 e p.79.
98. Eric Hobsbawm, *Era dos extremos*, p.37.
99. Peter Englund, *A beleza e a dor*, p.428.
100. Martin Kitchen, *História da Alemanha moderna*, p.268.
101. A bibliografia em português costuma usar, às vezes, a expressão "inverno do repolho"; a bibliografia em alemão, no entanto, usa Kohlrübe, "nabo".
102. Louis Breger, *Freud: o lado oculto do visionário*, p.327-328.
103. Peter Englund, *A beleza e a dor*, p.429.
104. Martin Kitchen, *História da Alemanha moderna*, p.272.
105. Andrew Carrol, *Cartas do front*, p.196-197.
106. Andrew Carrol, *Cartas do front*, p.57.
107. Andrew Carrol, *Cartas do front*, p.122-123.
108. Peter Englund, *A beleza e a dor*, p.427.
109. Nigel West, *Historical dictionary of World War I intelligence*, p.349.
110. David Stevenson, *1914-1918*, vol.2, p.221; Peter Bernstein, *O poder do ouro*, p.301.

8. POGROMS NA RÚSSIA, GENOCÍDIO NA TURQUIA

111. Martin Kitchen, *História da Alemanha moderna*, p.174-175.
112. Louis Breger, *Freud: o lado oculto do visionário*, p. 62; Gareth Jones, *Karl Marx*, p. 188 e p. 434; Bernard Wasserstein, *Na iminência do extermínio*, p.15.
113. Margaret MacMillan, *A Primeira Guerra Mundial*, p.156; Andrew Hussey, *A história secreta de Paris*, p.364-365.

114. Simon Montefiore, *Os Románov*, p.97.
115. Bernard Wasserstein, *Na iminência do extermínio*, p.55.
116. Miranda Carter, *Os três imperadores*, p.431.
117. Ian Kershaw, *De volta do inferno*, p.65.
118. Citado por Max Hastings, *Catástrofe*, p.304.
119. Simon Montefiore, *Os Románov*, p.721.
120. Peter Englund, *A beleza e a dor*, p.211.
121. Simon Montefiore, *Os Románov*, p.660-661.
122. Ian Kershaw, *De volta do inferno*, p.122.
123. Bernard Lewis, *O Oriente Médio*, p.290.
124. Karen Armstrong, *Campos de sangue*, p.340.
125. Peter Englund, *A beleza e a dor*, p.104.
126. Raymond Kévorkian, *The Armenian genocide*, p.252-254; Henry Morgenthau, *A história do embaixador Morgenthau*, p.239.
127. Peter Englund, *A beleza e a dor*, p.126.
128. Henry Morgenthau, *A história do embaixador Morgenthau*, p.241.
129. Henry Morgenthau, *A história do embaixador Morgenthau*, p.249.

9. MULHERES NA GUERRA

130. Sharon McGrayne, *Mulheres que ganharam o prêmio Nobel em ciências*, p.21.
131. Louis Breger, *Freud: o lado oculto de um visionário*, p.440-441.
132. Carla Bassanezi Pinsky e Joana Maria Pedro, "Mulheres: igualdade e especificidade", em Jaime Pinsky e Carla Bassanezi Pinsky, *História da cidadania*, p.275.
133. David Stevenson, *1914-1918*, vol.4, p.70.
134. Martin Kitchen, *História da Alemanha moderna*, p.268.
135. Kathryn Atwood, *Women heroes of World War I*, p.31 e p.89.
136. Peter Englund, *A beleza e a dor*, p.348; Martin Gilbert, *A Primeira Guerra Mundial*, p. 465.
137. Angela Smith, *The second battlefield*, p.51. Ver também Louise Miller, *A fine brother*, uma biografia de Sandes com informações sobre outras mulheres, incluindo Bochkareva e Savic.
138. John Lichfield, "Inside the brothels that served the Western Front", em *The Independente*, 2 ago. 2014. Disponível em https://ind.pn/2K3Tkws.

139. Emmett Murphy, *História dos grandes bordéis do mundo*, p.139.
140. Peter Englund, *A beleza e a dor*, p.329.
141. Max Arthur, *Vozes esquecidas da Primeira Guerra Mundial*, p.131.
142. Alan Kramer, *Dynamic of destruction*, p.249.
143. Peter Englund, *A beleza e a dor*, p.213.
144. Pat Shipman, "Why Mata Hari wasn't a cunning spy after all", em *National Geographic*, 14 out. 2017. Disponível em https://on.natgeo.com/2ll1gPa. Ver detalhes da biografia de Mata Hari em Pat Shipman, *Femme fatale*, e John Craig, *Peculiar liaisons*.
145. Recentemente foram encontradas evidências de que Mata Hari repassava informações aos alemães, mas, como na época do julgamento, sabe-se hoje que eram todas pouco significativas. Ver Tammy Proctor, *Female intelligence*, p.130; John Craig, *Peculiar liaisons*, p.47 e seg.
146. Tammy Proctor, *Female intelligence*, p.127.

10. O BRASIL VAI À GUERRA

147. Boris Fausto, *História do Brasil*, p.275.
148. Marcelo Monteiro, *U-93*, p.64.
149. Coleção de Leis do Brasil, vol.1, p.169. Decreto n.3.361, de 26 out. 1917. Disponível no site da Câmara dos Deputados, em www2.camara.leg.br.
150. Sobre a composição do Exército brasileiro, ver J. B. Magalhães, *A evolução militar do Brasil*, p. 324-325. Ver também Marcelo Monteiro, *U-93*, p.299.
151. Arquivo Histórico do Exército, citado por Carlos Daróz, *O Brasil na Primeira Guerra Mundial*, p.160; ver também Marcelo Monteiro, *U-93*, p.320.
152. Hélio Leôncio Martins, "Forças combatentes", em *História naval brasileira*, v.5, tomo 2, Serviço de Documentação da Marinha, 1985, p.101-102 e p.109-111.
153. Carlos Daróz, *O Brasil na Primeira Guerra Mundial*, p.160.
154. Hernâni Donato, *Dicionário das batalhas brasileiras*, p.297; Marcelo Monteiro, *U-93*, p.305.
155. Incaer, *História geral da aeronáutica brasileira*, v.1, p.376.

156. Incaer, *História geral da aeronáutica brasileira*, v.1, p.425.
157. Carlos Daróz, *O Brasil na Primeira Guerra Mundial*, p.128.

11. REVOLUÇÕES E GUERRA CIVIL NA RÚSSIA

158. Ver relatos diversos em Robert Massie, *Os Romanov*, p.11-15, e Simon Sebag Montefiore, *Os Románov*, p.795-799. Outra versão dos fatos, em discordância com a história do massacre, é encontrada em Marc Ferro, *A verdade sobre a tragédia dos Romanov*, p.92-96. Ferro defende a teoria de que a filha Anastássia sobreviveu à chacina, o que é rechaçado pela maioria dos historiadores, amparados, entre outras provas, pelos testes de DNA realizados nos corpos encontrados em 1979.
159. Instituto de Marxismo-Leninismo, *Lénine*, p.5.
160. Bertrand Patenaude, *Trotski*, p.260.
161. Esta e algumas citações que seguem constam em Tamás Krausz, *Reconstruindo Lênin*.
162. Nicolas Werth, "De Tambov à grande fome", em Stéphane Cortois e outros, *O livro negro do comunismo*, p.152.

163. Isaac Deutscher, *The prophet armed*, p.79.
164. Nicolas Werth, "O 'braço armado da ditadura do proletariado'", em Stéphane Cortois e outros, *O livro negro do comunismo*, p.88-89.
165. Paul Johnson, *Tempos modernos*, p.45 e p.53.
166. Paul Johnson, *Tempos modernos*, p.41.
167. Daniel Reis, *A revolução que mudou o mundo*, p.25 e p.211-212.
168. Simon Montefiore, *Os Románov*, p.666.
169. Daniel Reis, *A revolução que mudou o mundo*, p.33-36; Eric Hobsbawm, *Era dos extremos*, p.67.
170. Miranda Carter, *Os três imperadores*, p. 501.
171. Daniel Reis, *A revolução que mudou o mundo*, p.100-101.
172. Paul Johnson, *Tempos modernos*, p.51; Victor Sebestyen, *Lênin*, p.3.
173. Dmitri Volkogonov, *Lenin*, p.426.
174. Nicolas Werth, "De Tambov à grande fome", em Stéphane Cortois e outros, *O livro negro do comunismo*, p.152.

175. Ver detalhes sobre a pesquisa em Jean-Jacques Marie, *História da guerra civil russa*, p.13 e seguintes; Stéphane Cortois "Os crimes do comunismo", em Stéphane Cortois e outros, *O livro negro do comunismo*, p.16.

12. OS ERROS DE VERSALHES

176. Harold Nicolson, *O Tratado de Versalhes*, p.28.
177. Paul Johnson, *Tempos modernos*, p.19.
178. Martin Kitchen, *História da Alemanha moderna*, p.287.
179. Harold Nicolson, *O Tratado de Versalhes*, p.244.
180. Winston Churchill, *Memórias da Segunda Guerra*, vol.1, p.18.
181. Joachim Fest, *Hitler*, vol.1, p.85; Paul Johnson, *Tempos modernos*, p.22.
182. Martin Kitchen, *História da Alemanha moderna*, p.287.
183. John M. Keynes, *As consequências econômicas da paz*, p.158.
184. Martin Kitchen, *História da Alemanha moderna*, p.301; Eric Hobsbawm, *Era dos extremos*, p.97.
185. Paul Johnson, *Tempos modernos*, p.25.
186. Wood Gray, *Panorama da história dos Estados Unidos*, p.152.
187. Johan Lukacs, *O duelo*, p.130.

NÃO DEIXE DE LER

RODRIGO TRESPACH
HISTÓRIAS
NÃO (OU MAL) CONTADAS
• REVOLTAS, GOLPES E REVOLUÇÕES NO BRASIL •
Harper Collins

RODRIGO TRESPACH
HISTÓRIAS
NÃO (OU MAL) CONTADAS
• ESCRAVIDÃO, DO ANO 1000 AO SÉCULO XXI •
Harper Collins

Este livro foi composto em Leitura Two
e impresso pela Santa Marta sobre papel Pólen Soft 80g/m²
para a HarperCollins Brasil em 2018.